눈부시게 불완전한

눈부시게 불완전한
Brilliant Imperfection

일라이 클레어 지음
하은빈 옮김

————

극복과 치유 너머의 장애 정치

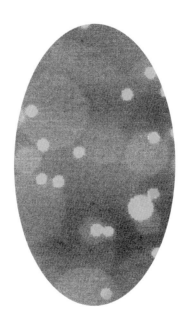

동아시아

일러두기

1. 본문에서 단행본은 『 』, 일간지·잡지 등의 정기간행물은 《 》,
   기사·영화·방송프로그램 등은 〈 〉로 구분했다.
2. 옮긴이 주는 각주로 달고 *, **, ***으로 표기했으며,
   저자 원주는 미주로 달고 1, 2, 3으로 표기했다.
3. [ ] 안의 내용은 옮긴이가 이해를 돕기 위해 덧붙인 것이다.
4. 원서에서 이탤릭으로 강조한 부분은 고딕으로 표시했다.
5. 본문에서 측정 단위는 한국에서 쓰이는 것으로 변환하여 옮겼다.

나를 살린 톨그래스 초원과
불구 공동체에게

차례

서론: 모자이크를 쓰기

노동자 계급 주민들이 많이 사는 시카고의 어느 동네를 정처 없이 걷다, 커뮤니티센터 앞에 펼쳐진 모자이크를 우연히 맞닥뜨린다. 함께 춤추고 있는 보라, 연보라, 노랑, 주황. 그 색채들에 이끌린다. 가까이서 보니 타일들은 매끈하고 들쭉날쭉하고 둥글다. 빛을 반사하고 반투명하며, 아침 햇살 속에서 반짝이고 있다. 크기나 모양이 같은 조각은 하나도 없다.

10여 년 전 치유cure*에 관한 글을 쓰기 시작했을 때만 해도 역사와 견해, 감정이 복잡하게 얽혀 소용돌이치는 패턴을 만들어 내려던 것은 아니었다. 서로 맞물리는 에세이들을 대여섯 편

---

* "treatment"가 의료의 맥락에서 증상 완화, 관리 등의 개별적인 치료나 요법, 처치를 뜻한다면, "cure"에는 원인을 완전히 제거해 후유증이나 재발 가능성 등을 남기지 않는 "완치"의 의미가 있다. 저자는 "cure"의 이러한 의미를 확장해, 사회적 차원에서 장애인 등의 "문젯거리"를 완전히 제거하고자 하는 정상성의 이데올로기를 가리키는 말로 사용하고 있다. 이러한 치유 이데올로기를 가리킬 때의 "cure"는 치유로 옮기고, 의료적인 의미로 쓰인 일부 대목에서는 치료, 완치 등으로 옮겼다.

정도 쓸 생각이었다. 단순하고 잘 배치된 콜라주collage를 상상했다. 하지만 창조적인 프로젝트를 진행할 때 종종 그렇듯 결국 생각지도 못한 곳에 이르렀다. 모자이크mosaic를 쓴 것이다.

이 책을 구성하는 파편들과 조각들은 우생학적 관습, **결함**defect이나 **원숭이** 같은 단어들, 톨그래스 대초원*이 파괴되는 것에 대한 분노에서 출발했다. 이 파편들과 조각들은 나의 치열한 반anti치유 정치가 여러 장애 활동가와 부딪치면서 형성되었고, 내가 정신지체mental retardation, 뇌성마비cerebral palsy, 정신분열schizophrenia**, 젠더 정체성 장애gender identity disorder 등의 진단들로 스스로의 경험을 톺아보는 과정에서 나타났다.

모자이크에 들어 있는 모든 것은 대화에서 시작되었다. 나는 장애 정치, 인종차별 반대운동, 퀴어·트랜스젠더운동, 비만 해방fat liberation운동***에 의지했다. 환경 정의와 재생산 정의를 이 논쟁에 끌어들였다. 비장애중심주의ableism****에 관해서 내가 직

---

*　오클라호마주, 캔자스주 등 미국 중부 지역에 주로 분포하는 초원으로, 국지적으로는 북쪽의 캐나다로 이어진다. 주기적으로 번지는 들불로 인해 외래종이나 나무가 많이 자라지 않는 초원 형태가 유지된다. 생물 다양성 유지에 큰 역할을 하는 구역이지만 농경지 개발로 상당 면적이 파괴되었다.

**　최근 한국에서는 낙인을 피하기 위해 조현병이라는 새로운 용어를 쓰고 있지만 이 책에서는 저자가 경험한 시대의 시간성을 반영해 정신분열로 옮겼다. 다만 현대의 진단명을 가리키는 맥락에서는 조현병으로 옮겼다. 둘 모두 원어는 "schizophrenia"로 동일하다.

***　사회의 비만 혐오에 저항하고 비만을 비롯한 신체적 다양성 수용, 비만에 대한 편견과 수치심으로부터의 해방을 추구하는 운동이다. 미국에서 비만은 경제적 계급, 인종 등과 밀접하게 연관되며 성소수자, 장애인 등이 겪는 낙인의 문제 역시 공유하기에 다양한 사회운동과 교차한다.

접 아는 바와, 그것이 어떻게 인종차별, 성차별, 동성애 혐오, 트랜스 혐오, 계급차별과 맞물리는지를 다루었다.

나는 백인 서구 문화에 뿌리내린 이원론에 저항하면서, 몸과 마음을 두 개의 개체가 아닌 하나의 개체로 인식하는 많은 공동체와 영적 전통의 선례를 따랐다. 누군가는 **몸마음**bodymind이나 **마음몸**mindbody이라는 단어를 사용한다. 어떤 이들은 **몸/마음** body/mind이나 **몸과 마음**body and mind이라는 말을 쓴다. 나는 **몸-마음**body-mind이라는 단어를 택했는데, 우리 몸과 마음 사이의 불가분한 관계를 인식하기 위해서다. 또한 양자가 별개인 양 믿게 하는 치유 이데올로기의 작동 방식(마음이 몸보다 우월하고, 인격성personhood을 규정하며, 비인간으로부터 인간을 분리하는 것)을 인식하기 위함이다.

울퉁불퉁하고 굴곡진 것들, 거칠다 못해 날카롭기까지 한 타일 모서리를 손가락으로 느끼며 모자이크를 더듬는다. 그리고 도로변으로 물러난다. 타일 각각의 모양이 흐릿해지면서 여자의 얼굴과 물구나무를 한 소년, 넓게 벌린 발과 물감 붓을 든 손이 나타난다. 활기 넘치고 부서져 있으며, 완전하다.

늦은 밤 부엌 식탁에 둘러앉아 친구들과 이야기할 때, 계절

**** 비장애/할 수 있는/능력이 있는(able) 몸이 우월한 것이라는 관념을 토대로 장애에 대한 차별이나 사회적 편견이 가해지는 현상 및 구조를 가리킨다. 정상신체주의, 장애차별주의 등으로 번역되기도 한다.

이 바뀔 무렵 작업실 밖 단풍나무를 바라볼 때, 스트로브잣나무 아래에서 잠들 때, 언뜻 보기에는 불연속적인 것 같았던 파편들과 조각들의 패턴이 눈에 들어오기 시작했다.

하지만 치유는 다루기 어려운 주제였다. 출발해 온 모든 곳들은 또다시 수백 개의 새로운 출발점으로 바뀌었다. 나는 근육병협회Muscular Dystrophy Association의 자선 모금 광고나, 배우이자 휠체어 사용자인 크리스토퍼 리브Christopher Reeve가 줄기세포 연구 홍보를 위해 로비를 하고 다시 걸을 방도를 모색할 때 사용한 미사여구처럼 뻔한 장소에서 치유를 발견했다. 하지만 체중 감량수술, 어두운 피부를 가진 유색인 여성에게 팔리는 라이트닝 크림처럼 의외의 영역에서 치유를 만나기도 했다. 여성의 얼굴 털을 제거해 준다는 제품 광고에서 치유의 메아리를 들었고, 일부 트랜스젠더*들이 자신의 젠더화되고 섹스화된 몸-마음을 바꾸기 위해 선택한 의료 기술에서 그 잔향을 느꼈다. 나는 **정상**과 **비정상**, **자연스러운 것**과 **부자연스러운 것**에 관한 이해, 장애와 만성질환을 가진 사람들에 대한 편견, 인종차별주의가 흑인을, 선주민을, 다른 유색인을 결함이 있는 존재로 만드는 방식에 내재한 치유를 보았다. 치유 이데올로기가 얼마나 멀리까지 영

---

*   태어나면서 지정받은 성별과 자신이 인식하는 성별이 일치하지 않거나 다르다고 느끼는 사람을 지칭한다. FTM, MTF, 트랜스젠더남성/여성, 논바이너리 트랜스젠더, 인터섹스, 성전환자, 젠더퀴어 등 다양한 정체성을 포함한다. 지정받은 성별과 스스로 느끼는 성별의 차이에서 오는 불편함의 정도나 그것을 해소하기 위해 취하는 조치는 사람에 따라 다를 수 있다.

향을 미치고 있는지를 천천히 깨달았다.

하나의 이야기를 할 때마다 대여섯 개의 다른 이야기들이 끼어들었다. 나는 모순의 매듭 안쪽에 다다랐다. 치유는 목숨을 구한다. 치유는 삶을 통제한다. 치유는 어떤 생명을 다른 생명보다 우선시한다. 치유는 수익을 창출하고, 폭력을 정당화한다. 치유는 몸-마음에서 일어난 손상을 회복시켜 준다고 약속한다. 나는 이 엉킨 혼란을 해결하려 애썼다. 계속해서 같은 수수께끼와 질문을 집어 들었고, 번번이 다시 뒤집었으며, 그것들을 나란히 두고 패턴과 대화를 만들어 냈다.

몇 시간 후 모자이크로 되돌아간다. 눈부신 노랑은 이제 오후 그늘 속에서 밝은 갈색으로 빛난다. 다시 도로변에 서서 감탄한다. 이 각도에서는 나선과 별들이, 여러 개의 푸른 동심원과 짙고 붉은 강이 보인다. 분명 아침에는 거기 없던 것들이다.

그러고 나서야 눈부신 불완전함이 내 이야기들 사이에서 소용돌이치며 나타났다. 나는 이 말을 장애 커뮤니티에서, 오랜 친구이자 치열한 활동가인 서배스천 마거릿Sebastian Margaret에게서 배웠다. 장애와 만성질환에 대해 알고 이해하고 함께 살아가는 방식으로서의 눈부신 불완전함은, 몸-마음의 차이라는 타협할 수 없는 가치에 뿌리를 두고 있다. 눈부신 불완전함은 **정상**과 **비정상**의 압력에 저항한다. 눈부신 불완전함은 **부자연스러운 것**

으로부터 **자연스러운 것**을 손쉽게 분리하는 일을 거부한다. 눈부신 불완전함은 공동의 이해와 끈질긴 생존에서 시작되었다. 눈부신 불완전함은 여러 공동체들 안에서 저마다 다른 방식으로 드러난다. 서배스천은 완고하고 단호한 자긍심으로 내게 그것을 가르쳐 주었다. 눈부신 불완전함은 이 모자이크 속으로, 짙고 붉은 강으로 흘러들어 간다.

변화하는 노랑들, 울퉁불퉁하고 굴곡진 타일들, 삼각형과 다면체 속에서 나는 여전히 나를 자극하고 놀라게 하는, 스스로 더 많은 것을 원하게 하는 견해와 이야기와 느낌을 찾고 있다.

도로변에 서서 나선들과 별들, 여러 개의 푸른 동심원이 이곳에 언제나 있었음을 깨닫는다. 나의 관점이 바뀌자 비로소 모습을 드러낸 것이다.

이제 이쪽으로 와 나와 함께 앉자. 대화에서 시작된 이 모자이크가 수백 개의 새로운 대화들로 이어지게 하자.

읽기 전에: 트리거 워닝을 생각하기

이 책의 어떤 조각들은 몹시 날카롭다. 내가 붙들고 있는 역사와 견해와 현실은 고통과 폭력, 슬픔과 분노로 가득하다. 가령, 강제단종수술, 일상화된 학대ritual abuse, 자살, 수백 년에 걸친 식민주의, 들소 대학살 같은 것들이 있다. 이 조각들은 오래된 상처를 저미며서 펼쳐놓을지도 모른다. 잊힌 흉터를 떠올리게 하거나 지난날의 트라우마 속으로 내던질 수도 있다. 이들은 우리의 **트리거**가 될지도 모른다. 나는 이 단어를 의도적으로 쓰고 있다. 특정한 이미지나 이야기, 냄새나 소리, 기억과 감정을 마주하거나 그로 인해 무장해제되었을 때 우리 중 누군가 경험하는, 예고 없이 가슴이 내려앉는 경험을 가리키기 위해서다.[1]

1980년대 후반과 1990년대에, 페미니스트들은 폭력의 세부적인 내용을 공개적으로 이야기하기 전에 사람들에게 미리 알리는 트리거 워닝trigger warning의 관행을 발전시켰다. 일부 연구자와 활동가가 오늘날 주장하는 것과는 달리 페미니스트들은 논쟁적인 화두를 검열하거나 피하려 하지 않았다. 오히려 그들은 트리거 워닝이 없었다면 우리 중 상당수가 대화와 커뮤니티, 배

15

움의 공간에 접근할 기회를 잃었으리라는 사실을 알고 있었다.

　이러한 페미니즘의 배움을 이 책에 적용하려니 참 어렵다. 어떤 경고문을 적어야 할지 모르겠다. 어떤 이에게는 많은 트리거를 포함하는 내용이 다른 이에게는 아무렇지 않을 수 있다. 잘 모르는 누군가에게 무엇이 트리거가 될지 누구도 확실하게 예상할 수 없다. 노골적으로 묘사된 폭력에 대한 경고문이 유용할 때가 있다고는 생각하지만, 그런 예시가 내게 명료한 지침이 되어주지는 못했다. 이 글들은 강제단종수술 옆에 정신병원 입원을, 기쁨 옆에 저항을, 혐오 표현에 대한 정치적 사유 옆에 공동체의 관계 맺음을 놓아두는 모자이크다. 비장애중심주의, 인종차별주의, 계급차별주의, 성차별주의, 동성애 혐오, 트랜스 혐오, 의료화, 환경 파괴에 대한 설명이 이 책 전반에 걸쳐 이루어진다. 이 책의 모든 페이지마다 트리거 워닝을 달아야 할 판이라는 이야기다. 그러나 그렇게 한다고 해서 우리가 스스로와 서로를 언제, 어떻게 돌보아야 하는지 배우게 되는 것은 아닐 테다.

　트리거 워닝은 본질적으로 자기 돌봄과 공동체 돌봄을 위해 고안된 도구다. 그래서 다음의 내용을 일깨우고 싶다. 이 책을 듣거나 읽는 것을 멈출 수 있다. 거리를 활보하면서 당신의 자매와 파트너, 이웃과 함께 이 책을 큰 소리로 읽을 수 있다. 소리 지르고 타이핑하고 숨을 고를 수 있다. 손짓하고 노래하고 차를 마실 수 있다. 개, 고양이, 햄스터, 애착 나무와 함께 있을 수 있다. 친구들에게 전화를 걸거나 메시지를 보낼 수 있고, 스카이프나 페이스북, 페이스타임으로 이야기 나눌 수 있다. 침대에 눕고, 구르고, 걷고, 춤추고, 달릴 수 있다. 내가 이 책에서 엮은 것은 삶에서 만난 눈부시게 불완전한 순간들에 관한 산문시다. 이 모자이크에 당신만의 순간을 보태기를. 당신을 현재에 뿌리 내리게 하는 일이라면 무엇이든 하기를.

*

이 책에 특정한 트리거 워닝 경고문을 써 붙이는 것이 불가 능한 일은 아니지만 어려운 일이라고 단언했음에도, 나는 트리 거 워닝을 표시했다. 이러한 페미니즘적 실천 내에는 본질적인 긴장이 있다. 한편으로는, 이어질 글 안에 내재된 잠재적 트리 거들을 다 알 수도 없고, 확인할 수도 없다. 어떤 이야기와 역사 혹은 분석이 누구에게 어떤 트리거가 될지 예측할 수도 없다. 또 다른 한편으로는, 구체적인 폭력을 다루는 특정 콘텐츠에 이 름을 붙이는 일은 우리 중 누군가에게는 중요하고 또 필요한 일 이며, 불완전하게나마 접근성을 제공한다. 나는 이 긴장을 해소 하지 않고 그대로 두려 한다.

다음에 열거한 열세 개의 글에는 성폭력, 일상화된 학대, 자 살, 정신병원 입원, 그리고 다른 종류의 시설화에 대한 이야기가 담겨 있다. 이 열세 개의 글 중 어느 것도 폭력의 불필요한 세부 사항을 포함하거나 길게 묘사하지 않는다.

마지막으로 이 책에, 이 모자이크에, 치유와의 싸움에 온 것을 환영한다.

스트로브잣나무

　17~18세기, 뉴잉글랜드의 영국 왕립해군은 30미터보다 큰 스트로브잣나무들을 왕의 소유로 공표했다. 측량사들은 나무들의 몸통에 도끼 자국 세 개를 새겼다. 왕의 대리인 외에는 누구도 이 나무들을 벨 수 없다는 표시였다. 굵고 곧은 그 나무들은, 식민 지배 임무를 수행하며 전 세계를 누비는 왕립해군 범선의 돛대가 되어 바람을 갈랐다. 1800년대에 이르러 거의 다 사라진, 크고 오래된 나무들.

　2세기가 지난 지금, 나는 스트로브잣나무 사이에서 야영을 한다. 이곳은 오늘날 버몬트로 알려진, 아베나키Abenaki족의 빼앗긴 영토다. 솔잎이 여기저기 떨어져 있는 이곳 리커 호숫가는 내가 가장 좋아하는 야영 장소다. 이곳의 나무들은 돛대가 된 나무들만큼 굵지도, 크지도 않지만 단풍나무나 너도밤나무, 자작나무, 발삼전나무보다는 훨씬 키가 크다. 깊은 침묵과 바람 속에서 노래하는 나무들. 땅으로 떨어지는 솔방울. 나무껍질 위로 잔물결 같은 그림자를 드리우는 호숫가의 아침 해. 갈라지고 휘어진 나뭇가지. 서로의 사이사이로 구불구불 자라며 세

줄기, 네 줄기, 다섯 줄기로 뻗어 나간 몸통. 결코 왕
의 나무였던 적 없는 나무들.

1장
치유라는 이데올로기

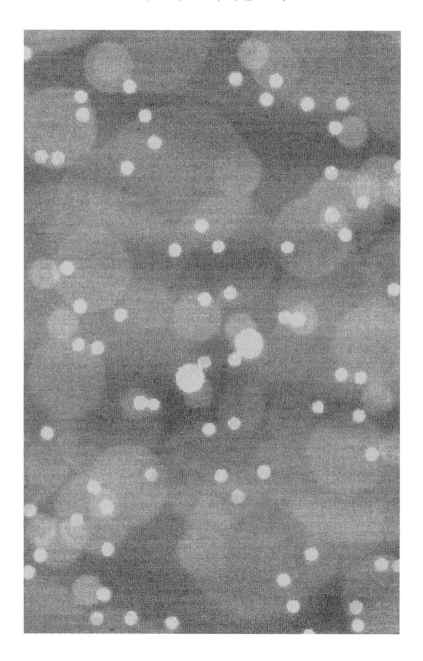

탄생

나는 의료 기술 덕에 살아 있다. 그렇지 않았더라면 내 옆에서 자라고 있었던 난소낭종 때문에 오래전에, 첫 숨을 쉬기도 전에 죽었을 것이다. 의사들이 어머니에게 제거수술을 해야 한다고 했을 때 낭종은 이미 자몽만큼 커져 있었다. 나의 탄생이라는 재난으로 그녀의 슬픔과 죄책감, 괴로움이 서로 뒤엉켰다. 의사들이 낭종을 들어내느라 헤집어 놓은 아수라장에서 어머니는 그 누구보다도 치유를 바랐던 사람이었다. 내게 낭종은 쌍둥이였을까? 혹은 경쟁자나 침입자였을까? 모자란 공간을 서로 차지하려고 우리는 맞붙었을까, 아니면 끌어안았을까?

의사들이 어머니의 난소를 들어내고 일주일 뒤, 내가 태어났다. 아버지에게 안길 수 있었다면 나는 그의 한 손에 꼭 들어왔을 것이다. 나는 딱 손바닥만 한 크기에 자몽보다도 작았고, 나의 뇌세포는 이미 망가지고 죽어 있었다.

의사는 어머니의 배에서 오른쪽 난소를 조심스럽게 들어내

내가 태어날 수 있을 만큼의 충분한 공간을 냈다. 마취, 정맥주사, 메스, 봉합이 어머니와 나를 구했다. 이어 항생제, 적외선등, 인큐베이터가 차례차례 나를 살렸다. 이 이야기는 비극이 아니라 그저 사실, 별것 아닌 일, 물 흐르듯 흘러가는 이야기다. 그 위기를 넘긴 것이 다행스럽지도 않고, 내가 수정되기 전부터 어머니 몸속에 종양이 자라고 있다는 사실을 알고 있었지만 알리지 않은 의사에게 억울한 마음이 들지도 않는다. 나의 탄생에 있어서 내가 고마워해야 할 이들이 있다면 운이 좋았던 하나의 정자와 난자일 것이다. 나의 부모는 연어가 아니었으므로 몸부림치며 강을 거슬러 올라가 자갈에 둥지를 틀지도, 알을 낳지도, 물속 가득 산란하지도 않았다. 그럼에도 불구하고 하나의 난자와 하나의 정자가 만났다. 수정이란 그토록 연약하고도 무작위적이다.

어머니의 최초의 관심사는 자기 자신과 나의 목숨을 구하는 것뿐이었다. 그러나 오래지 않아 어머니는 치유를 바라기 시작했다. 나를 미처 안아 들기도 전에. 심지어 우리가 살을 맞대보기도 전에.

기도, 영성, 가르침

낯선 이들은 나에게 늘 같은 의도로 기독교적인 기도와 영성, 가르침을 주었다. 그들은 나를 만지고 치료하고 싶어 했고,

내 뇌성마비를 고치려 들었다. 내가 따르기만 하면 된다는 듯이. 그들은 내 면전에서 울음을 터뜨렸고 팔로 어깨를 감싸 안으며 뺨에 입을 맞췄다. 이러한 종류의 상호 작용을 50년간 겪었지만 그들의 연민에 어떻게 퇴짜를 놓아야 할지 아직도 잘 모르겠다. 내가 망가진 존재가 아니라는 단순한 진실을 어떻게 전해야 할지 알 수 없다. 나는 태어날 때부터 손상된 나의 뇌세포를 치료할 수 있다고 해도 마다할 것이다. 굳고 경련하는 근육이 없는 나를, 어눌한 발음이 없는 나를 상상할 수가 없다. 그들은 나를 부자연스럽다고 여기고, 정상적으로 만들고 싶어 하며, 내가 치유에 대한 열망과 욕구를 가졌으리라고 굳게 믿는다.

사람들은 묻는다. "어디가 잘못됐죠what's your defect?" 그들이 보기에 내 몸-마음은 제대로 된 것이 아니다. 중립적으로 말하자면 일종의 망가진, 결함이 있는 존재defect being다. 하지만 결함이 있다고 여겨지는 것들, 가령 켜지지 않는 MP3 플레이어나 믿고 탈 수 없는 차를 생각해 보자. 그것들은 결국 맨 아래 서랍에 처박히거나 쓰레기통 혹은 고철 처리장으로 보내진다. 결함은 버려질 만한 것이고 비정상적인 것이며, 박멸eradicate해야 하는 몸-마음 또는 대상이다.

낯선 사람들은 내 머리를 쓰다듬는다. 용기와 영감을 주는, 흔해빠지고 상투적인 말들을 귓가에 속삭인다. 그들은 내가 얼마나 놀라운 존재인지 열변을 토하고, 내가 특별하다고 설파한다. 얼마 전에는, 치유의 바퀴medicine wheel가 그려진 가두리 장식의 가죽 튜닉을 걸치고 드림캐처 귀걸이를 한 백인 여성이 나를 꽉 끌어안았다. 그녀는 경련을 일으키는 모든 사람이 그렇듯 나 역시 타고난 샤먼이라고 말했다. 샤먼이라니! 그 짧은 사이에 인종차별주의와 비장애중심주의가 서로를 향해 덤비듯 굴러 들어온다. 토착적 영성을 끌어들일 수 있는 백인들의 권리와 장애인에게 영적 능력을 부여하는 장애차별적 고정관념이 뒤엉킨다. 그녀는 수련만 받으면 치유자healer가 될 거라고, 나의 특별함을 결코 잊지 말라고 귓가에 속삭이며 당부한다. 아, 장애를 가진 사람들은 얼마나 **특별한**지. 우리는 **특별한** 교육을 받고, **특별한** 요구를 하며, **특별한** 영적 능력을 가졌다. 오만이 뚝뚝 흘러내리는 말이다. 특별하다는 것은 결함이 있는 것만 못하다.

낯선 사람들과 이웃들, 가해자 무리들은 오랫동안 나를 **지진아**retard라고 불렀다. 이제는 거의 그렇게 불리지 않는다. 개와 산책하는 내게 멀찍이서 욕지거리를 뱉는 취객이 아직도 있긴 하지만. 어린 시절에는 **지진아**라고 불리는 것이 일상이었다. 언젠가 가족끼리 야영하러 갔던 날, 쉼터에서 술래잡기를 하는 아이들 사이에 낀 적이 있다. 느리고 어설펐던 아홉 살의 나는 얼마 지나지 않아 "그것"으로 전락했다. 나는 쫓고 또 쫓았지만 아무도 붙들지 못했다. 상황이 바뀌었다. 아이들은 내게 다가와 몸을 밀치며 **지진아**라고 소리쳤다. 나는 겁에 질려 소리를 지르며 물러섰다. **지진아**는 금세 **원숭이**가 되었다. 아이들이 나를 둘러쌌고, 여러 말들이 폭포처럼 쏟아졌다. "원숭이래요. 원숭이래요. 원숭이래요." 나는 침을 삼켰다. 숨이 막혔다. 흐느꼈다. 공포와 부끄러움, 수치심이 나를 휘감았다. 몸-마음이 무너졌다.

2분이 지났을까, 2시간이 지났을까. 아버지가 나타나자 아이들은 뿔뿔이 흩어졌다. **원숭이**라는 말이 나를 비인간의 세계와 자연의 세계로 연결 짓는 바로 그 순간, 나는 몹시 부자연스러운 존재가 되었다.

이 모든 아이들, 어른들, 낯선 이들은 장애인을 인간이 아닌 존재로 호명하는 유산legacy에 기여했다. 그들은 기도와 가르침과 조롱, 끝없는 질문을 던지며 다가왔다. 그들은 내가 망가진, 특별한, 영감을 주는 존재라고 굳게 믿었다. 치유를 필요로 하는 비극적인 존재, 언제든 버려질 만한 존재라고 믿어 의심치 않았다. 수 세기에 걸쳐 점점 더 가속도가 붙은 믿음이었다. 그들은 우울과 수치, 자기혐오self-loathing 속에 나를 남겨두고 떠나갔다.

장애에 관한 믿음

대부분의 비장애인은 나를 고쳐져야 할 존재로 여긴다. 하지만 어떤 시간과 공간에서는 사뭇 다르게 믿었을 수도 있다. 장애인이라고 불리는 이들은 백인 서구 문화에서 수 세기 동안 괴물이었고, 신이나 여신이었으며, 신탁을 내리는 사제였다. 우리는 어머니가 임신 중에 저지른 사건의 증거이자 죄의 현현, 사악함의 표시였다. 우리는 진화론적으로 유실된 연결 고리missing links였고, 자선단체가 가장 선호하는 대상이었으며, 기독교적 기적의 실험장이었다. 우리는 프릭쇼freak show의 야만적이고 이국적인 돈벌잇감이었으며, 나치가 가스실을 짓고 개량할 때 동원한 실험 재료였다. 우리는 사회의 짐이고 쓸모없는 식충이다. 우리는 비극이면서 영웅이다. 우리는 통제 불능이고, 과하고, 무능력한 존재다. 우리는 용기이고 은유이며, 교훈적인 이야기이자 몰락이다. 우리는 죽는 게 낫다. 이러한 믿음 중 어떤 것들은 오래전에 사라졌고, 어떤 것들은 여전히 남아 있다. 그 믿음들은 수 세기에 걸쳐 모순을 일으키거나 서로를 강화하면서 이동한다.

때로 이 역사가 내 몸-마음을 짓누른다. 때와 장소에 따라 사제, 과학자, 프릭쇼 매니저, 철학자, 자선 사업가, 의사 등 다양한 이들이 전문가의 자리를 꿰찼다. 그들은 장애에 대한 통솔권을 쥐었다. 사제들은 장애와 치유 모두에 신의 의지라는 배역을 부여했다. 진화론에 응한 과학자, 동식물 연구자, 인류학자 들은 백인 장애인과 (장애 유무와 상관없이) 유색인이 인간과 영장류 사이의 유실된 연결 고리라고 믿었다. 프릭쇼의 지배인 및 매니저 들은 이러한 집단에 속한 사람들을 경이롭고 야만적이며 호기심을 자아내는 존재로 전시해 막대한 이익을 챙겼다.

철학자들과 지식인들은 장애를 가진 아이를 어머니의 탓으로 돌렸다. 200~300년 전의 통념에 따르면, 임신한 여성이 코끼리를 보면 흑투성이 피부에 비대한 팔을 가진 아이를 낳을 수 있었다. 오늘날 HIV 양성인 여성들, 마약 복용자들, 복지제도에 의지해 살아가는 여성들이 임신을 하면 사람들은 그들의 선택을 곱지 않은 눈으로 보고 비도덕적인 것으로 간주한다. 그들의 아이가 장애를 가지고 태어났다면 더더욱 그러하다. 때로 이 여성들은 체포되고 기소되며 감옥에 갇힌다. 아이에게 선천적 장애를 물려줄지도 모르는 장애인 예비 부모나 농인 예비 부모는 빗발치는 비난에 직면한다. 청각 장애를 가진 레즈비언 커플인 샤론 두셰스노Sharon Duchesneau와 캔디스 매컬로Candace McCullough가 아이에게 청각 장애를 물려줄 확률을 높이려고 청각 장애를 가진 정자 기증자를 찾았을 때에는 비난이 쏟아졌다. 그들은 태어나지도 않은 아이를 이기적이고 부당하게 대한다는 비난을 받았다. 수 세기에 걸쳐 농인과 장애인은 부도덕한 이들로, 혹은 부도덕의 표지marker로 여겨졌다.

자선단체들은, 장애는 비극적인 것이고 장애인은 불쌍하다는 한 쌍의 관념을 오랫동안 형성해 왔다. 우리는 굿윌Goodwill, 구세군Salvation Army, 근육병협회, 이스터실즈Easter Seals, 다발성경화증재단Multiple Sclerosis Foundation, 자폐가말한다Autism Speaks 등에서 돈벌이가 되었다. 그 대가로 그들은 우리에게 곧 나아질 것이라는 약속과 함께 최저임금도 채 주지 않는, 어떨 때에는 시급이 25센트에 그치는 보호작업장의 일자리를 내주었다.

이러한 믿음의 불협화음에 뼈마디가 욱신거린다. 지금은 의료산업 복합체medical industrial complex*의 의사들이 전문가로 군림하

---

* 정부와 군대, 방위산업체가 결탁해 형성하는 권력 집단 혹은 체계를 가리키는 군산복합체에서 나온 개념으로, 의료인, 의료병원, 제약회사 등이 이윤을 위해 결집하는 관계망을 가리킨다. 의학의 권위가 높아지고 의료 사유화가

고 있다. 그들은 장애를 개개인의 몸-마음에 자리한, 치료되거나 치유되어야 할 문제로 규정한다.

장애를 극복하기

극복이라는 말은 장애인을 무너뜨린다. 그 말은 어디에나 있다. 우피 골드버그Whoopi Goldberg를 떠올린다. 공항과 고속도로에서, '더 나은 삶을 위한 재단Foundation for a Better Life'이 내건 광고판 속 그녀의 모습을 본다. 머리를 감싼 손가락 사이로 드레드록 스타일의 머리카락이 가닥가닥 삐져나와 있다.[1] 좌절감에 이마를 찌푸린 모습이다. 혹은 곤혹스러워하고 있는 걸까? 그녀의 눈은 관객을 똑바로 마주하고 있다. 광고의 슬로건은 "난독증을 극복다하overcaem"다. **극복하다**라는 단어의 철자가 짐짓 잘못 적혀 있다. 선입견으로 가득한 이 문구 아래에는 "열심히 노력하세요"라는 글자가 빨간 박스 안에 쓰여 있다. 다음 줄은 "널리 알리세요"라는 명령이다.

이 광고는 곤혹스럽다. 더 나은 삶을 위한 재단은 다음의 두 가지 생각을 유통하려 한다. 저명한 배우이자 익살맞은 희극인, 그리고 흑인 여성인 우피 골드버그는 부단한 노력을 통해 학습

심화될수록 상품화뿐만 아니라 연구, 투자, 혹은 무엇을 병으로 규정할지 등 폭넓은 영역에 영향력을 미친다. 자세한 논의는 이 책의 5장에서 살펴볼 수 있다.

장애를 극복했다. 그러한 노력이야말로 우리가 널리 전해야 하는 가치다. 장애인은 오로지 그들의 장애를 극복함으로써 성공할 수 있다는 이러한 생각은 비장애중심주의적 클리셰다. 이를 한번 안팎으로 뒤집어 보자. 골드버그는 바로 그녀의 난독증 **때문에** 배우가 되었을 수도 있다. 그녀의 통렬한 유머 감각은, 가난하고 장애를 가진 젊은 흑인 여성으로서 세계를 헤쳐나가기 위한 생존 전략으로 연마된 것일 수도 있다. 학습 장애가 없었더라면 그녀의 유머 감각은 그토록 날카로워지지 않았을지도 모른다.

다와 **하**의[m과 e의] 순서를 뒤바꾸어 난독증을 표현하다니. 진부하고 경멸스럽다. 난독증을 가진 사람들이 성공할 수 있는 방법으로 광범위한 장애 접근성이 아니라 개인의 노력을 드는 일은 터무니없는 일이자, 비장애중심주의를 적나라하게 보여주는 일이다. 흑인 여성을 복지의 여왕welfare queen이라 부르고, 수 세기 동안 하녀와 유모로 삼아 등골 빠지게 부려먹은 나라에서 흑인 여성과 노력의 가치를 연결 짓는 것은 모욕이며 인종차별이다. 이 광고판은 실로 나를 격분케 한다.

＊

극복이란 이상하고 당혹스러운 개념이다. 극복은 초월하는 것, 부인하는 것, 넘어서는 것, 정복하는 것을 의미한다. 즐거움이나 슬픔이 우리를 **압도한다**overcome. 군대가 적군을 **정복한다**

overcome. 우피 골드버그가 난독증을 **극복한다**overcome.

나는 성공과 실패를, 저항과 회복을 믿는다. 비장애중심주의, 트랜스 혐오, 동성애 혐오의 무게를 느끼며, 가난과 인종차별주의의 위력을 목격했다. 나는 포기를 거부하는 일과 낮은 기대감이라는 덫이 무엇인지 알고 있다. 행운과 고난이 뒤섞여 있는 접근성, 상호 의존, 공동체, 맹렬함에 골몰한다. 나는 생존이 때로는 침묵하고 숨어 있는 데에, 때로는 정체성과 자긍심을 주장하는 것에 달려 있다는 사실을 이해하고 있다. 하지만 극복은 나를 곤혹스럽게 한다.

이 개념은 무엇인가를 지배하고 포섭하고 물리치는 것을 필요로 한다. 장애인을 극복과 연결 짓는 것은 장애를 지배받고 포섭되고 패배하는 것으로서 상상한다는 의미다. 그러나 내가 원한다고 한들 무슨 수로 내 떨리는 손을 지배하고 내 꼬이는 혀를 물리친다는 말인가? 종이 위에서 글자들이 흔들리고 뒤집어지는데, 우피 골드버그가 어떻게 자신의 난독증을 제압할 수 있단 말인가?

✳

머릿속에서 민중가요 한 구절이 맴돈다. "오, 가슴속 깊은 곳에서 / 나는 믿는다네 / 우리는 극복하리 / 언젠가는." 흑인 시민권 시위에서 처음 불린 이 노래는 1960년대 이래로 다양한 사회변화운동에서 사용되었다. 이 노래에서 극복은 조금 다른 것을 가리킨다. 이는 백인우월주의와 빈곤을 넘어서고 뒤흔드는, 자유의 미래를 믿고 그리로 노를 저어 가는 집단적 행동을 의미한다. 이 노래가 의미하지 않는 것도 말해보자. 이 노래는 흑인성blackness이 없는, 흑인성을 넘어서는, 흑인성을 감수하는 미래를 촉구하지 않는다. 나는 인종차별주의와 비장애중심주의를, 시민권운동과 장애 정치를 한데 묶지 않되 "우리는 극복하리"와 더 나은 삶을 위한 재단의 "난독증을 극복다하" 사이의 현저한 차이에 주목하고 싶다. 전자가 억압의 구조와 고군분투하는데 반해, 후자는 개인화된 몸-마음의 상태를 문제 삼는다.

때로 장애인들은 비장애중심주의의 특정한 순간들을 극복한다. 우리는 낮은 기대감을 넘어서고, 부족한 접근성 문제를 해결하고, 요양원과 장기수용 정신요양시설을 피하며, 잔혹한 경찰과 교도소로부터 간신히 도망친다. 그러나 **장애** 그 자체를 극복하는 일이 우리 대다수에게 실제로 가능한지는 의문이다. 그럼에도 치유에 특별한 가치를 두는 세계에서, 개인의 노력을 통해 몸-마음의 상태를 넘어서거나 승리할 수 있다는 믿음은 편리하다. 극복은 치유의 플랜 비backup plan다.

움직이는 희망

치유는 희망과 불가분하게 연결되어 있다. 〈크리스토퍼 리브: 움직이는 희망〉이라는 다큐멘터리가 기억에 남는다. 지금은 작고한, 낙마 사고로 전신마비 장애인이 된 유명한 배우 크리스토퍼 리브에 관한 다큐멘터리다.[2] 자칭 치유의 대변인이었던 리브는 치유와 희망의 관계에 대해 꾸준히 언급했는데, 나는 이에 대해 화가 나지 않았던 적이 없다. "감히 아무런 희망을 갖지 않는 사람들도 존재합니다." 그의 이러한 말은 경솔하게도 치유라는 관념에 대한 장애인들의 의구심을 묵살했다.

직설적으로 말하면, 나에게 〈크리스토퍼 리브: 움직이는 희망〉은 프로파간다로 여겨진다. 내레이터는 이런 단어들을 셀 수 없을 정도로 많이 말한다. **극복하다, 싸우다, 투지, 영감을 주는, 불굴의 의지, 지칠 줄 모르는 노력, 놀라운 결과.** 고조되는 바이올린 음악과 이 단어들이 하나씩 겹쳐지면서, 역경을 딛고 마비를 극복하고 용감하게 투쟁하며 우리에게 희망과 영감을 주는 비극적인 장애인 남성에 관한 또 하나의 허풍스러운 이야기가 그 모습을 드러낸다. 새로운 구석이라고는 하나도 없다. 고리타분하고 거기서 거기인 고정관념 외에는.

카메라는 운동하는 리브를 계속해서 찍는다. 그는 매일 강도 높은 물리치료 루틴을 소화하고, 재활치료를 위해 수영장에서 수영하며, 이따금씩 물에 의지해 걷는 것만으로도 행복해한다. 그는 언제나 치료사therapist, 간호사, 보조기구 무리에 둘러싸인 채 애쓰면서 얼굴을 찡그린다. 그 위로는 승리의 미소가 섬광처럼 스친다.

카메라는, 인공호흡기 없이도 숨을 쉴 수 있을 거라는 희망을 갖고 복부에 횡격막조율기 이식하는 실험적인 수술을 선택하는 리브의 모습을 보여준다. 그의 의사인 레이먼드 온더스Ray-mond Onders는 말했다. "우리의 목표는 환자가 자신이 태어난 방식대로 숨을 쉴 수 있게 하는 것입니다. 자신의 횡격막을 사용하여 더 정상적으로 숨을 쉬게끔 하는 것이죠." 특정 기술을 더 정상적이라고 판정하는 그의 발언은, 의료적 개입이 비정상이라고 간주되는 몸–마음을 자연적 상태로 되돌려 놓을 것이라는 치유 수사의 전형을 보여준다. 리브는 끈질기게 치유될 준비를 한다.

잠시 분노를 가라앉힌다. **크리스토퍼, 당신이 가장 그리워하는 게 무엇인가요? 무릎 사이로 말을 꽉 붙잡는 것? 당신의 다리에 닿은 말의 탄력적인 근육을 느끼는 것? 무언의 언어로 무게와 압력을 조정하면서 말의 리듬을 따라가고 지시하는 것? 촬영 중인 카메라 앞을 걷다가 다음 대사가 나올 타이밍에 맞춰 몸을 돌리는 것? 카메라가 없는 데서 아내와 아이들과 뛰어다니며 노는 것?** 치유에 대한 투지만큼이나 깊을 그의 상실감을 상상해 본다.

카메라는 전 세계를 돌아다니며 줄기세포 연구와 척수손상치료를 옹호하고, 로비를 하고, 모금 행사에 참여하는 그의 모습을 줄곧 따라다닌다. 그는 질병의 박멸과 희망을 호소하는 미사여구를, 연민과 비극의 힘으로 자신의 주장을 정당화하는 수사법을 거듭 동원한다. **크리스토퍼, 낯선 이들이 당신의 머리를 쓰다듬은 적 있나요? 그들의 연민이 당신을 지치게 한 적이 있기나 한가요?**

그의 이야기는 장애에 관한 것이기도 하지만 부와 백인성white-ness, 남성 특권, 엄청나면서도 분노를 자아내는 혜택에 관한 것이기도 하다. 그는 이렇게 말한다. "장애인으로 살면서 가장 무기력한disabling 점은 희망이 없다는 감각이에요." 이 말은 진행 중인 마비에 대한 절망이었지, 많은 장애인이 마주하는 장애차별적인 폭력과 고립과 가난을, 부족한 교육과 일자리를 가리킨 말은 아니었다. 그는 사고 8주기 때 이렇게 말했다. "부상을 당했을 때 마흔두 살이었어요. 지금은 쉰이죠. 임상 시험을 하려면 얼마나 더 걸릴까요? 여기서 임상 시험을 받을 수 있을까요? 아니면 해외로 나가야 할까요? 완치되었을 때 노인이고 싶지는 않아요. 다 늙어서 기어다니자고 일어서려는 건 아니라고요." 이러한 막대한 권리를 누리는 것은 아름다운 백인 여성을 옆에 낀 부유한 백인 남성뿐이다. 하지만 그의 말 저변에서 나는 몸-마음의 변화에 관한, 나이 듦과 죽음에 관한 두려움을 듣는다.

다큐멘터리 중반을 지날 즈음 리브는 나를 놀라게 한다. 그는 횡격막조율기를 차고 숨 쉬는 법을 배우기 위해 의료 기기에 둘러싸인 재활실에 앉아 작은 기계 박스의 박동에 맞추어 숨을 들이쉬려 집중하고 있다. 내레이터는 리브가 인공호흡기를 사용하는 8년 동안 냄새를 맡지 못했다고 이야기한다. 연민과 동정을 자아내려는 [내레이터의] 목소리는, 리브가 대놓고 치유를 통해 희망을 추구할 만도 하다는 생각이 들게 만든다. 그는 호흡기 없이 숨을 쉬며 냄새를 맡는 일에 도전한다. 그가 눈을 감으면 한 여성이 폴저스* 커피 캔을 따서 그의 코 아래에 갖다댄다. 배경으로 깔린 바이올린 음악이 고조되면, 리브는 얼굴에 미소를 띠우며 커피임을 알아맞힌다. 껍질 벗긴 오렌지도, 민트 초콜릿도 마찬가지다. 물론 이 다큐멘터리는 장애를 가진 사람이 기적적으로 회복하여 다시 걷고 말하고 보고 들을 수 있게 되는 골백번은 반복된, 치가 떨리도록 진부한 이야기를 되풀이하고 있다. 리브는 다시 냄새를 맡을 수 있게 된 경우로, 이러한 이야기는 장애의 비극성과 치유의 필요성을 재차 확인시켜 준다. 그런데 리브가 친숙한 냄새를 즐기는 동안, 다른 것이 내 주의를 끈다. "처음에 부상을 당했을 때는 하나의 행위가 이렇게까지 중요하리라고는 전혀 생각지 못했어요. 냄새 맡을 수 있는 능력이라든가, 먹을 수 있는 능력 말이에요. … 나는 다시 일어서서 말을 탈 수 있게 하는 가장 빠른 연구가 무엇일까와 같은 큰 그림만 바라보고 있었죠. … 하지만 냄새를 맡는 일처럼 아주 작은 변화들이 얼마나 큰 만족감을 주는지… 정말이지 놀랍습니다." 그는 적어도 이 순간만큼은 치유에 대해, 치유와 연결되는 희망에 대해 말하고 있지 않다. 그는 몸-마음의 상실이 주는 복잡 미묘한 여러 의미와 싸우는 중이다.

크리스토퍼, 당신은 특권을 누리는 부유하고 운이 좋은 장애인이었어요. 행운이 다할 때까지는요. 당신은 결국 통제할 수 없는

---

* 미국의 대표적인 커피 브랜드다.

감염으로 죽었죠. 마지막 순간에 당신이 장애를 가진 몸-마음, 커뮤니티, 사회적 정의에 대한 열망에서 희망을 찾았더라면 좋았을 텐데요. 그 대신 비장애중심주의가 당신의 대단한 특권 의식과 뒤얽혔고, 치유를 거부할 수 없는 것으로 만들어 버렸어요.

치유에 저항하기

수년간 나는 장애인의 의료화와 치유에 대해 줄곧 불만을 표해왔다. 수십 년 동안 장애 활동가들은 외쳤다. "우리의 몸-마음을 내버려 두어라. 우리를 수치화하고 비교하고 판단하고 이론화하는 당신네들의 숨막히는 허튼 소리로 우리를 정당화하고 설명하는 일을 그만두어라." 장애를 사회적 정의의 문제로 선언하는 것은 중요한 저항의 행위였다. 장애는 마비에 있는 것이 아니라 경사로 없는 계단에, 시각 장애에 있는 것이 아니라 점자와 오디오북의 부재에, 난독증에 있는 것이 아니라 경직된 교육 방식에 있었다. 이러한 공표를 통해 장애 정치는, 장애의 문제를 개인의 몸-마음이 아닌 이 세계에 두는 다른 사회변화운동의 대열에 합류했다.

크리스토퍼 리브는 나의 불평에 자주 등장했다. 우리는 미디어와 입법자들에게 접근할 기회가 많은 부유한 백인 남성인 그가 사회적 변화를 촉구하기를 바랐다. 그는 교육, 실업, 장애 접근성에 대해 말할 수도 있었다. 지역사회에 기반한 삶을 위한 저소득층 의료보장제도 모금에 관해, 요양원에 장애인을 처박아 두는 일에 관해 말할 수도 있었다. 선입견과 거짓말과 폭력에 관해, 경찰의 잔혹 행위와 고립과 가난에 관해 말할 수도 있었다. 그러나 그는 그러지 않았다.

나의 비판은 리브에서 시작되지도, 끝나지도 않는다. 치유를 모색하는 과정에서 그는 경사로를 짓고, 휠체어를 사고, 학교를 개조하는 데에 그들이 가진 돈 중 극히 일부만을 쓰는 많은 장애자선단체의 선례를 따랐다. 그들은 비장애중심주의의 종식에 힘쓰지 않았다. 오히려 치유와 연구에 돈을 쏟았다. 그들은 파렴치하게도 연민과 비극을, 장애가 없다면 우리 모두의 형편이 더 나아지리라는 믿음을 이용했다.

이러한 수렁에서 벗어나고자 우리 중 많은 이들이 저항을 택했다. 폭력으로 말려들어 가는 연민과, 장애를 없애려는 충동이 더해진 자선의 수렁으로부터 도망치기 위해서. 나의 경우 직설적으로 불평하는 기술을 연마했다.

✳

활동가이자 작가로서 일하던 어느 날, 나는 연단에 서서 또다시 크리스토퍼 리브 이야기로 열을 올리며 장애와 치유에 관한 거짓말을 낱낱이 밝히던 중이었다. 문득 강연장 뒤에 내 친구 P가 서 있는 것을 보았다. 암을 겪고 살아남은 그녀의 이야기가, 수술이며 화학요법, 방사선치료, 그녀가 경험한 죽을 고비 등의 이야기가 번개같이 나를 스친다. 갑자기 내 말들이 텅 빈 수사에 다름아닌 것처럼 느껴진다. 나는 치유가 그녀에게 무엇을 의미하는지 알지 못한다.

잠시 후, 저녁 식사 자리에서 그녀를 포함한 대여섯 명의 사람들과 이야기를 이어나간다. 나는 어쩔 줄을 모른다. 아무런 준비도 되어 있지 않은 채로 불안에 휩싸여 있다. 음식을 사이에 두고 우리의 대화는 그녀의 이야기로 흘러간다. P는 아주 많은 사람들이 암과 함께 사는 삶을 전쟁으로 여기라고 채찍질했다고 했다. "저는 제 몸과 전쟁을 하고 있는 게 아니었어요. 그렇다고 해서 암세포들이 제멋대로 굴도록 내버려 두지도 않았죠." 우리는 치유와 회복, 생존과 죽음에 관한 이야기를 나눈다. 그 누구도 희망이나 극복을 들먹이지 않는다. 나는 가만히 듣고 있다. 불평하려던 충동은 사라지고 없다.

건강의 회복

치유는 백인 서구 사상과 문화 구석구석에 침투한 이데올로기로서, **정상적인 것**과 **자연스러운 것**에 편승해 있다. 치유는 은밀하게 스며들어 우리 대부분에게 영향을 미친다. 우리에게 필요한 것은 치유를 전폭적으로 수용하는 것도, 전면적으로 거부하는 것도 아니다. 그보다는 더욱 큰 범주에서 치유와 씨름해야 한다.

『아메리칸 헤리티지 사전The American Heritage Dictionary』에서는 치유를 "건강의 회복"이라고 규정하고 있다. 이 두 단어는 언뜻 충분히 단순해 보이지만, **건강**이란 사실 늪이다. 오늘날 서구 백인 의학에서, 건강은 개인적·공동체적 몸-마음의 안위에서부터 엄청난 사회적 통제까지를 아우른다. 이 두 축 사이에는 무수한 사례들이 존재한다. 건강은 좋은 음식으로 지탱되는 웰빙은 물론, 수백만 달러 규모의 다이어트산업의 상품도 홍보한다. 만성 통증을 겪는 이들을 위한 효과적인 통증관리를 장려하지만, 경찰로 하여금 약물 의존으로 추정되는 이들에게 마약성 진통제를 처방하지 않도록 만든다. 건강은 생명을 구하는 한편, 몸-마음의 "문제"라곤 오로지 키가 작다는 것뿐인 어린이들을 대상으로 하는 합성인간성장호르몬synthetic human growth hormones(이하 합성성장호르몬)을 공격적으로 광고한다.

이러한 모순들 속에서, 마치 단일하고 객관적인 표준이 존재하는 양 누가 건강한 것이고 누가 건강하지 않은 것인지를 규정할 수도 있다. 건강과 장애 사이의 관계를 규명하기 위해 분투할 수도, 많은 활동가와 치유자가 그랬듯 전체 집단의 웰빙을 구성하는 이론과 실천으로 들어가 건강의 의미를 재정의할 수도 있다. 하지만 나는 이 모든 수렁에서 빠져나와서, 『아메리칸 헤리티지 사전』의 정의를 발판 삼아 **회복**이라는 말을 따라가 보고 싶다.

＊

　무너진 집이나 파괴된 대초원의 생태계를 회복한다는 것은 이전의 상태로, 가능하다면 그보다 더 나은 상태로 되돌리는 것을 뜻한다. 이러한 회귀를 통해 우리는 마치 아무런 피해도 없었다는 듯 원상태로 되돌아가려 한다. 만일 150년 동안 방치된 집을 복원하는 목수나 기업식 농업으로 경작된 옥수수밭을 대초원으로 바꾸려 하는 보존생물학자와 이야기를 나눈다면, 이것이 까다로운 일이라는 말을 들을 것이다. 회복은 유연하고 반응적인 과정으로서 과거로 파고들기를, 미래로 뻗어 가기를, 현재에서 최선을 다하기를 요구한다. 설사 그렇게 한다고 해도 그 결과가 이전의 상태와 일치할 확률은 거의 없다.[3]

　대초원을 회복한다는 것은 역학 시스템을 재구축함을 의미한다. 이 역학 시스템은 들소의 멸종, 목축업, 기업식 농업, 화재 진압 등으로 인해 망가졌다. 회복의 목표는 시간이 멈춘 듯한 고정된 풍경을 만들어 내는 것이 아니라, 먼지 덩어리에서부터 우뚝 솟은 소나기구름까지, 아주 작은 미생물부터 물소 떼까지를 아우르는 상호 의존의 역학을 길러내는 것이다. 이 작업은 8,000년 된 생태계에 대한 지식과 경험을 바탕으로 하는데, 지금 그 생태계는 흔적만 남아 있다. 묘지나 외딴 절벽에 자리 잡은 털족제비싸리, 가두리정향풀, 밤송이참나무, 큰개기장만 기적적으로 살아남았다. 이 작업의 목적은 역사적 생태계를 가능한 한 똑같이 반영하는 일이다. 어떤 요소들은 불가피하게 유실되거나 달라진다 하더라도, 완전하지는 않더라도 그에 가깝게 되돌리는 것이다.

회복의 대상이 골동품 의자나 오래된 집처럼 고정된 것이라면, 그 과정은 보다 단순할 것이다. 그러나 목수가 도끼로 벤, 생김새와 크기가 제각각인 목재를 사용하지 않는 한, 회반죽과 말총을 섞어 쓰지 않는 한, 적어도 벽 몇 개는 철망을 넣어 짓지 않는 한, 단열재로 신문이나 누더기를 쓰지 않거나 아예 단열재를 안 쓰지 않는 한 그 되돌림은 불완전할 것이다. 그 집은 어쩌면 더 견고하고 에너지 효율이 확실히 더 좋을 테지만, 원래의 집과는 다른 집이리라.

＊

치유 이데올로기로 되돌아오자. 치유를 일종의 회복으로 프레이밍하는 것은 가장 분명하고 중요한 교리를 드러낸다. 먼저, 치유는 손상을 필요로 한다. 치유는 손상을 개개인의 몸-마음 내부에 위치시키고, 마치 한 사람 한 사람이 각각의 생태계인 양 작동한다. 두 번째로, 치유는 본래적 상태에 근거한다. 치유는 기존에 있던 것이 지금의 상태보다 우월하다고 믿는다. 마지막으로, 치유는 손상된 것을 이전의 상태로 되돌리려 한다.

장애를 개개인의 몸-마음에 주어진 손상이라고 받아들인다 쳐도 어떤 이들에게 이 교리는 곧 뒤엉킨다. 이들에게는 본래적인 비장애 상태가 존재하지 않기 때문이다. 어떻게 감히 내가 혹은 의료산업 복합체가 나의 몸-마음을 회복시키겠는가? 떨리는 손과 어눌한 발음이 없는, 보다 균형도 잘 잡고 근육도 잘 움직이는 나에 대한 비전은 내 몸의 역사에서 비롯한 것이 아니다. 그것은 내가 어떻게 생겼어야 했는가에 대한 상상으로부터, **정상적인 것**과 **자연스러운 것**에 대한 규정으로부터 생겨난다.

초원 산책

친구 J와 나는 여름비를 맞으며 톨그래스 대초원을 걷는다. 약 12만 제곱미터쯤 되는 이 지대는 얼마 전까지 **기업식** 농업으로 경작되었던 큰 옥수수밭이었다. 우리는 벌목된 방화선을 따라 걷는다. J는 커다란 꽃무늬 우산을 썼다. 물방울이 풀잎에 매달려 있고 거미줄이 빛난다. 레몬밤은 아직 피지 않았다. 그는 자작나무, 미역취, 엉겅퀴가 있는 곳을 여러 군데 가리킨다. 자작나무와 미역취는 이곳에 자리 잡고 있지만 좀 솎아낼 필요가 있다. 한편 엉겅퀴는 완전히 뿌리뽑아야 한다. 캐나다 야생 호밀이 물결치고 큰 쇠풀이 거의 다 피었다. 무리 지어 핀 해바라기들이 궂은 날을 환하게 밝힌다. 우리는 잠시 멈춰 서서 수레국화와 과꽃을 보며 감탄한다. 새와 나비들이 쉬어가고 있다. 잠시 모든 것이 고요하다. 청바지가 무릎 아래까지 젖었다. 이 작은 초원 지대는 옥수수밭과는 완연히 다르다.

J를 비롯한 한 무리의 사람들은 이 땅을 회복하기 위해 10여

년 동안 노력했다. 그들은 한때 여기 있었던 톨그래스 대초원을 다시 만들기 위해 위스콘신 천연지원과의 금전적·물질적 도움을 받아 옥수수밭을 베고, 태우고, 알맞은 배합의 씨앗을 연구하여 널리 파종했다. 엉겅퀴와 산초나무를 뽑고, 더 많은 씨앗을 사기 위해 저축했다. 끝없이 늘어선 콩밭과 옥수수밭, 경작과 농약으로 인해 2세기 동안 파괴된 환경을 되돌리기 위함이었다.

천연자원과가 이 작업에 협력한 것은 훼손이 너무 심각했기 때문이다. 토양을 붙잡아 두는 대초원의 거대한 뿌리망이 사라져, 현재 위스콘신이라 불리는 땅은 말 그대로 쓸려 나가고 있다. 비가 표층의 흙을 땅에서 개울로, 강으로, 바다로 씻어 내린다. 대초원의 회복은 흙을 안정화하고 생성하면서 이 과정을 되돌릴 것이다. 작업을 하는 동안 줄곧 J와 그의 친구들은 그들 자신도, 옆 동네 낙농업자들도 이 땅의 주인이었던 적이 없다는 사실을 되새겼다. 이 땅은 1세기 반 전, 동부 다코타Dakota족에게서 빼앗은 것이다. 풀과 흙, 들소 대학살, 종족 학살의 역사가 여기 살아 있다. 공기 중에도 퍼져 있고 땅속에도 스며 있다.

J를 보러 가곤 했던 지난 15년 동안 이곳 산책을 열 번 넘게 했다. 태양이 눈부시게 빛나는 정오에, 반딧불이들이 풀밭을 수놓는 황혼에, 되새와 울새가 아침을 맞이하는 새벽에. 아직도 발밑에서 옥수수밭의 오래된 고랑이 느껴진다.

＊

　농가로 되돌아오는 길에 나는 **자연스러운 것**과 **부자연스러운 것**에 대해 생각하며 그 의미를 붙들려 애쓴다. 기업식으로 재배된 옥수수밭은 부자연스럽고, 복구된 초원은 자연스러운가? 소는 없고 엉겅퀴는 무성한 이 오래된 옥수수밭의 고랑은 어떠한가? 한때 여기서 일반적인 것은 무엇이었을까? 이제 우리는 무엇을 보통의 것이라고 여길 수 있을까?

　혹은 이 질문들이 잘못된 것은 아닐까? 어쩌면 지구는 그저 역사를 켜켜이 쌓고 있는지도 모른다.

경련과 떨림

온종일 진행한 워크숍이 막 끝났다. 우리는 호텔 방으로 돌아와 말도 숨도 에너지도 소진된 채 침대 위로 쓰러진다. 우리는 나란히 누워 있다. 당신은 내 어깨에 머리를 가볍게 기대고서 내 늑골을 쓰다듬는다. 나는 움찔한다. 당신의 손이 내 피부 위에서 씰룩인다. 한 번 더. 나는 떨림으로 응답한다. 늘 오른쪽 날개뼈 뒤에서 시작되어 팔을 타고 내려오곤 하는 떨림이다. 내 흔들리는 손길이 당신의 안쪽으로 향한다. 경련하는 당신의 손이 나를 감으며 폭포처럼 흐르는 떨림을 만들어 낸다. 서서히, 서서히. 내 근육은 고정되지 않는다. 떨림이 일어 경련을 만나고, 부르고 또 응하고.

애인들은 내 떨리는 손길을 느끼는 일이 얼마나 좋은지 말해주었다. 그들은 내 떨림을 특별한 애무나 자갈밭에서 차를 모는 느낌에 빗대었다. 그들의 말은 수치심을 가시게 해주었지만, 그들이 묘사한 쾌감을 느껴본 적은 없다. 지금까지는. 당신의 경련이 내 피부 위로 넓게 퍼진다. 욱신거린다. 울린다. 춤춘다.

2장
치유라는 폭력

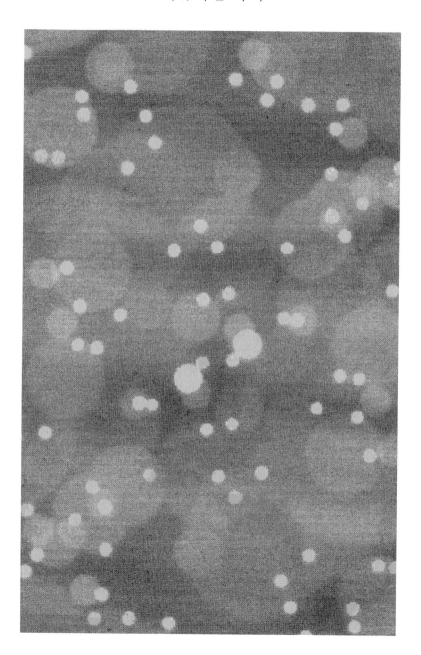

결함

결함이 있다defectiveness는 말은 치유를 필수적인 것으로 만들고 정당화한다. 지난 수 세기 동안 의료적·과학적·학술적·국가적 권한을 등에 업은 백인, 부유층, 비장애인, 남성 들은 얼마나 많은 집단을 선천적으로 결함이 있다고 공표했던가? 어떤 명단을 만들어도 미완일 테니 답하지 않고 질문할 따름이다. 투표할 권리를 위해 투쟁했던 서프러제트* 백인 여성들은 결함이 있는 존재로 공표되었고 그들의 요구는 힘을 잃었다. 아프리카에서 납치되어 미국에서 노예가 된 흑인들은 노예제도를 정당화하고 강화하기 위해 결함 있는 존재로 공표되었다. 엘리스섬의 이민자들은 결함이 있다고 공표되어 미국 입국을 거부당했다. 레즈비언과 게이는 결함이 있는 존재로 공표되어 성적 욕망을 치

---

*   20세기 초 영국에서 참정권운동을 벌인 여성들을 지칭하는 용어. "suffragette"
는 참정권을 뜻하는 단어에 여성형 접미사 "-tte"가 붙어서 만들어진 말이다.

유한다는 명목으로 호르몬을 주입당하고 전기충격요법을 받았다. 오늘날 경찰은 집 없는 이들을 총으로 쏘고, 배심원과 판사는 지적장애intellectually disabled가 있는 흑인에게 사형을 선고한다. 선주민, 흑인, 라틴계 사람, 가난한 사람, 장애 아동은 특수교육 과정을 밟는다. 이 모든 사람들은 어떤 식으로든 결함이 있다고 여겨진다. 결함이 있는 이들의 명단은 계속해서 길어지고, 그 피해도 커져간다.[1]

결함이 있다는 말은 엄청난 위력을 행사한다. 비장애중심주의는 결함을 가진 몸-마음은 바람직하지 못하고 가치 없으며, 버려도 되고 치유되어야 한다는 관념을 구축하고 지속하기 때문이다. 비장애중심주의가 없는 세상에서는 "몸 체계의 불완전함"을 가리키는 **결함이 있다**는 말은 존재조차 하지 않을 것이다. 있다고 한들 그저 중립적인 설명에 불과하리라. 그러나 정상적인 것과 비정상적인 것, 가치 있는 것과 가치 없는 것, 온전한 몸-마음과 손상된 몸-마음을 가르는 백인 서구 문화의 토대에 비장애중심주의가 있는 오늘날에는, 결함이 있다고 지목된 모든 개인과 집단은 아무런 의문도 주저함도 없이 박멸과 감금, 시설화의 표적이 될 수 있다. 결함이 있다는 말은 비장애중심주의의 발명품으로, 치유뿐만 아니라 수많은 억압 시스템을 반론의 여지 없이 정당화한다.

*

결함 있음은 역사 곳곳에 그림자를 드리우며 반복된다. 어디서 출발해도 상관없지만, 그 궤적 중 하나인 1851년에서 시작해보자. 새뮤얼 카트라이트Samuel Cartwright 박사는 《뉴올리언스 의학 외과 저널New Orleans Medical and Surgical Journal》에 다음과 같이 썼다. "아프리카인이 스스로를 돌보지 못하는 것은 … 두개골 내 대뇌의 결손과 더불어 동맥혈화hematosis 내지는 혈액산소공급atmospherization, 즉 정맥혈을 동맥혈로 바꾸는 기능에 **결함**이 있기 때문이다."(강조는 필자)[2] 카트라이트는 과학적인 언어를 사용하여 흑인들을 열등한 존재로, 인종차별적 고정관념을 의학적 진실로 만들며 노예제도를 옹호하고 정당화한다. 그 논지의 핵심에는 결핍과 결함이 있다.

같은 글에서 그는 몇 가지 "정신적 질병"을 만들어 낸다. 그의 주장에 따르면 노예가 된 아프리카계 미국인들이 달아나는 것은 출분증drapetomania 때문이고, 게을러지는 것은 에티오피아 이상감각증dysaesthesia aethiopica 때문이다. 이러한 진단은 흑인의 저항을 질병으로 바꾸어 놓았을 뿐만 아니라, 백인의 권력과 통제를 치유로 규정했다. "(에티오피아 이상감각증의) 증상은 치료하기 어렵지 않다. … 최고의 방법은 다음과 같다. 먼저 환자를 따뜻한 물과 비누로 씻기고 그것의 온몸에 기름을 바른 다음, 잘 스며들도록 넓은 가죽끈으로 때리는 것이다."[3] 카트라이트의 속임수는 교묘하고 잔혹하다. 노예가 된 흑인은 환자가 되고 "그것"

53

이 되며, 그들이 견딘 폭력은 치료가 된다. 장애화하는disabling 노예제도의 본성은 감추어진다. 카트라이트의 글은 결함이 있다는 공표에 사회적 통제가 내재되어 있음을 여실히 보여준다.

그의 이야기는 1851년에서 1968년으로 넘어오면서 월터 브롬버그Walter Bromberg와 프랭크 사이먼Frank Simon이라는 백인 정신과 의사들에게로 이어진다. 그들은 거만하게도 이렇게 말했다. "지난 10년간 미국에서 시민권을 주장하는 일의 스트레스와 그에 상응하는 아프리카계 미국인의 민족주의적 열기는 … 미국의 검둥이들에게 특정한 반응성 정신병을 촉발했다."[4] 카트라이트의 주장은 1851년 "결함이 있는 동맥혈화"에서 1968년의 "특정한 반응성 정신병"으로 바뀌었을 뿐, 변한 것은 없다. 브롬버그와 사이먼은 이어서 말했다. "우리가 관찰한 해당 증상은 시민권운동의 영향을 받았으며 … 백인의 가치에 대한 거부로 물들어 있다. … 우리는 이에 대해 '저항 정신병protest psychosis'이라는 용어를 제안하는 바다. … 수감자들 사이에 퍼진 이러한 저항 정신병은 사실상 '백인 문명'에 대한 거부다."[5] 카트라이트가 그랬듯 이들은 조현병의 사촌 격인 "저항 정신병"이라는 새로운 진단을 만들고, 백인 우월주의에 저항한 흑인들 사이에 광범위하게 퍼진 것으로 공표하면서 저항을 병리학적인 것으로 규정했다. 그들은 폭력을 정당화하기 위해 또다시 결함이 있다는 말을 사용했는데, 이번에는 흑인들을 감옥과 정신병원에 가두거나 흑인들에게 항정신병 약물을 투여했다.

브롬버그와 사이먼의 주장은 1968년에서 2014년으로 이어져, 백인 경찰관 대런 윌슨Darren Wilson의 대배심 증언에까지 이른다. 그는 미주리주 퍼거슨시에서 무장도 하지 않은 어린 흑인 소년 마이클 브라운Michael Brown을 총으로 쏴 죽였다. 윌슨은 발포 직전 마이클과 벌인 말다툼에 관해 이렇게 진술한다. "그 애를 잡았을 때 … 나는 (키는 2미터에 몸무게는 130킬로그램이나 되는 프로레슬러) 헐크 호건에게 붙들린 다섯 살 아이가 된 것 같았습니다. … 그 애가 얼마나 크고 제가 얼마나 작게 느껴졌는지 아시겠지요?"[6] 성인인 윌슨과 십 대 아이 마이클의 몸집이 비슷했다는 사실은 언급되지 않는다. 마이클의 덩치가 더 크긴 했지만 두 사람의 키는 모두 1미터 93센티미터였고, 윌슨은 성인이었던 데다가 무장한 채 공권력을 행사하고 있었다. 윌슨은 이런 사실을 말하는 대신 괴물처럼 압도적인 흑인의 이미지를 만들어 냈다. 그는 이 열여덟 살 소년이 "매우 격앙되고 공격적인 얼굴을 하고 있었으며, **악마** 같았다는 말 외에는 설명할 길이 없"다고 말하기도 했다.(강조는 필자) 윌슨은 총을 쏘기 시작했을 때에도 브라운이 "여전히 속도를 줄이지 않은 채 (그에게) 다가오고 있었고, … 심지어는 총알을 뚫으면서 더 커지는 것처럼 보였"다고 회고한다. 윌슨의 이야기 속에서 브라운은 괴물이자 악의 현신, 총알에도 끄떡없는 초인이 되어 있다.[7]

카트라이트와 브롬버그, 사이먼과 달리 윌슨은 모든 흑인을 특징 짓거나 진단하지는 않았고, 직접적으로 브라운에게 결함이 있다고 말하지도 않았다. 그러나 윌슨은 그를 당해낼 수 없는 초인적 악마로 그려내며 수 세기에 걸친 인종차별을 호출한다. 그의 증언은 **출분증**이나 **에티오피아 이상감각증, 저항 정신병** 대열에 합류한다.

카트라이트를 비롯한 이들은 노예제, 감금, 시설화, 국가 폭력을 설명하고 정당화하기 위해 결함이라는 비장애중심주의적 개념을 발명해 냈다. 요컨대, 그들은 비장애중심주의를 지렛대 삼아 백인의 우월성을 강화한다.

＊

모든 몸-마음, 집단, 문화가 **결함 있음**의 틀로 욱여넣어지고, **결함**이라는 단 하나의 개념으로 뭉뚱그려진다. 가해자 무리들은 결함 있음을 모욕으로 퍼붓고, 낯선 사람들은 호기심을 못 이겨 질문한다. 의사는 의무 기록에 결함 있음을 기록하고, 판사와 배심원은 이에 대한 증언을 듣는다. 과학자는 진리로서 탐구하고, 정치인은 정책에 써넣는다. **결함**과 **결함 있음**은 혐오와 권력, 통제로 들끓는다.

치유의 중심에는 박멸이 있다

장애가 모두 치유된 미래를 상상해 본다. 의료산업 복합체는 이 순간을 위해 수십 년간 노력을 기울여 왔다. 수없이 많은 진단명이 달린 육체visceral의 경험은 개개의 몸-마음에서도, 이 세계에서도 빠르게 사라질 것이다. 나와 내 주변의 장애인들을 생각한다. 지인, 친구, 동료, 이웃, 가족, 애인, 활동가, 문화 노동자. 우리가 세계에 보급한 코미디와 시, 행위 예술, 격렬한 액티비즘, 야한 영화, 중요한 사유, 좋은 대화, 즐거움을 생각한다. 우리가 누구이며 우리의 특정한 몸-마음이 우리를 어떻게 만들었는지에 대해 생각한다. 장애가 없다면 우리는 대체 누구란 말인가?

장애 활동가 해리엇 맥브라이드 존슨Harriet McBryde Johnson은 다음과 같이 썼다. "(장애인들은)'사정이 딱한가worse off?'나는 그 어떤 의미로도 그렇게 생각하지 않는다. 너무 많은 변수들이 있다. 선천적인 장애를 가진 경우 장애는 우리의 모든 것을 형성한다. 후천적으로 장애를 얻은 이들은 적응한다. 누구도 선택하지 않을 법한 제약들을 받아들이고, 그 안에서 풍요롭고 만족스러운 삶을 짓는다. 다른 이들이 누리는 기쁨을 우리도 누리며, 우리만이 가진 기쁨 또한 즐긴다. 우리는 세상이 필요로 하는 무언가를 가지고 있다."[8] 나의 상상 속 미래에서 우리는, 혹은 우리 같은 미래 세대는 존재하지 않는다. 내가 느끼는 것은 승리도 진보도 아닌 상실이다.

*

치유의 중심에 있는 것은 박멸과, 그에 수반되는 수많은 종류의 폭력이다. 언뜻 보기에 이 주장은 과장된 것 같다. 나를 비롯한 많은 이들의 삶이 치유와 치유 기술에 의존하고 있거나, 그 덕에 가능해졌다. 건강의 회복은 삶을 연장하거나 삶에 도움을 준다는 점에서 박멸의 정반대처럼 보인다. 그러나 다양한 방식으로 배열되는 치유는 또한 여러 형태의 제거와 말살로 이어진다.

첫 번째 배열. 의료산업 복합체는 어머니와 나를 살렸지만, 할 수만 있었다면 내 몸-마음에서 뇌성마비를 없애버렸을 것이다. 더 넓게는 전 세계의 뇌성마비를 제거했으리라. 그렇게 되면 많은 육체적 차이들이 소멸할 것이다. 여기에는 생명을 위협하는 상태(몇 가지만 언급하자면 에이즈와 말라리아, 천연두, 많은 종류의 암), 결함이긴 하되 치명적이지는 않은 상태(자폐, 뇌성마비, 목소리를 듣는 일, 척수 손상의 끊임없는 영향)도 포함된다. 의료산업 복합체가 제거하고 싶어 하는 몸-마음의 차이, 질병, 소위 결함이라고 불리는 것들의 목록은 끝을 모르고 길어진다. 이러한 종류의 제거는 우리의 삶을 구하고 편의를 높이며, 우리 중 어떤 이들은 그로부터 큰 덕을 본다. 동시에 제거는 몸-마음을 의료적 대상으로 부지런히 전환하며, **정상적인 것**과 **자연스러운 것**에 관한 거짓말을 지어내고 피해를 입힌다.

두 번째 배열. 의료산업 복합체는 특정한 질병이나 이상disorder이 아니라 그러한 상태를 가진 사람들에게 초점을 맞춘다. 이러한 종류의 박멸은 종종 현재를 조작하여 미래를 바꾸려 한다. 나는 장애 선별적 임신중지에 대해 생각한다. 오늘날 치유 이데올로기는 다운증후군을 가진 이들을 한데 모아서 죽여버리자고 말하지는 않는다. 대신, 임신중절과 쌍을 이루는 유전자 검사와 상담으로 특정한 분위기를 조성하여 다운증후군을 가진 사람들의 미래의 가능성을 지워버린다.

의사들은 매일매일 유전자 검사를 받으라고 임신부를 압박하고, 상담사들은 그 결과를 알려주며 이어지는 대화를 이끈다. 그 결과, 다운증후군을 가졌을 것으로 예상되는 태아를 임신한 미국의 예비 부모 중 3분의 2가 임신중절을 택한다.[9] 장애를 가진 아이를 원하지 않는다는 특정한 이유로 임신을 중단하는 것은 명백하게 현재를 조작한다. 박멸은 이 순간에만 일어나는 듯하지만, 9개월도 채 남지 않은 미래에도 영향을 미친다. 그 미래에는 다운증후군을 가진 사람 한 명이 존재하지 않게 되는 것이다. 부모들의 이러한 선택은 계속 늘어나, 다운증후군을 가진 것으로 예상되는 태아들이 매해 수천 명씩 낙태당한다. 나는 이러한 선택 자체의 옳고 그름보다는 나란히 놓인 그 선택들이 만들어 내는 명징한 패턴에, 그 패턴에서 드러나는 한 집단 전체를 지우려는 구조적 욕망에 관심이 있다. 이 미래 중심적 박멸은 무심히 지나치기 쉽다. 왜냐하면 우리 중 대다수는 직관적으로 장애와 "결함 있음"을 제거할 필요성이 있다고 믿도록 속아왔기 때문이다.

세 번째 배열. 그 무엇으로도 특정한 몸-마음의 상태를 제거하겠다는 의지를 멈출 수 없다. 설령 지금 죽을 수 있다고 해도 말이다. 나는 결합 쌍둥이의 분리에 관해 생각한다. 이 수술은 극도로 위험한 데다 이들의 생존과 안녕에 항상 반드시 필요한 것도 아니다. 긴 시간과 고도의 기술을 요하는 이 수술은 종종 미디어의 볼거리가 된다. 가족들에게 카메라가 따라붙고 수술 과정이 영상으로 담긴다. 2015년, 갓난아기인 코너 미라발Connor Mirabal과 카터 미라발Carter Mirabal의 분리수술 이야기를 다룬 ABC뉴스에서 한 간호사는 이렇게 말한다. "이제야 진짜 아이'들'이라고 할 수 있겠어요. 개인이 된 거니까요." 이 말은 분리된 몸-마음이 개별성의, 심지어는 인격성의 필요조건임을 시사한다. 몇 장면 뒤에 등장하는 의사의 이야기는 간호사의 말과 공명한다. "각각의 방에 있는 아이들을 보는데 마음이 좋네요. 이제야 개별적인 사람으로 보여요."[10] 이렇듯 개별성을 강조하는 것은 특정한 종류의 몸-마음이 다른 몸-마음보다 우월하다는 믿음을 강조한다. 우리는 코너와 카터가 이전에 어떻게 살았는지 결코 배울 수 없다. 이 수술이 그들의 생존에 반드시 필요한 것이었을까? 비정상적이고 결함이 있다고 여겨지는 것을 제거하여 정상적인 것으로 재형성하는 의식은 아니었을까?

일부 분리수술에서 의사들은 쌍둥이 중 한 명을 살리기 위해서 의도적으로 다른 한 명을 희생시키기도 한다. 대개는 분리되지 않는다면 둘 다 살아남지 못하는 경우다. 이러한 상황이 2000년 영국에서는 법정까지 간 적이 있다. 잉글랜드 맨체스터의 세인트메리병원St. Mary's hospital 의사들은 그레이시 아타르드와 로지 아타르드Gracie and Rosie Attard의 분리수술을 시행하고자 했다. 의사들은 이 수술이 로지를 죽게 하리라는 것을 알고 있었다. 아이들의 부모인 미켈란젤로 아타르드와 리나 아타르드Michaelangelo and Rina Attard가 수술에 동의하지 않자, 의사들은 아타르드 부부에게 소송을 제기하여 승소했다. 이 법적 결정에서 판사들의 논지는 많은 것을 시사한다. 한 판사는 "이 수술이 죽음 속에서나마 (로지에게) 인간 존재로서의 신체적 온전성을 부여할 것이다"[11]라고 말했다. 인격성이라는 논거를 가지고 장애를 가진 한 여자아이를 제거하는 일을 한마디 사과도 없이 정당화한 것이다. 그의 논리에서는 생명을 제거하는 일이 곧 치유다.

*

질병을 제거하든, 미래의 존재를 제거하든, 현재의 모습을 제거하든, 삶 그 자체를 제거하든, 이 세 가지 배열에서 치유의 핵심은 언제나 제거다. 이러한 박멸은 이로운 결과를 낳기도 하지만, 개인의 죽음을 초래하거나 특정 집단 전체의 감소diminish로 이어지기도 한다. 이러한 삭제erasures에 그림자를 드리우는 폭력은 그저 부작용으로, 혹은 생명을 구하고 몸-마음을 정상화하는 데에 따르는 불가피한 대가로 여겨진다.

나는 다른 프레임을 제안하고 싶다. 이러한 폭력을 더욱 본질적인 무엇, 이를테면 결과와 영향, 심지어는 의도로 보는 프레임이다. 치유의 사례 하나하나가 모두 폭력적이라고 말하는 것은 아니다. 건강의 회복이 간파하기 어려운 수많은 문제에 이른다는 사실을 기억하자는 것이다. 널리 퍼져 있는 이데올로기인 치유가 박멸에 초점을 맞추고 있으며, 폭력과 긴밀히 연결되어 작동한다는 이야기다.

인격성은 무기다

우리 중 어떤 사람은 태어나면서 인격성을 부여받는 반면, 어떤 사람은 일상적으로 인격성을 입증하고 방어해야 한다. 이 삐뚤어진 시험에서 실패하면 곤경에 빠진다. 나는 테리 샤이보Terri Schiavo의 이야기를 들려주고 싶다. 우리가 테리 샤이보를, 2004년과 2005년에 격렬하게 불거진 그녀에 관한 논쟁을 기억했으면 좋겠다.[12]

우리가 죽고 몸-마음이 흙과 공기로 스러질 때 무슨 일이 일어나건, 테리 샤이보가 탈수로 죽어간 마지막 며칠보다는 평화롭기를 바란다. 그녀의 부모, 남편, 의사, 미디어 등 모든 이들이 그녀에 대해, 그녀의 위장에서 제거된 영양보급관에 대해 한마디씩 말을 얹었다.

백인 여성인 테리 샤이보는 어느 날 돌연 쓰러졌다. 뇌에 산소 공급이 중단된 단 몇 분 사이, 그녀의 몸-마음은 급격히 달라졌다. 사람들은 그녀가 의사소통하고 생각하고 감각할 수 있는 능력을 잃었다고 말했다. 그러나 어쩌면 우리가 들을 수 있는 능력을 잃은 것인지도 모르겠다. 우리는 그녀의 피부 아래 무엇이 흘렀는지 결코 알지 못할 것이다. 나는 우리가 그녀를 애도하길 바란다. 전문가, 기자, 활동가, 학자 들이 끝없이 그녀에 관해 썼다. 내가 왜 그 말의 더미 위에 또 무언가를 얹으려 하는지 모르겠다. 그녀 생각을 떨칠 수가 없다.

테리는 이성애자 여성이었다. 테리의 남편은 그녀가 장애인이 되느니 차라리 죽는 것이 낫다고 결론내렸다. 테리의 손은 굽고 뻣뻣해졌으며, 관절들은 수축되어 굳어갔다. 그는 간호사가 테리의 손에 말린 수건을 밀어넣어 근육을 풀어주려고 하는 것도 거부하며 가부장적인 소유권을 고집했다. 테리는 다시 삼킬 수 있게 될 조짐을 보였지만, 그는 의료진이 그 방법을 알려주도록 두지 않았다. 그는 법정에서 얻은 모든 배상금을 돌봄과 편의, 보조 기술이 아니라 변호사들에게 썼다. 테리는 근육과 뼈로 어떤 말을, 어떤 팔락이는 이미지를 붙들고 있었을까?

많은 사람이 그녀가 무엇도 알거나 느끼지 못한다고 생각했다. 신경학자와 기자, 판사는 언어와 자기 인식이 우리를 가치 있게 한다는 믿음, 장애를 가지느니 죽는 것이 낫다는 믿음, 물을 마시고 음식을 먹는 기본적인 인간의 권리를 빼앗는 것이 연민의 행위일 수 있다는 믿음에 기반하여 그녀의 몸-마음에 관한 결정을 내렸다.

나는 자의식self-consciousness에 대해, 영적인 연결에 대해, 인간과 비인간의 구분에 대해 숙고할 수도 있다. 인격성과 인간임humanness을 분리하며 갓난아기나 중증 장애를 가진 사람보다 돼지나 침팬지가 더 가치 있다고 주장하는 생명윤리학자들과 논쟁을 벌일 수도 있다. 하지만 실은 나는 그런 데에는 관심이 없다. 나는 우리가 그녀를 위해 분노하기를 바란다.

테리는 종종 식물인간이라고 불리며 병원 침대에 살았던 여자다. 그녀는 그림자와 빛의 강, 압력과 소리의 강에 누워 있었을까? 우리는 결코 알지 못할 것이다. 그녀가 죽었을 때, 우리가 그녀의 이름을 불렀던가?

몸-마음은 가치 있다. 우리 인간의 몸-마음뿐만 아니라 왜가리와 반딧불이와 수양버들, 잠자리와 자작나무와 제비, 염소와 밴텀닭, 모기와 나무개구리, 여우와 독수리의 몸-마음도 마찬가지다. 인격성이 있건 없건, 이 행성에 집을 지은 무수한 존재들의 모든 몸-마음은 가치 있다.

그녀는 입원실을 가로지르는 풍선의 움직임을 따라가는 모습을 보였고, 카메라를 향해 한쪽으로 찡긋 웃었다. 그녀의 목숨은 서로 다른 주장을 하는 남편과 부모 사이에, 법적인 공표와 의료적 진단 사이에 달려 있었다. 우리는 그녀를 기억하는가? 온갖 사설들, 프로라이프pro-life 대 프로초이스pro-choice 수사rhetoric*, 종교적이고 세속적인 논쟁, 법적인 금지와 호스피스 밖에서 벌어진 농성, 막판에 플로리다의 주지사 젭 부시Jeb Bush와 미국 의회가 개입하려 하며 펼쳐진 드라마**를 이야기하려는 것

---

* 직역하면 친생명, 친선택을 뜻하며 일반적으로는 각각 '태아의 생명권'을 내세우는 임신중지권 반대 입장, 여성의 선택권을 중시하는 임신중지권 지지 입장을 가리킨다. 임신중지권을 프라이버시의 맥락에서 옹호한 미국 로 대 웨이드 판결(1973) 이후 반대 세력이 태아의 생명권을 주장하면서 나온 구도로, 임신중지를 둘러싼 개념적·현실적 복잡성을 충분히 반영하지 못하는 '수사'이지만 여전히 찬반 진영을 가리키는 대명사처럼 쓰이고 있다. 해당 맥락에서는 존엄사·안락사 등이 장애·건강 등의 관념과 복잡한 관계를 맺고 있음에도 불구하고 생명과 선택이라는 이분법적 구도로 축소되는 수사를 가리키는 말로 읽을 수 있다.

** 2003년, 법원 판결에 따라 테리 샤이보의 영양보급관이 제거되자 플로리다 주 의회는 신속히 "테리법"을 제정했고 젭 부시는 영양보급관 재삽입을 명령했다. 2004년 이 법이 무효로 선언되고 2005년 초에 다시 한번 영양보급관을 제거했을 때에는 미국의 연방 의회가 민주·공화 양당의 합의로 연방법

이 아니다. 내 말은 우리가 그녀를 기억하는가에 대한 것이다.

너무 많은 이들이 마치 테리 샤이보의 몸-마음은 더 이상 그녀 자신의 것이 아니게 된 양 굴었다. 우리가 누구인지, 우리가 그녀의 삶 혹은 죽음과 어떤 연관을 맺고 있는지에 따라 각자의 두려움, 믿음, 희망, 역겨움, 사랑, 확신을 그녀에게 투사했다.

내가 하려는 말은, 때로 삶과 죽음은 인격성에 대한 인정에 달려 있고 인격성은 너무 자주 무기로 사용된다는 것이다. 인격성이 가진 막대한 힘에 반해 그 정의는 언제나 임의적이다. 나는 이 말들의 무게에 눌려 더듬거리고 있다.

엄청난 혼란

1950년대에 우리는 방사선이 인간에게 미치는 영향을 연구하기 위해 네바다 핵실험장에 돼지를 동원했다. 그들의 피부가 우리의 피부와 비슷했기 때문이다.

> 멸종된 여행비둘기를, 캐롤라이나앵무를,
> 흰부리딱따구리를 기억하라.
> 고기가, 깃털 장식이, 수집품이 된 그들을.

원에 재심을 요청하는 법안을 통과시켰고, (젭 부시의 형인) 조지 부시 대통령도 이에 서명했다. 연방법원은 3심 모두 이 요청을 기각했다.

나는 느낀다.

1940년대 이후로 우리는 화장품 개발을 위해 토끼 눈이 아 물 틈을 주지 않고 있다.

> 독소로 가득 찬 공기를 기억하라.
> 오물로 변한 물을, 들불과 홍수를.

나는 엄청난 혼란을 느낀다.

우리는 낭포성 섬유증의 잠재적 치료를, 나아가 완전한 치유 를 꿈꾸며 코끼리바다물범의 폐 점막을 연구한다.

> 더 이상 바다로 흐르지 않는 강들을 기억하라.
> 이제 불모지가 되어버린 광활한 대지를.

나는 인간 존재에 대해 엄청난 혼란을 느낀다.

우리는 너무 많은 몸-마음들을, 오로지 우리에게 문제가 될 때에만 중요하게 대한다.

> 우리가 지은 댐을, 갈아엎은 초원을,
> 땅속에서 퍼 올린 기름을 기억하라.

인격성을 사유할 때에는 이러한 파괴 역시 설명해야만 한다.

단풍나무

2층 책상 근처 창문을 가득 채운 크고 오래된 한 쌍의 단풍나무는 내가 글을 쓰는 동안 곁을 변함 없이 지켜주는 오랜 동료다. 부드러운 초록색 잎이 무성한 이 나무들은 내 걱정거리이기도 하다. 지난 해 전력회사에서 전선에 걸리는 나뭇가지들을 성의 없이 쳐내는 바람에, 올해 여름에는 초록 잎사귀들 사이로 말라죽은 가지가 눈에 띄었다. 세 달이 지나 면 주황색과 노랑색으로 물든 잎을 떨어뜨리기 시 작할 거고, 11월부터는 헐벗은 가지를 드러낼 것이 다. 다섯 달이 더 지나 낮이 길어지고 밤 기온도 영 상이 되면, 새잎이 돋아 엷은 초록색 주먹을 펼칠 것이다. 우리는 10년 넘게 알고 지낸 내밀하고 고요 한 사이다.

3장
치유와 공모하는

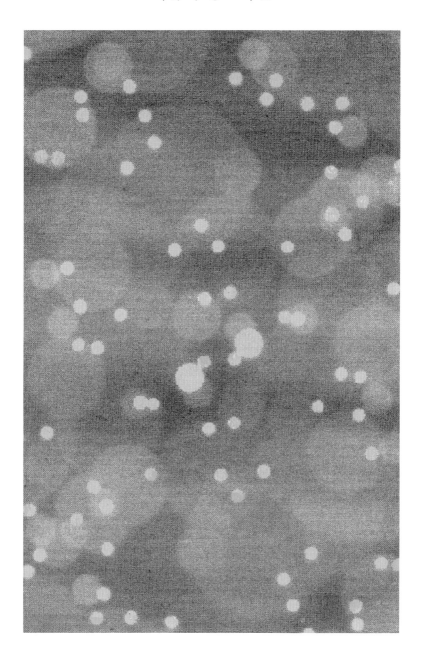

뇌성마비

열두 살 무렵, 나의 부모가 지체 부자유아 분과Crippled Children's Division, CCD(이하 CCD)에 나를 데려가 또 한 번의 진단 검사를 받게 했던 기억이 난다. 정형외과 의사 앞에서 왔다 갔다 걷고, 물리치료사 앞에서 블록을 쌓고, 심리학자 앞에서 퍼즐을 풀었다. 나는 이 모든 진단 과정을 진절머리가 나도록 잘 알고 있었다. IQ 검사를 몇 번이나 받았는지 모르겠다. 청능사audiologist에게 청력을 측정받기 위해 방음실에 몇 번이고 들어가 앉았다. 내가 어떤 소리를 더듬는지 분석하려는 언어치료사 앞에서 몇 개의 단어를 수도 없이 말하고 또 말했다. 이제는 정형외과 의사, 물리치료사, 심리학자, 청능사, 언어치료사 모두의 얼굴이 흐릿해졌지만, 반투명 거울one-way mirror만은 선명하게 기억난다. 그들이 내 모든 움직임을 주시하던 그 유리 벽만은.

검사 이틀 뒤, CCD의 물리치료사는 우리를 앉혀놓고 내게 뇌성마비가 있다고 말해주었다. 나는 몇 년이 지나서야 내게 처음으로 뇌성마비 진단을 내린 보건의료 제공자가 바로 이 물리치료사였다는 사실을 깨달았다. 이 진단은 치유를 찾아 나를 그곳으로 데려갔던 부모를 으스러뜨렸다. 우리는 치유 대신 불치병 진단과 정형외과 기구를 가지고 집에 돌아왔다. 걷는 법을 배우는 데 도움을 주었던 크고 투박한 신발 이후로는 처음 들이는 것이었다.

나는 치유를 믿지 않았다. 비장애인이 되기를 갈망했음에도 결코 믿지 않았다. 그렇지만 내 뇌와 떨리는 손, 발음이 뭉개지는 혀, 헛디디는 발 사이에 무슨 일이 일어나고 있는지 알고 싶었다. 뇌세포가 죽었다는 말 이상의 설명이 필요했다. 물리치료사와 정형외과 의사는 만족스러운 대답을 해주는 법이 없었다. 열두 살 무렵에는, 통제되지 않고 망가진 나의 몸-마음을 쏟아지는 뇌우와 무너지는 다리로 상상했다. 바람이 지나가는 나무 사이로 드문드문 비치는 햇빛에 내 떨림을, 스스로 둥글게 몸을 마는 지렁이의 모습에 나의 어눌한 발음을, 나무를 두드리는 도가머리딱따구리의 불규칙적인 리듬에 내 더듬거림을 빗대어 볼 생각은 하지 못했다.

*

집에 돌아온 뒤 정형외과 기구와 씨름했다. 손을 떨기 어렵게 만들어 근육이 경련하지 않도록 훈련시키는 장치라고 했다. 이 1.3킬로그램짜리 고정대를 동여매면 팔은 땀으로 흥건하게 젖었고, 통증이 느껴졌다. 고정대를 쓰지 않을 때에는 손목에 자석을 채우고 부엌 식탁 위에 놓인 금속판에 팔을 고정시킨 채 경련을 억누르며 글을 쓰려 안간힘을 썼다. 자석은 형편없이 실패했다. 고정대를 착용했던 8학년 내내 나는 아침마다 그것을 더욱 미워하게 되었다. 가죽으로 싸인 그 납덩이는 또 다른 방식으로 뇌성마비를 드러냈다. 몸이 불편한 것은 참을 수 있었지만 수치심은 참을 수 없었다. 나는 어머니와 싸웠고, 내가 졌다. 어머니는 치료에 대한 신뢰를 치유에 대한 꿈과 맞바꾸었다.

결국 나는 경련이 더 심한 오른팔에 무거운 것을 동여매는 짓을 그만두었다. 너무 아팠기 때문이다. 왼쪽 고정대를 잃어버렸을 때는 후련했다. 한편 CCD에서 받은 전동 타자기는 계속해서 사용했다. 타자 치는 법을 가르치려는 어머니의 희망이 꺾였을 무렵, 나는 지우개 달린 연필을 활용한 독수리 타법을 익혔다. 여전히 느리긴 했지만 손으로 쓰는 것보다는 훨씬 빠르고 효율적이었다. 첫 컴퓨터를 사기 전까지는 두 개의 타자기를 부서지기 직전까지 썼다. 적응은 치료보다 훨씬 효과적이었다.

∗

천천히 기억의 고리에 올라탄다. 각각의 희미한 호孤가 흐릿하게 빛나고 있다. 나는 진단이 시작된 곳으로 되돌아가고 또 되돌아간다. 물리치료사가 **뇌성마비**라는 단어를 내뱉는다. 정형외과 의사가 아킬레스건의 수술을 제안한다. 반짝이는 반투명

거울에 비친 모습이 나를 빤히 바라본다. 언어치료사가 내 입에 자신의 손을 집어넣고 괜찮다고 말하면서 혀근육 모양을 잡아 준다. 희미한 기억이 떠오른다. 그보다 더 옛날이다. 또 다른 물리치료실에 앉아 있다. 이곳에 내가 기억하는 최초의 장면이 있다. 흰 가운, 목소리, 테이블, 넘어질 것 같은 두려움. 나는 위를 올려다본다.

1966년, 나는 두 살 반이다. 무릎으로 쿵쿵대며 기어다니는 시기를 지나, 두 발로 균형을 잡고 휘청거리며 첫 걸음을 뗄 무렵이다. 다른 기억과 연결되지 못하고 혼자서 반복 재생되는 기억의 단편. 아직 말 한 번, 단어 하나 뱉지 못했던 때였다. 나는 스스로 만들어 낸 간단한 수어를 사용하고 있다.

1966년, 부모는 나를 한 기관에 데려간다. 1908년에 설립된 이 기관은 정신박약자를 위한 국가시설State Institution for the Feeble-minded 이라 불렸지만, 30년 뒤에는 오리건페어뷰요양원Oregan Fairview Home으로 이름이 바뀌었다. 내가 방문했을 무렵에는 페어뷰병원·훈련센터라고 불렸다. 역사학자 필립 퍼거슨Philip Ferguson과 다이앤 퍼거슨Diane Ferguson 그리고 메러디스 브로드스키Meredith Brodsky는 이렇게 썼다. "페어뷰훈련센터는 ⋯ 이러한 시설 중 최초로 문을 연 곳도, 마지막까지 남아 있던 곳도 아니었다. 사람들이 가장 많이 찾았을 때조차도 제일 큰 시설은 아니었다. 또한 그 시설에 있었던 이들이 증언하듯 최고의 시설은 아니었고, 다른 시설에 있었던 이들이 증언하듯 최악의 시설도 아니었다. ⋯ 말하자면 페어뷰훈련센터는 발달장애를 가진 사람들을 위한

'전형적인' 시설이었다."[1]

1966년, 의사들은 내게 IQ 검사를 시킨다. 그로부터 50년 전 미국의 우생학자 헨리 고더드Henry Goddard를 비롯한 다른 많은 이들은 정신박약feeblemindedness이 미국을 엄습하고 있다고 생각했다. 그는 지능을 수치화할 도구를 열렬히 모색했다. 프랑스의 지능검사를 번역하고 수정하고 옹호했다. 그는 **우둔**moron이라는 말을 만들어 냈으며*, 엘리스섬의 유대인, 헝가리인, 러시아인, 이탈리아인 이민자들을 연구 대상으로 삼은 시험에서 그들 중 40퍼센트가 우둔이라는 결론을 도출했다. 물론 여기서 핵심은 우생학자들이 이민자와 정신박약에 대해 이미 가지고 있던 믿음을 증명해 보이는 것이었다.[2] 내가 받은 검사가 바로 고더드 검사였다.

1966년, 페어뷰센터는 3,000명에 달하는 사람들을 수용하고 있다. 1920년에 우리는 백치idiot, 치우imbecile, 우둔으로, 1950년에는 지진아나 장애자handicapped라고 불렸다. 우리는 이제 막 발달장애인이라고 불리기 시작한다. 아직 지적장애라는 말은 알려지지 않았다. 진단의 언어는 수십 년에 걸쳐 미끄러지고 엇나간다. 이곳에 거주하는 3,000명 중 대다수가 평생을 갇혀 산다.

---

*   고더드는 비네의 지능검사를 이용하여 새로운 종류의 정신박약을 출현시켰다. 바로 '우둔'이다. 고더드는 정의하기도 쉽고 제도적 위상도 분명한 '백치'나 '치우'와 달리, '보통 사람'의 지능에 약간 못 미치는 '우둔'이야말로 사실상 가장 위험하다고 주장했다. 시설에 수용되지 않고 부랑인, 이민자, 범죄자 무리에 섞여 살면서 대를 이어 열등한 유전자를 물려준다는 이유였다. 자세한 내용은 『장판에서 푸코 읽기』, 155~156쪽을 참고할 수 있다.

1966년, 나는 검사에서 형편없는 점수를 받는다. 그리 멀지 않은 과거였더라면 **낮은 등급의 우둔**이나 **높은 등급의 치우**라고 진단받았을 것이다.* 하지만 1960년대 무렵부터는 법과 시설을 제외한 곳들에서 명칭이 바뀌기 시작했다. 나는 **정신지체자**가 되었다.

1966년, 오리건 의사들은 여전히 다달이 단종수술을 시행한다. 그들은 1917년 [오리건]주에서 처음 통과된 우생학 법률을 통해 강제생식기제거수술, 정관수술, 자궁절제수술, 난관결찰수술을 할 권한을 부여받았다. 1983년 이 법이 폐지되기 전까지, 최소 2,648번의 수술이 집행되었다.[3]

1966년, 나는 그들의 표적이 될 수 있는 등급을 받는다. 오리건의 법은 우리를 이렇게 부른다. "열등하거나 반사회적인 유전적 특성으로 인해 사회를 위협하는 자녀를 낳을 수 있는 정신박약자, 정신이상자, 간질 환자, 상습 범죄자, 도덕적으로 타락한 자, 성도착자."[4] 단종수술은 페어뷰에서 풀려날 수 있는 거의 유일한 방법이다.

나의 부모는 달리 무언가를 하지도, 나를 그곳에 남겨두지도 않았다. 분명히 그럴 수 있었음에도.

---

* 고더드가 만든 '우둔'이라는 용어는 나중에 IQ 검사에서 51~70점을 받은 사람들을 부르는 말이 되었다. 26~50점을 받은 사람은 '치우'로, IQ가 0~25인 사람은 '백치'로 여겨졌다. 이 단어들은 20세기 전반에 IQ 검사에서 점수가 낮은 사람들을 묘사하기 위해 전문가들이 실제로 사용한 과학 용어였다. 자세한 내용은 『증상이 아니라 독특함입니다』, 201~202쪽을 참조할 수 있다.

✳

페어뷰에는 92년간 1만 명의 사람들이 살았다. (누군가의) 자매들, 아버지들, 사촌들, 고모들이 본래 속했던 공동체에서 사라졌다. 나는 여동생을 잃어버린 제프 달리Jeff Daly가 만든 영화를 본다. 제프 달리가 여섯 살, 여동생인 몰리 달리Molly Daly가 두 살 때의 일이다. 몰리는 그림자 한 점 없이, 떠났다는 단서 하나 없이, 그 어떤 설명도 없이 마치 처음부터 존재하지 않았던 것처럼 급작스레 사라졌다. 제프는 영화 〈몰리는 어디에: 실종자들의 이야기〉에서 페어뷰로 보내진 여동생을 추적하는 과정을 보여준다.[5] 그는 아버지의 지갑에서 찾은 쪽지로부터 서랍 뒤에 숨겨진 파일철을, 그 파일철에서 포틀랜드 교외의 그룹홈** 전화번호를, 그룹홈의 사회복지사들로부터 사진이 첨부된 케이스 파일을 찾아내며 여동생의 흔적을 따라간다.

제프는 이 과정에서 1959년 페어뷰에서 제작한 홍보 영상 〈우리가 돌보는In Our Care〉을 찾아낸다.[6] 거친 흑백 화면이 튀며 지지직거린다. 그는 이 영상에서 처음으로 동생을 본다. 가구 하나 없이 사람들만 가득한 어느 방의 바닥에 있는 몰리를. 그녀는 손뼉을 치며 공을 가지고 놀고 있다. 카메라를 똑바로 바라보는

** 공동생활가정이라고도 하며, 대개 4~5인 정도 규모의 공동생활시설을 가리킨다. 대규모시설의 단점을 보완한 대안으로 여겨지기도 하나, 거주 이전이나 동거인 선택의 자유가 보장되지 않는 등 근본적으로 시설의 한계를 안고 있다. 탈시설운동의 관점에서 그룹홈 역시 시설로 규정되나, 한국 정부의 2021년 장애인 탈시설 로드맵에 그룹홈 확대 방안이 포함되어 논란이 된 바 있다.

비뚤어진 눈은 여전히 호기심으로 가득 차 바쁘게 움직이고 있다. 그 이후에 찍힌 케이스 파일 속 사진의 저항적이고 굳은 표정과는 전혀 다른 모습이다. 간호사들이 방마다 줄줄이 들어찬 유아용 침대에 누운 아이들을 돌보고 있다. 아이들이 정신없이 밥을 먹고 있는 식당의 모습과, 여자들은 시트를 개고 남자들은 큰 스팀 드라이어를 사용하고 있는 세탁실의 풍경이 지나간다. 우리에 격리되어 있는 한 여성이 보인다. 채찍과 수갑, 헤드 케이지, 구속복, 산욕acid bath의 위협, 강간의 현실은 보이지 않는다. 나는 페어뷰를 일컬어 "최고는 아니지만 … 분명 … 최악도 아닌" 곳으로 묘사하는 것이 무엇을 의미하는지 오래 생각한다.

1966년, 나의 부모는 단지 진단과 치유를 위해서가 아니라 나를 두고 갈 장소를 찾아서 페어뷰까지 갔던 것일까? 그들은 〈우리가 돌보는〉을 보았을까? 내레이터의 생기 넘치는 이야기가 그들의 몸-마음에 스며들었을까? 분노와 안도, 부끄러움이 앞다투어 치밀어 올랐을까? 언제 나를 집에 데려가야겠다고 결정했을까? 무엇이 그들의 마음을 결정적으로 돌렸을까? 모르겠다. 그 순간이 내 삶 전체를 뒤바꾸었다는 사실밖에는.

＊

사람들은 잊을 만하면 묻는다. "어디가 잘못되신 거예요?", "무슨 일이 있으셨나요?", "무슨 장애죠?" 어떤 이들은 스무고개라도 할 태세다. "다발성 경화증인가요? 파킨슨병? 근육병?

아니면 루게릭?" 나는 대개 얼른 대답한다. "뇌성마비요. 아뇨, 진행성 아니에요. 아뇨, 시한부 아니에요." 호기심을 해결하면 그들은 지나간다.

여러 개의 진단명으로 대꾸할 수도, "1966년에는 의사가 '정신지체'라고 했고 1976년에는 물리치료사가 '뇌성마비'랬어요. 한번 골라보시죠" 하며 피해 갈 수도 있다. 한술 더 떠 이렇게 이야기해 버릴 수도 있다. "제 몸-마음에 딸린 진단 두 가지는 말씀드렸고, 또 저에게 뭐가 있다고 생각하세요?" 그냥 "뇌성마비요"라고 말하고 지나가는 편이 훨씬 쉽다.

진단을 읽기

치유와 씨름하다 보면 백인 서구 의학의 진단을 마주할 수밖에 없다. 『정신질환 진단 및 통계 편람Diagnostic and Statistical Manual of Mental Disorders, DSM』(이하 『DSM』)이나 『국제 질병 분류International Classification of Diseases』의 활자, 의사들이 관리하는 절차와 범주화 시스템. 나는 진단을 때로는 믿을 만하고 때로는 의심스러운 지식의 한 가지 원천으로 해석하고자 한다. 유용할 때도 있지만 위험할 때도 있는, 특정 신념 체계가 빚어낸 도구이자 무기로. 사방으로 힘을 뻗치는 맹렬한 폭풍으로.

요컨대 진단은 엄청난 힘을 행사한다. 생명에 필수적인 의료 기술을 이용할 수 있게 해주지만 우리를 비난하기도 하며, 덜

괴로운 길을 열어주기도 하지만 우리를 가로막기도 한다. 문을 열고 또 쾅 닫는다.

진단은 우리 몸-마음의 상태에 이름을 붙이고, 그 상태들 사이의 관계를 기록한다. 진단은 지식을 거머쥔다. 육체의 현실들 visceral realities을 조직화한다. 폐부종과 고혈압, 궤양과 담석을 분류하고, 불안 발작과 심장마비는 다르며 외상후스트레스는 우울증과 무관하다고 공표하면서 경계를 짓는다. 어떤 통증은 실재하는 것으로 승인하고, 어떤 통증은 심인성인 것이나 꾀병으로 치부한다. 진단은 이러한 경계와 구획의 권력에 대해서는 거의 아무것도 말해주지 않는다. 진단은 X선, MRI, 혈액검사, 심전도, CT 촬영 등의 기술을 통해 3차원의 우리 몸-마음을 2차원의 도표로, 조명판 위 사진으로, 자료상의 증상으로, 종이에 찍힌 활자로 만들어 버린다. 역사를 거머쥐고 기준선을 설정한다. 미래를 예측하고 많은 것을 결정한다. 정치적·문화적 힘을 휘두른다. 최선의 경우, 진단은 우리의 아픔을 긍정한다. 우리의 몸-마음에서 벌어지는 일들로 우리를 인도하며, 혼란스러운 육체의 경험에서 의미를 도출하는 데에 도움을 준다.

하지만 진단이 최선의 자리를 지키는 경우는 많지 않다. 진단은 또한 우리로 하여금 길을 잃게 만들거나, 우리가 스스로에 대해 아는 바를 평가 절하한다. 의심과 질문, 수치심을 남길 수 있다. 우리를 우리의 몸-마음에서 내몰 수도 있다. 형편없이 이해되거나 노골적으로 억압적인 경우도 허다하다. 우리의 몸-마음에 맞는 진단 기준을 만들기는커녕, 권위적인 진단을 내리고 그에 맞추어 몸-마음을 욱여넣기도 한다. 진단은 의료진이 이해하지 못한 무언가를 감추기 위한 방편이 될 수 있다. 엉망진창인 우리 육체보다 더 중요해져서, 우리를 송두리째 대신해 버릴 수도 있다.

＊

이처럼 우리를 길 잃게 만들고 평가 절하하는 진단은 종종 **오진**이라 불린다. 마치 정확도accuracy를 높이면 진단에 내재한 모호성과 양가성이 사라지기라도 할 것처럼 말이다. 하지만 정확성correctness이 아닌 다른 데로 초점을 옮겨보자. 진단을 해석하고자 할 때, 내가 **정말로**really 뇌성마비인지, 정신분열이라는 병명이 목소리를 듣거나 환영을 보는 것과 같은 갖가지 현실을 **정확히**accurately 설명하는지는 나의 관심사가 아니다. 나는 진단이 무엇을 행하는지를 함께 생각해 보자고 청하고 싶다. 이 체계는 우리 가운데 모자라고 결함이 있으며 장애를 가졌다고 간주되는 이들을 갖가지 방식으로 설명할 뿐만 아니라, 세상이 우리를 대하는 방식을 형성하기 때문이다.

정신지체라는 진단을 생각해 보자. 분명 (남들과는) 다르게 생각하고 정보를 처리하고 소통하는 이들을 가리키는 이름이다. 하지만 이 명명은 아주 많은 기대와 고정관념, 물질적 현실을 가져온다. **정신지체**(라는 진단명 혹은 꼬리표)는 어떤 이들이 어디서 어떻게 교육받을지를 정한다. 그들이 유급 일자리를 갖고 스스로 택한 집에서 살 가능성을 낮춘다. 아이를 빼앗길 가능성을, 교도소나 그룹홈 혹은 시설에 들어갈 가능성을 높인다. 또한 일련의 서비스나 적응 기술, 개별화교육계획Individualized Education Plans*, 직업훈련을 이용할 수 있는 접근성을 제공한다. 정신지체라는 진단은 종종 위험하고 이따금 유용하지만, 결코 중립적이지도 그저 기술적descriptive이지도 않다.

＊

수백 개의 힘이 진단을 통해 소용돌이친다. 제각기 나름대로의 효용과 위험이 있다. 어떤 진단은 거의 아무런 낙인도 남기지 않고, 어떤 진단은 차별과 자기혐오에 짓눌리도록 만들며, 또 어떤 것은 안도감과 슬픔을 함께 가져다준다. 나는 진단의 이 모든 모습을 읽어내고 싶다.

이상

백인 서구 의학에서 진단은 우리에게 **이상**disorder이라는 개념과 현실을 투사한다. 진단명과 코드가 실려 있는 두 권의 자료

---

* 장애 아동 개개인의 학습 능력을 파악하고 그에 맞는 목표와 방법을 설정하여 필요한 교육 서비스를 제공하는 제도로, 1975년 전장애아동교육법 제정에 따라 도입되었다.

집(『DSM』과 『국제 질병 분류』)을 훑어보면 이 단어가 몇 번이고 튀어나와 여러 몸-마음을 기술하고, 규정하고, 범주화한다.

우리 중 어떤 이들은 정말로 이상(무-질서dis-order), 그러니까 인체의 전형적인 질서에 맞지 않는 소화기관, 면역 체계, 뉴런, 신경 수용체, 근육, 관절 등과 함께 살아간다. 물론, 무-질서라는 기술적인 개념은 질서라는 명확하고 단일한 정의에 기반한다. 하지만 이상은 그저 이상이 있는(통상적이지 않은, 질서에 맞지 않는) 것이 아니라 틀린 것, 망가진 것, 고쳐야 하는 것을 의미한다.

이상은 위축시키고 제약하는 데, 평가 절하하고 병리화하는 데 쓰인다. 목소리를 듣거나 환영을 보는 것을 생각해 보자. 백인 서구 의학은 이런 경험들을 두말할 것 없이 박멸해야 하는 생물학적 이상 증세로 규정한다. 이런 관점에서는 오늘날 항정신병 약물의 모든 부작용(무감각, 진정 상태, 인지 저하, 떨림, 경련은 물론 심부전이나 신부전, 뇌졸중, 당뇨, 발작 가능성까지도)은 **조현병** 진단보다 더 낫다고 여겨진다. 목소리를 듣고 환영을 보는 일은 백일몽이나 영적 경험, 채널링channeling**과 허구 인물의 창작, 트라우마의 여파 등의 연장선에 있는데, **이상**은 그 일을 이렇듯 일반적인 일로 남겨두지 않는다. **이상**은 우리 몸-마음을 이해하는 특정한 방식을 지정하고 나머지를 배제한다.

진단이 우리 몸-마음에 이상이 아니라 수용acceptance을 투사

** 인간과 다른 차원의 존재들 사이에 이루어지는 일종의 상호 영적 교신 현상을 말한다.

했다면, 우리는 자기 자신과 서로에 대해 무엇을 알 수 있었을까? 상상컨대 아픔과 죽음은 두려워하고 피해야 할 이상의 표지가 아니라, 우리 생애 주기의 친숙한 일부가 될 것이다. 몸을 떨거나 환각을 보는 이들, 뚱뚱하거나 음성언어를 사용하지 않는 이들은 위험하거나 바람직하지 못한 존재가 아닌 평범한 사람들이 될 것이다. **이상**이 없다면 백인 서구 의학의 진단은 존재하지도 않을 것이다.

항생제와 침술

의료산업 복합체는 진단을 우리의 몸-마음에 관한 보편적인 진리로, 오직 오진일 경우에만 틀릴 수 있는 진리로 이해하기를 바란다.

*

몇 주째 아프다. 크고 격렬한 기침이 멎지를 않는다. 욕실로 가는 계단을 오르기가 버거울 만큼 쇠약해졌다. 처방전 없이 살 수 있는 감기약을 복용했지만 듣지 않는다. 결국 몸을 질질 끌며 병원에 간다. 낫고 싶을 뿐이다. 치유에 관한 양가감정 따위는 없다. 의사는 혈압과 체온, 혈중 산소포화도를 잰다. 심장과 폐에 청진기를 댄다. 기침할 때 나오는 가래를 채취해 보려 하지만 잘 되지 않는다. 15분 뒤, 그는 기관지염이라는 진단을 내리고 처방전을 건넨 후 나를 돌려보낸다. 건강보험이 있어서 내원 진료비로 10달러를 낸다.

기침약에 든 코데인condeine이 주는 나른함을 좋아하지만, 세 번을 더 먹고 나니 메스껍고 어지러워 기절할 것 같다. 회복하기까지 꼬박 하루가 걸린다. 항생제를 복용하니 기침이 좀 잦아든다. 하지만 여전히 힘들고 처참하다. 폐가 찢어지는 것 같다.

며칠이 지나 이번에는 침술사에게 간다. 침술사는 기침 소리를 들어보고 혀를 살펴본 뒤 체온과 식사, 통증은 어떠하냐고 묻는다. 맥을 짚는다. 그는 내 폐에 열이 차 있다며 따뜻한 약초차 한 잔을 건넨다. 쌉싸름하고 톡 쏘는 흙 맛이다. 침대에 눕자 그는 이마, 관자놀이, 윗입술, 발에 침을 놓아준다. 반짝, 따끔, 뚜둑. 침이 살을 뚫고 들어온다. 느낌이 어때요? 그가 묻는다. 나는 할 말을 찾지 못한다. 24년간 약초학자로, 10년간 침술사로 일해온 이 중년의 백인 남성은 미소 지으며 고개를 끄덕인다. 그는, 영어에는 침이 우리 몸-마음에 미치는 영향을 설명할 수 있는 언어가 없지만 광둥어와 중국어에는 무수히 많다고 말한다. 나는 침을 꽂은 채로 한참을 조용히 누워 있는다. 이윽고 그가 약초를 내어주고 다음 예약을 잡은 후 나를 돌려보낸다. 식료품비와 월세를 치르고 남았던 돈 150달러가 고스란히 주머니에서 나간다.

밤에 마시는 약초차를 좋아한다. 차를 마시면 기침이 잦아들고 잠이 온다. 지끈거리던 두통이 가시고, 기침을 해도 찌르는 듯이 아프지는 않다. 한순간에 기적이 일어나지는 않는다. 하지만 한 달 동안 항생제와 약초, 침의 도움을 받으니 기침이 가라앉고 기력이 돌아온다.

∗

나의 기침과 소진을 설명하는 이 두 가지 방식에 대해 생각해 본다. 기관지염이라는 진단은 내가 속한 문화에서 생겨난 것이다. 100년도 채 되지 않았지만, 내가 쓰는 언어와 내가 함께 자라온 믿음 덕에 한결 친숙하다. 이 방식은 세균과 증상, 빠른 처치에 주목한다. 백인 서구 의학에서는 과학적인 방식이자 특정한 몸-마음의 진실된 상태를 드러내는 것으로 이해된다.

다른 한편, 폐에 열이 차 있다는 설명은 내가 일상적으로 닿아 있지 않은 문화와 역사, 수 세기째 이어져온 전통practice에 뿌리를 두고 있다. 이러한 설명은 원소와 기운과 균형을 따진다. 선주민의 의학 체계를 억압해 온 제국주의적 역사를 가진 백인 서구 세계에서, 폐에 열이 차 있다는 설명은 매우 회의적으로 여겨진다.

이 두 진단은 내게 이렇게나 다른 의학적 지식을 부과한다. 한때는 이 둘을 한데 모으려 애썼다. 우리의 몸-마음에 대한 단일하고 확정적인 이야기로서의 틀framework과 결론을 제시하는 백인 서구 체계에 이끌렸기 때문이다. 이들 중 어느 것이 "옳은" 진단인지 알고 싶었다.

이 일에는 실패했지만, 기침과 소진에 관한 완전한 진실을 들려주는 **단일한** 이야기가 필요했던 것이 아니었음을 이내 깨달았다.[7] 오히려 그 끔찍한 기분 속에서 내가 바랐던 것은 평안함, 나의 폐를 진정시킬 방법, 삶의 안녕을 되돌려 줄 치료의 절차였다. "옳음"은 거의 아무런 의미가 없었다.

✳

의료산업 복합체가 말하는 바와 달리 진단은 사실이기보다는 도구이고, 존재의 양태라기보다는 행위이며, 여러 이야기들 가운데 하나일 뿐이다.

진단의 대가

페어뷰 생각이 뇌리에서 떠나지 않는다. 그 역사, 수십 년간의 감금, 매일의 폭력에 귀를 기울인다. 추방removal, 격리, 통제, 폭행, 약물 투여, 마구잡이식 학대, 방치…. 진단이 이 모든 것을 작동시킨다.

✳

제프 달리는 다큐멘터리 〈몰리는 어디에〉에서 어떻게 여동생 몰리가 자신의 삶에서 사라져 버렸는지를 되짚는다. "제가 여섯 살 때 어느 날 갑자기 동생이 사라져 버렸어요. 어디로 가 버린 거지? 아무도 말해주지 않았어요. … 우리 가족에게서 몰리가 없어져 버린 거예요." 그녀의 실종 또한 진단에서 시작된 일이었다.[8]

그녀의 고향에 있는 의사들은 처음엔 몰리가 내반족內反足*인 데다가 한쪽 눈에는 백내장이 있다고 했다. 만 두 살도 채 되기 전에 몰리는 수술을 받았다. 이윽고 의사들은 그녀의 차트에 "심각한 지진아"라고 썼다. 이 두 단어가 그녀의 몸-마음을 고정관념으로 만들어진 세계에 가두었다. 그들은 몰리의 부모에게 "몰리는 식물인간이나 다름없어요"라고 속삭였다. 그녀는 얼마 지나지 않아 페어뷰로 사라졌다. 진단이 의사의, 부모의, 국가의 결정을 정당화했다.

영화의 잔상이 눈앞에 떠다닌다. 가족사진 속 희고 토실토실한 아기 몰리. 1959년 페어뷰 홍보 영상 〈우리가 돌보는〉에서 공놀이를 하고 손뼉을 치는 다섯 살배기 몰리. 1961년에서 1971년까지의 케이스 파일에 첨부된 사진 속 소녀 몰리. 그로부터 35년이 지나 그룹홈에서 쉰 번째 생일을 맞이한, 휠체어에 앉아 미소 짓고 있는 몰리.[9] 고모 내외가 그녀를 페어뷰에 두고 간 1957년부터 그룹홈으로 거처를 옮긴 1991년 사이의 일을 상

---

* 발목이 휘어 발바닥이 안쪽을 향하고 기립 시에는 발날이 땅에 닿는 형태의 발을 뜻한다. 비교적 흔히 나타나는 선천성 장애로, 석고 고정이나 수술 등을 통해 교정한다.

상해 보려 애쓴다. 아무리 상상해 보아도 충분히 절망스럽지는 못할 것이다. 진단이 계속해서 그녀를 가두어 두었다.

그녀에게 묻고 싶다. **당신의 슬픔과 분노는 어디에 숨겨두었나요? 어떤 작은 즐거움을 누리곤 했나요?** 그녀가 응해주기를, 말로 할 수 없다면 눈을 깜빡이거나 찡그리기라도 해주기를 바란다.

추방이 몰리의 인생을 송두리째 뒤바꾸었다는 사실은 말할 필요도 없다. 그녀가 진단을 받고 사라진 것은 그녀의 가족에게도 흔적을 남겼다. 추방은 추방당한 사람만의 일이 아니다. 그런 일은 잔물결이 되어 개개인들, 가족들, 사회적 관계들에 닿는다. 일종의 경고가 되어 공동체 전체를 움츠러들게 한다. 무지막지한 힘이 되어, 온 문화를 뿌리째 뽑아버린다.[10]

✳

의사들이 내게 정신지체라는 진단을 내린 1966년, 나의 부모가 나를 페어뷰에 두고 갔다면 나 역시 수십 년간 처벌과 항정신병 약물, 아마도 스텔라진Stelazine과 소라진Thorazine에 노출되었을 것이다. 주방이나 세탁실에서 고된 노동을 겪어야 했을 테다. 나는 더 이상 상상하기가 힘들다.

✳

페어뷰에서 진단의 막강한 영향력은 추방으로만 끝나지 않았다. 진단은 또한 장기 요양long-term care의 필요성을 정당화했고, 여러 가지 학대를 승인했다. 헤드 케이지와 구속복을 사용하는 일, 향정신성 약물을 투여하는 일, 격리실에 감금하는 일은 폭력의 형식이 아니라 입소자들의 "안전"을 지키는 수단이자 "치료care"의 관행이 되었다.

혹독한 일과표가 매일의 일상이었다. 〈페어뷰의 목소리Voices from Fairview〉라는 단편 다큐멘터리에는 페어뷰에 거주했던 백인 일곱 명이 등장해 각자 시설에서 생활하던 때를 회상한다.[11] 폴 우드Paul Wood는 1960년대 당시 그의 일과를 다음과 같이 기억한다. 아침 5시 30분 기상, 등교 전에 식료품 저장소에서 일, 낮에는 학교에 가지만 점심시간 1시간 앞뒤로 식료품 저장소에서 일, 방과 후에도 식료품 저장소에서 일, 마지막으로 저녁 8시 취침. 하루 4시간의 노동에 대한 급여를 받았느냐는 질문에 우드는 "아니, 그 사람들 돈 안 줘, 아무한테도. 공짜로 이발하고, 의사한테 진료받고 숙소에서 사는 것도 공짜야"라고 대답한다. 그의 무급 노동은 아동 노동 착취가 아니라 일종의 치료가 되었다. 진단이 아니었더라면 필요 없었을 치료였다.

감금은 당연한 일이었다. 다른 입소자는 이렇게 말한다. "매그루더(페어뷰의 '숙소cottage' 중 하나)에 처음 갔을 때 생각했죠. 창문에 창살이 있네, 아무 데도 못 가겠네. … 곧 적응했어요. 복잡할 게 없었죠." 케네스 뉴먼Kenneth Newman은 페어뷰를 "지옥으로 가는 관문"이라 부른다. 그는 "셀 수 없을 만큼 많이" 싸우고, 갇히고, 도망쳤던 일을 기억한다. 셜리 뉴먼Shirley Newman도 달아났다. 때로는 케네스와 함께, 때로는 다른 여자아이와 함께. 그녀는 직원들이 자신을 쫓아와 도로 데려가서는 족쇄를 채워 침대에 묶어두었던 것을 기억한다. 치료는 폭력과 얽혀 있었다. [그녀는] 때로 저항했지만, 그러면 곧 더 큰 폭력이 돌아왔다. 이 모든 것을 지속시킨 것은 진단이었다.

처벌은 늘상 일어났다. 셜리와 케네스는 젖은 천에 싸이고 가죽끈에 묶인 채 뜨거운 물을 뒤집어쓴 기억이 있다고 했다. 폭력이 아니라면 이런 처벌을 무엇이라고 설명해야 할까. 셜리는 다음과 같이 회고한다. "우리 여자애들은 겁에 질려 있었어요. … 우리가 무슨 말을 하면 누군가의 귀에 들어가기 마련이었고, 그러면 곤란한 일이 생겼으니까요." 이런 상황은 치료라는 명목 아래 진단의 비호를 받으며 수십 년간 방치되었다.

＊

진단에서 비롯하는 폭력은 그저 과거의 일이 아니다. 오늘날 매사추세츠에 있는 저지로텐버그교육센터Judge Rotenberg Educational Center의 입소자들은 행동을 교정하기 위해 행해지는 전기충격을 매일같이 견디고 있다. 저지로텐버그교육센터는 몸-마음의 다양한 상태를 진단받은 청소년을 대상으로 운영되는 곳으로, 학교라고 홍보되지만 사실상 거주시설이다. "치료treatment" 계획의 일환으로 많은 학생이 등에 4.5킬로그램짜리 배터리팩을 차고, 팔다리와 배에 전극을 달고, "나쁜 행실"을 하지 않는지 24시간 내내 감시당한다. 위반 행위가 일어날 때마다 직원이 한 번에 2초씩 전기충격을 가한다. 일부 입소자들은 이 강한 통증을 하루에도 수십 번씩 겪는다. 탐사보도 기자 제니퍼 고너먼Jennifer Gonnerman은 이를 "말벌 무리가 … 일제히 쏘아대는" 느낌에 비유한다.[12] 로텐버그에서 3년 반을 지냈고 교도소에 들어간 적도 있는 롭 산타나Rob Santana는 다음과 같이 말했다. "교도소보다 더해요. 지구상 최악의 장소예요."[13] 장애 활동가들은 이 시설의 폐쇄를 위해 애쓰고 있지만, 2014년 현재 여전히 상당수 입소자에게 전기충격이 가해지고 있다.

진단은 이러한 폭력이 고안되고 또 행해질 수 있게 한다. 입소자들에게 자폐, ADHD, 지적장애, 양극성 장애라는 꼬리표가 붙어 있다는 이유로, 로텐버그에서 전기충격은 고문이 아니라 치료법으로 인식되고 옹호된다.

진단의 대가가 이렇게나 크다.

유용하다. 그런데 누구에게?

진단이 얼마나 많은 면에서 유용한지 이루 말할 수 없다.

진단은 박멸을 부추기고, 우리 몸-마음에 대해 우리가 아는 바를 확인해 준다. 종족 학살의 범위를 넓히고, 매일 뜬눈으로 밤을 지새우게 만드는 고통에 의미를 부여한다.[14] 치료care라는 이름으로 폭력을 허하고, 의료 기술, 인적 서비스, 필수적인 돌봄에 대한 접근성을 만들어 낸다. 사회적 통제를 야기하고, 편안함을 제공하는 치료treatment로 이끈다. 자기결정을 앗아 가고, 목숨을 구한다. 우리가 우리 몸-마음에 대해 아는 바를 묵살하며, 치유로 이끈다.

진단은 유용하다. 그런데 누구에게, 어떤 목적에 유용하다는 말인가?

돌

어린 시절 사랑했던 해변을 거닌다. 콰타미Kwat-
ami족의 빼앗긴 영토에 있는 널찍하고 평평하고 곧
은 바닷가다. 썰물 아래에서 빛나는 돌 하나를 집어
든다. 선명한 초록과 검정. 손가락 사이로 돌을 문
지르며 둥근 가장자리와 고르지 않은 표면을 만져
보고, 그 무게를 가늠해 본다. 돌 가운데에는 구멍
이 있다. 조개나 따개비 혹은 꾸준히 떨어진 물방울
로 인해 생겼을 것이다. 한편에는 비스듬한 홈이 패
어 있고, 다른 한편에는 작고 둥근 구멍이 나 있다.
돌은 그렇게 천천히 천천히 모래가 되어가고 있다.
나는 돌을 주머니 속에 넣었다가, 나중에는 가죽끈
으로 꿰어 목에 걸고 다닌다. 피부에서 스며 나오는
기름으로 초록과 검정의 경계가 점차 흐려진다.

4장
치유의 뉘앙스

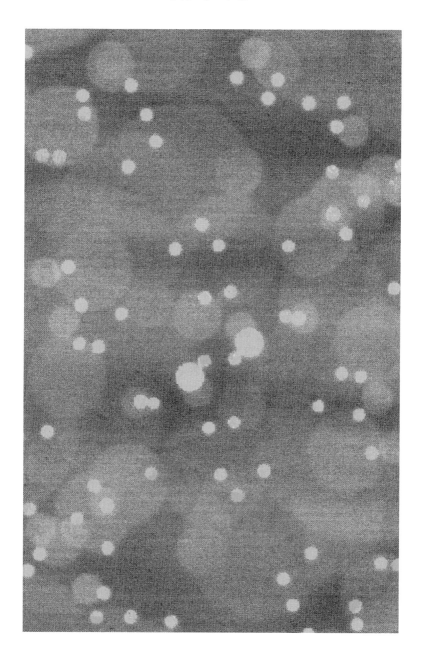

당신이 덜 아프기를 바라

당신과 나는 인터넷을 기반으로 느슨하게 형성된, 퀴어 장애 활동가들의 국제 네트워크 덕분에 서로 알고 지내는 사이다. 어느 날 저녁 나는 당신에게서 긴 메시지를 받는다. 육체적 고통으로 인한 신음과 다름없는, 비통에 찬 메시지다. 당신은 너무나 고통스러운 하루를 보냈다고 말한다. 울부짖을 만하다고 받아들이는 것은 도움이 된다. 컴퓨터를 끄기 전, 나는 이렇게 쓴다. 잘 자요. 동틀 무렵엔 부디 고통이 덜하기를. 언젠가 시간이 지나고 당신은 내게, 그때 고통 없는 밤을 보내길 바란다고 말하지 않아주어서 고마웠다고 말한다. "문제는 고통이 있느냐 없느냐가 아니라, 얼마나 심하냐는 거잖아요." 우리가 직접 만났을 때 당신은 내게 말한다. "통증치료의 돌파구를 찾을 수 있지 않을까 해서 의학 논문들을 읽어봐요. 뭐라도 달라질까 싶어서요." 당신은 당신의 통증에 관한 이야기를 믿어줄 의사를 찾아 헤맨다. 제대로 된 대화의 문을 열어줄 정확한 말들을, 의사가

97

당신을 마약중독 범죄자가 아니라 환자로 대하도록 이끌어 줄 이야기들을 만들어 내려 한다. 당신은 필요한 대본script을, 즉 진짜 처방전prescription을 받으려 애쓴다. 진통제의 적정량을 찾으려고 노력한다. 당신은 애쓰고 애쓰고 또 애쓴다.

많은 장애 활동가들은, 장애가 있는 몸-마음이 설령 정상이라고 여겨지는 몸-마음과는 다르더라도 잘못된 몸-마음은 아니라고 단언해 왔다. 내가 몇 번인가 이렇게 말하자 당신은 답했다. "그건 사실입니다. 우리는 우리의 몸이 잘못되었고 망가졌다는 전제에 저항해야 하죠. 하지만 나와 함께 사는, 사람 미치게 하는 이 망할 놈의 만성 통증은 건강의 변주도, 자연스러운 신체적 차이도 아니에요."

＊

자연스러운 것과 **부자연스러운 것**의 의미를 다시 붙들게 된다. 연약하고 회복력 있는 인간의 몸-마음이 세계와 상호 작용 하는 것처럼, 장애와 만성 통증이 발생하는 순간과 장소를 자연스러운 것으로 여길 수 있을까? 차에 치이거나 말에서 떨어졌을 때 척추가 부러지는 것, 납과 수은과 살충제에 노출된 뇌가 정보를 파편적으로 처리하는 것은 자연스러운 일일까? 어떤 몸-마음은 자연스러우면서 동시에 비정상적인 것으로 여겨질 수도 있는 걸까? 나는 이해되지 않아서 묻고 있는 것이다.

또한 장애와 만성 통증이 발생하는 순간과 장소는 언제 전쟁이나 독성 쓰레기 매립지, 아동 학대, 가난처럼 부자연스러운 일이 되는 걸까?

치유를 바라기

당신과 내가 있는 방은 장애인들로 붐빈다. 우리는 뼈에 사무치는 진실을 털어놓을 만큼 가까워진다. 당신은 말한다. "만약 내일 아침에 일어났는데 당뇨가 사라져 있을 수 있다면, 나는 생각할 필요도 없이 당장 그렇게 할 거예요." 당신이 떠올리는 생각의 흐름이 내 귀에 들리는 듯하다. 매일매일 인슐린을 투여하는 일, 혈당 수치를 추적하는 일, 수치심, 수많은 의사들, 발작, 불분명하고 장기적인 영향. 당신은 자신의 몸-마음을 증오하지 않는다. 당뇨를 비극과 동일시하지도 않는다. 반쯤 공황에 빠진 상태로 절망스러워하며 기다리는 것도 아니다. 나는 보편적 의료보장과 진정한 사회 안전망, 빈곤과 기아의 종식이 아닌 연구에만 쓰이는 그 모든 시간과 자본이 당신을 화나게 한다는 것을 안다.

동시에 당신은 비유에 신물이 나 있다. 언젠가는 에이즈가 당뇨처럼 치유되고 관리될 수 있으리라는 희망이나 트랜스섹슈얼transsexual*의 호르몬대체요법을 인슐린과 동일시하는 비유들.

---

*　　지정된 성별과의 불일치에서 오는 불편감을 해소하고 스스로 자기 자신이

당신은 발을 구르며 외치고 싶어 한다. "1형 당뇨병 환자의 구체적인 경험에 관심을 가져달란 말이에요. 일상을 합성호르몬에 의존해야 하는 삶에, 매 끼니마다 챙겨 먹는 화학물질로 유지되는 내 삶에." 당신은 당장 내일이라도 치유를 받아들일 것이다. 하지만 이 방에 있는 것을 좋아하기도 한다.

모반

종종 그렇듯 당신과 나는 음식을 사이에 두고 대화를 나눈다. 이번에는 파스타와 빵, 올리브 오일이다. 마주 앉은 당신의 얼굴을 묘사하며 이 글을 시작하는 것은 진부한 일일 테다. 물론 당신이 가진 모반의 선명한 곡선을, 그 색깔과 질감을 보고는 있다. 하지만 그것이 당신 존재의 전부는 아니다. 당신의 얼굴이 당신보다 먼저 세상에 닿는다는 것을, 그 가시적인 특징이 당신에 관한 그 밖의 모든 사실보다 우선한다는 것을 당신에게 들어 알고 있다.

당신은 이렇게 말한다. "왁스를 바른 것처럼 두껍게 화장했었거든요. 열다섯 살이 되어서야 그만뒀는데, 왜 그랬는지 모르겠어요. 약을 써서 긁어내고, 태우고, 문신으로 가렸던 어린 시

라고 느끼는 성별로 살아가기 위하여 호르몬치료, 성기의 제거나 작용 중지, 반대 성별을 표현하는 성기관의 형성을 목적으로 하는 외과수술 등의 의료적 조치를 선택하는 사람을 이른다.

절로부터도 시간이 많이 지난 때였는데, 왜 그때도 의사들에게 홀려서 레이저 시술에 목을 맸을까요? 하지만 첫 번째 시술이 너무 고통스러워서 다시는 안 갔어요. 다른 사람들 앞에서는 얼굴을 손으로 감싸는 버릇이 있었는데 언제 없어졌는지 모르겠네요." 나는 당신의 몸-마음이 그리는 궤적을 따라간다. 박멸로부터 돌아 나와, 복잡하지만 긍지에 가까운 무언가로 향해 가는 것을. 당신은 모반제거산업을 면밀히 조사하며 미beauty란 무엇인지를 연구한다. 의학 교과서를 넘기며 당신과 비슷한 얼굴들을 바라보고, 수치심에 마른침을 삼킨다. 안면에 다른 특성을 가진 사람들을 만나고, 생존과 욕망에 관해, 부정denial에 관해, '있는 그대로matter-of-factness'에 관해 이야기한다. 오늘 밤 당신은 밝은 색의 셔츠를 받쳐 입고 그에 어울리는 귀걸이를 했다. 그 모든 색깔로 자신의 온 몸-마음을 드러낸다.

∗

　무엇이 자연스러운 것, 정상적인 것이 되는지 이해할 수가 없다. 내게는 실로 안갯속에 있는 문제다. 누가 당신의 오돌토돌한 보랏빛 피부를 부자연스럽다고, 내 떨리는 손을 비정상이라고 말하는 걸까? 인생을 쥐락펴락하는 그런 결정이 어떻게 내려지는 걸까?

교훈적인 이야기

당신과 나는 장애 커뮤니티 행사에서 만난다. 우리는 수치와 사랑에 관한 긴 대화를 나눈다. 당신은 어린 시절 군인들이 집 부근에 트리클로로에틸렌trichloroethylene*을 유기했고, 그 화학물질이 지하수로 스며들어 자궁 속을 떠다니고 있던 당신의 몸-마음을 바꾸어 버렸다는 이야기를 들려준다. 당신이 오염과 그 영향에 관한 이야기를 하면 사람들은 대개 연민 어린 반응을 보이며 당신과 당신의 휠체어를 비극으로 바꾸어 버린다.

당신의 이야기를 듣고 나는 시에라클럽Sierra Club**의 '석탄을 넘어서Beyond Coal' 캠페인 광고들을 떠올린다. 가령, "천식. 선천적 장애. 암. 이것으로 족합니다"라는 광고 문구가 희뿌연 연기를 내뿜는 발전소와 겹쳐지는 식이다.[1] 또 다른 광고에서는 분홍색 옷을 입은 임신한 여성이 한 손으로 커다란 배를 감싸고 있다. 그녀의 피부는 옅은 갈색이고, 얼굴은 보이지 않는다. 그녀의 배에는 "이 조그만 기쁨의 장소는 이제 수은 저장소입니다"라는 설명이 달려 있다. 아래에는 작은 글자로 이렇게 적혀 있다. "우리나라 석탄화력발전소에서 발생하는 수은 오염이 임

---

* 마취제로 개발된 후 산업용 세척제로 널리 쓰였으나 발암성, 태아 독성 등이 확인되어 현재는 여러 나라에서 사용이 금지되어 있다.

** 가장 오래된 환경운동단체의 하나로, 미국에서 금광개발로 서부의 산림지대가 훼손되자 이를 지키기 위해 1892년 미국 국내 조직으로 설립한 비영리단체다. 북아메리카 지역뿐만 아니라 전 세계의 환경을 보전하기 위해 공공정책 결정, 입법, 행정, 사법, 선거 등을 통한 활동으로 영향력을 발휘하고 있다.

신부와 태아를 해치고 있습니다. 수은은 강력한 신경독소로, 뇌와 신경계에 심각한 손상을 가하여 발달 장애와 지적장애를 야기합니다."[2]

발전소를 폐쇄해야 한다고 설득하기 위해, 두 광고 모두 환경 파괴의 결과를 논하는 데 장애를 동원한다. 젠더와 인종과 관련해서 하나하나 뜯어보아야 할 것이 많이 있다. 두 번째 광고는 여성성에 관한 고정관념과, 여성과 아이들이 취약하다는 가정에 의존하고 있다. 이는 유색인 여성을 대상화하여 하나의 신체 부위로, 나아가 일개 저장소로 축소한다. 그러나 무엇보다도 이 논지의 중심에는 장애가 있다.

겉보기에 이 광고들은 석탄 연소 과정에서 가장 큰 피해를 입은 사람들과 힘을 모으자고 말하는 것처럼 보인다.[3] 하지만 조금만 깊이 들여다보면, 시에라클럽은 천식과 선천적 장애, 암, 지적장애와 같은 특정한 종류의 몸-마음의 상태에 초점을 맞추고, 그것을 환경적 손상의 상징으로 바꾸어 놓으면서 연대와는 다른 방향으로 주장을 전개한다. 이러한 전략이 먹히는 이유는 비장애중심주의와 결탁하기 때문이다. 시에라클럽은 시청자들이 자연히 장애와 만성질환을 예방하고 박멸되어야 하는 비극으로 받아들일 거라고, 결국 이러한 비극이 우리가 투쟁에 동참하도록 설득할 거라고 가정한다.

물론 환경 파괴를 완전히 멈추면 어떤 몸-마음의 상태는 예방될 것이다. 그러나 이 광고들은 비장애중심주의를 노골적으로 이용하여 장애의 박멸을 정의와 결합한다. 이러한 주장은 장애를 가진 이들과 만성질환을 가진 이들로 하여금 너무 큰 대가를 치르게 한다. 우리가 숨 쉬고, 선천적 결함이라 여겨지는 상태로 살아가고, 암과 함께 살고, 다양한 방식으로 불의의 증거들을 배우는 경험을 평가 절하한다. 이러한 관점은 여전히 장애를 개인의 몸-마음 안에 독립적으로 자리한 손상으로, 비장애중심주의에 의한 피해와는 무관한 일인 양 바라본다. 눈부시게 불완전한 우리의 삶을 못 본 체한다. 우리를 석탄화력발전소만큼이나 부자연스러운 존재로 공표한다. 이런 식의 주장이 이것 하나뿐이라면 그냥 넘어갈 수도 있겠지만, 시에라클럽의 수사는 장애와 만성질환을 교훈적인 이야기로 사용하는 공중보건 캠페인의 수많은 예시(음주 운전, 약물 사용, 페인트 속 납, 석면, 안전하지 않은 섹스…) 중 하나에 불과하다.[4]

이러한 불협화음 속에서 당신은, 당신의 몸-마음이 비극적이고 틀렸으며 부자연스럽다고 전제하지 않으면서도 군사적 오염에 대한 증오를 표현하는 법을 알고 싶어 한다. 쉬운 답은 없다. 우리는 격렬히 토론한다. 감정과 생각 모두 복잡하다. 우리는 당신을 위한 이 문장에 이른다. "나는 군대를 증오하고, 내 몸을 사랑해요."

분명 더 이해하기 쉽거나 더 복잡한 슬로건을 찾아낼 수도 있을 것이다. 그럼에도 이 문장은 핵심적인 질문을 드러낸다. 우리는 어떻게 장애와 불의를 동일시하지 않으면서 식물과 동물, 유기체와 무기물, 비인간과 인간을 막론한 모든 종류의 몸-마음을 훼손하고 바꾸어 버리는 이 불의를 목격하고, 명명하고,

그에 저항할 수 있을까?

몸-마음을 갈망하기

건강의 회복과 치유에 대한 욕망은 상실 및 갈망과 연관되어 있다. 과거의 우리 몸-마음이 어땠는지에 관한 기억이 우리를 유혹한다. 우리는 소망하고, 애도하고, 협상한다. 꼼짝 못 할 만큼 소진되기 전으로, 죽음이 임박하기 전으로, 무도회장을 가로질러 춤추던 30년 전의 밤으로 돌아가기를 간절히 바란다. 우리는 우울이 내려앉기 전의 몸-마음의 상태를 꿈꾼다. 9킬로그램, 13킬로그램, 22킬로그램, 45킬로그램씩 살이 찌기 전을, 머리가 하얗게 세기 전을 그리워한다. 우리는 침대에 웅크려 책을 읽던 밤을 갈망한다. 읽기 능력이 폭탄이나 지뢰가 터지듯 한순간에 사라지기 전의 일이다. 우리는 고통과 여러 세대에 걸친 트라우마가 우리의 몸-마음을 움켜쥐기 전인 과거의 시간을 열망한다.

슬픔과 질투, 수치 속에서 우리는 과거와 미래에 대한 꿈으로 손을 뻗는다. 우리는 자기 자신의 몸-마음을 친구와 애인의 것과, 《글래머Glamour》와 《맨스헬스Men's Health》 속 모델의 것과 비교한다. 그 안에는 보정된 인간의 모습이 가득하다. 우리는 우리에게서 결여를 본다. 체육관, 다이어트 계획, 기적적인 치유가 우리의 마음을 끌어당긴다. **정상적인 것**과 **자연스러운 것**은 좀처럼 우리를 그냥 내버려 두지 않는다. 우리는 과거의 몸-마음에 계속해서 묶여 있고, 그 몸-마음이 미래로까지 이어지기를 바란다. 사실상 일종의 시간여행을 꿈꾸는 것이다.

심지어 비장애인으로서의 몸-마음에 대한 기억이 없는 나조차도 무엇인가를 갈망하고 있는 스스로를 발견할 때가 있다. 때때로 나는 체조 선수나 암벽 등반가의 힘찬 우아함을 갖기를 바라지만, 그 바람은 나와 동떨어져 있으며 인식하는 순간 사라져 버린다. 때때로 내가 할 수 없는 과제를 마주할 때는 좌절감에 휩싸여 흔들리지 않고 기민하게 움직이는 손을 간절히 원하게 된다. 이럴 때는 갈망에서 벗어나 도움을 청하면 된다는 것을 배웠다. 그와 동시에 내가 가장 끊임없이 느껴온 갈망의 중심에는 몸-마음의 변화가 있다. 점차 성장하면서 손목과 팔꿈치, 어깨가 아프고 뻣뻣해지는 바람에 나는 카약을 그만둘 수밖에 없었다. 세상사에 비하면 이는 작은 상실에 다름 아니다. 그렇지만 나는 호수 표면의 잔물결 위로 미끄러지던 감각이, 물에 빠졌다가 나오기를 반복하던 노의 리듬이 정말로 그립다.

치유는 몸-마음의 상실에 대한 실로 매혹적인 대답이다. 왜냐하면 치유는 우리가 꿈꿔온 바로 그 시간여행을 약속하기 때문이다. 그러나 이 약속은 지금을 사는 우리 자신의 가치를 평가절하할 수 있다. 우리가 배운 교훈을, 습득한 지식을, 획득한 흉터를 떨쳐버리게 만들 수 있다. 우리로 하여금 과거에 얽매이게 하고, 미래를 예찬하게 할 수 있다. 치유는 기실 **자연스럽고 정상적인 것**의 그림자에 불과한 희망에 불을 지핀다. 이 시간여행이 소용 없거나 불가능할 때, 우리에게는 몸-마음의 상실로 인한 슬픔을 다룰 수천 갈래의 길이 필요하다.

✳

우리의 상실은 분명 존재하지만, 우리의 적응력 또한 실재한다. 시간이 지날수록 더욱 상태가 심각해지는 몸-마음을 가진 사람들은, 삶이 견딜 수 없어지는 한계선을 모래 위에 그리는 일에 관해 이야기한다. 그들은 몸-마음이 달라짐에 따라 그들이 그린 선도 이동한다는 사실을 배웠다. 다발성 경화증을 가진 에세이스트 낸시 메어스Nancy Mairs는 다음과 같이 회고한다.

> 건강하건 아프건, 장애인이건 아니건, 모든 이에게는 상상의 경계선이, 그 선을 넘어가면 삶은 더 이상 살 가치가 없다고 확신하게 되는 고통의 경계선이 있다. 내게도 있기 때문에 알고 있다. 돌 위에 새겨진 것과는 거리가 먼 나의 경계선은 삶이라는 모래 위에서 미세하게 움직이곤 했다. 많은 경우 나는 어느새 이동한 선 안으로 들어가기 위해서 해변을 따라 한참 걸어야 했다. … 지팡이를 썼다가, 보조기brace를 썼다가, 휠체어에 탔다. 가르치는 일을 그만두고, 운전을 포기하고, 다른 이가 내 속옷을 입히고 벗기도록 두었다. 한 번에 하나씩 … 나는 이러한 (매우 상징적인) 각각의 단계를 밟아나갔다. … 나는 그 어느 때보다도 더, 한때 결코 견디지 못하리라 여

겼던 그러한 여자가 되어 계속해서 존재하고 있다.[5]

상실이나 순수한 고통에서 시작된 일들은 종종 시간이 지남에 따라 일상적이고 친숙한 것이 된다. 이러한 변화는 몸-마음의 상실에 대한 또 다른 대답이다.

개구리 연못을 그리워하기

상실, 갈망, 회복 사이의 연관성은 인간의 몸-마음에 국한된 이야기가 아니다. 우리는 어렸을 때 놀곤 했던 공터·습지·늪지가 매립지·쇼핑센터·주차장으로 변해버린 것을 애석해한다. 우리는 허리케인이 더 자주 발생하고 빙하가 녹고 사막이 넓어지는 등 기후변화가 가져오는 광범위한 영향을 두려워한다. 대평원Great Plain*에 들소들이 돌아다니고 수백만 마리의 왕연어가 강물을 거슬러 헤엄쳐 가던 시절을 그리워한다. 우리는 되돌아가기를 마음속 깊이 바란다.

이러한 갈망에서 어느 정도 동기부여를 얻은 환경 운동가들

---

*   북미 대륙 중앙부, 로키산맥 동쪽에 위치한 평원 지대를 가리킨다. 캐나다에서 시작하여 여러 주에 걸쳐 미국 국토의 남북을 가로지르며, 동서로 800킬로미터, 남북으로 3,200킬로미터가량의 규모다. 대부분 초원 지대로 여러 선주민 부족이 살았으며, 들소의 주요 서식지였으나 현재는 대규모 낙농업 등이 이루어지는 지역이다.

은 생태계 회복의 기술과 과학에 대해 배우기 시작했다. 그들은 톨그래스 대초원에 파종하고 늑대와 들소, 흰두루미를 길러서 풀어준다. 그들은 배수시설을 해체해서 본래 습지였던 곳으로 물길을 되돌려 놓는다. 그들은 생태계를 백인에 의한 식민주의적·자본주의적·산업적 훼손이 발생하기 이전으로 회복할 수 있다는 희망을 놓지 않은 채, 쓰레기를 줍고 댐을 무너뜨리고 나무를 심는다.

만일 가능하기만 하다면, 회복은 상실에 대한 대책을 제공할 뿐만 아니라 지구의 안녕에도 기여할 수 있는 강력한 힘이 될 것이다. 그러나 훼손은 비가역적인 것이다. 어떤 생태계는 무엇으로도 대체할 수 없다. 회복하는 데 몇 세기가 필요한지 알 수 없고, 어쩌면 벌어진 상처에 반창고를 붙이는 일에 불과할지도 모른다. 우리는 어쩌면 이미 망가진 것을 고칠 수 없을지도 모른다.

✱

우리 집 아래에 위치한 목초지 가장자리에는 조그만 연못이 있었다. 이른 봄, 얼음이 녹은 직후면 부들로 둘러싸인 그 작은 늪지대에 수백 마리의 청개구리peepers가 알을 낳곤 했다. 밤이 되면 그 작은 연갈색 개구리들은 노래했다. 연못을 산책하다 그곳에 10분에서 15분쯤 서서 그들의 합창에 둘러싸여 있으면 고막과 가슴이 울리기 시작했고 신발은 질척해졌다. 2년 전 여름,

이웃이 그곳에 집을 지었다. 나는 건물이 올라가는 모습을 보았으나 그것이 청개구리에게 어떤 의미인지는 알지 못했다. 지난봄에 평소처럼 그 언덕으로 향했다. 더 높은 지대에 오르고 산울타리를 지나 목초지의 왼쪽 가장자리에 이르렀다. 그러나 그곳에는 연못도, 내가 도착하면 갑자기 뚝 멎어버리던 개구리들의 합창도 사라지고 없었다. 이웃의 뒤뜰이 바로 개구리 연못이 있던 곳이라는 사실을 깨닫기 전까지 한동안 갈피를 못 잡고 그 근방을 헤맸다.

세상사에 비하면 미미한 상실이다. 아베나키족의 영토였던 이 조그만 땅덩이는 백인들에게 빼앗긴 이래로 거의 4세기 동안 너무 많은 생태적 변화를 견뎌야 했다. 우리는 세 차례에 걸쳐 벌목했다. 돌담과 산울타리와 철조망으로 울타리를 쳤다. 풀을 심었고, 양과 소를 방목했다. 습지에 집과 헛간을 지었다. 거름 더미를 만들었고, 식수를 위한 우물을 팠다. 가스를 누출했다. 철사, 타이어, 침목枕木으로 쓰레기 산을 만들었다. 불도저로 길을 밀었다. 이런 엄청난 훼손에도 불구하고 개구리를 포함한 많은 토착 식물들과 동물들은 어떻게든 잘 지내왔다. 나는 아직도 이 특별한 개구리 연못이 그리워 그 가장자리에 서서 다시 귀를 기울인다.

이웃의 집이 지어지기 전으로, 양과 소가 있기 전으로, 백인들이 도착하기 전으로 다시 돌아갈 수는 없다. 대신 나는 이러한 상실들을 실어 나른다. 증언하기의 중요성을 서서히 배워나간다. 이 일상적이고 고요한 인식은 고치려는 욕망과는 매우 다르다. 나는 이러한 상실이 내 마음속에 불편하게 자리 잡도록 내버려 둔다. 숲을 산책하고 재활용을 한다. 버몬트 가스회사가 이곳에서 멀지 않은 곳에 지으려 하는 천연가스 파이프라인을 막기 위해 거리로 나간다. 뒤뜰에서 케일과 비트를 기른다. 근처에 있는 태양에너지발전조합에 가입한다. 아베나키족이 아직 사라지지 않았음을 기억한다. 오늘날 버몬트라고 알려진 땅에는 네 무리의 아베나키족이 거주하고 있다. 이들은 오랜 전통을 다시 배우고, 새로운 전통을 창조하고 있다. 이들은 주 정부로부터 인정을 받아 최근에 몇 점의 땅을 획득했는데, 그중 한 곳은 장지이고 또 다른 한 곳은 그들이 수천 년 동안 이용해 온 신성한 장소다. 세계 각지의 다른 선주민들처럼, 그들은 생존하고 행복을 일구고 그들의 주권을 지켜낼 여러 방법들을 찾는 중이다.[6]

여전히, 과거로 돌아갈 수는 없다.

*

군사적 오염으로 인해 몸-마음이 형성된 한 여성과 나눈 대화를, 그녀가 쓴 문장을 기억한다. "나는 군대를 증오하고, 내 몸을 사랑해요." 나는 이러한 질문을 품고 있다. 우리는 어떻게 장애와 불의를 동일시하지 않으면서 식물과 동물, 유기체와 무기물, 비인간과 인간을 막론한 모든 종류의 몸-마음을 훼손하고 바꾸어 버리는 이 불의를 목격하고, 명명하고, 그에 저항할 수 있을까? 나는 하나의 얕은 연못이 사라진 것만큼 미미하고, 지구의 지하수를 오염시키는 만연한 독성물질 유출만큼 막대한 환경적 손실에 엄청난 슬픔과 분노를 느낀다. 우리가 지금처럼 우리 자신을 사랑하면서 어떻게 몸-마음의 상실에 대해 증언할 수 있을지 생각한다. 나는 회복을, 과거와 현재와 미래 사이의 특정한 관계라고 이해하기 시작한다. 생태계의 회복과 건강의 회복 모두 그렇다.[7]

옥신각신 반치유 정치

오랜 시간 맹렬히 반치유 정치를 무기처럼 휘둘러 온 것은 장애를 손상으로, 건강의 결여로, 결함으로 취급하는 끝없는 주장들로부터 스스로를 보호하기 위해서였다. 어떤 지면에서 나는 통렬히 적었다. "우리는 의학적 치유보다는 시민권을, 동등한 접근성을, 돈이 되는 일자리를, 자립할 수 있는 기회를, 존중받을 수 있는 양질의 보건의료를, 비분리 교육을 원한다. … 우리가 바라는 것들의 목록 상단에 치유가 있지 않다는 것은 말할 필요도 없다."[8] 그러자 곧장 장애와 만성질환을 가진 백인 퀴어 작가 페기 먼슨Peggy Munson이 다음과 같이 썼다. "이러한 정치는 … 치료나 치유를 사회에 속할 수 있는 유일한 생존 기반accommodation으로 여기는 이들에게는 적용되지 않는다. … 나는 삶과 동떨어진 곳에서 몇 시간이고 리얼리티 TV프로그램을 보며 지내왔다. 현실이야말로 흥미로운 허구fiction의 한 형태가 되어버렸기 때문이다. 나는 치료나 치유 없이는 일할 수도, 학교에 갈 수도, 자립할 수도 없을 만큼 정말 많이 아프다."⁹ 나는 치료treatment 대 치유cure에 관한 설전을 벌일 수도 있었고, 치료에 반대한다고 말한 적은 없다고 뻗대면서 스스로를 지킬 수도 있었다. 하지만 실제로 나의 반치유 정치는 하루에도 열두 번씩 만성질환을 가진 이들을 상처 입히고 만다. 나는 페기 먼슨의 말을 마주해야 한다.

암 생존자의 말에 다시 귀를 기울인다. "저는 제 몸과 전쟁을 하고 있는 게 아니었어요. 그렇다고 해서 암세포들이 자기 뜻대로 하도록 내버려 두지도 않았죠." 통증 없는 날이 하루도 없다는 여자의 말에 귀 기울인다. "내가 함께 살아가고 있는, 사람 미치게 하는 이 망할 놈의 만성 통증은 건강함의 변주가 아니에요." 전동 휠체어를 이용하는 한 친구가 최근 나에게 한 말에 귀 기울인다. "휠체어는 포기할 수 없는 내 몸의 일부야. 하지만 감기에 걸릴 때마다 나를 죽일 수도 있는 이 폐 두 짝은 할 수만 있다면 당장이라도 어디서 바꿔 오고 싶어." 나는 이들의 목소리가 나의 반치유 정치와 옥신각신하도록 내버려 둔다.

이야기를 듣고 있으면 심신을 닳게 하는 고통과 질병, 소진에 관한 생생한 경험들이, 실상 건강하지 않은 상태와 결부되는 장애의 순간들이 점점 쌓이는 것이 느껴진다. 그것들이 내 주의를 잡아끈다. 장애인 페미니스트 사상가 수전 웬델Susan Wendell은 다음과 같이 썼다. "어떤 건강하지 못한 장애인들은 … 사회적 정의로는 한 톨도 덜어낼 수 없는 신체적·정신적 부담을 경험한다. 그래서 어떤 이들은 그들의 몸이 치유되기를 절실히 바란다. 비장애중심주의를 타파하는 대신 자기 몸이 치유되기를 바라는 것이 아니라, 둘 모두를 바라는 것이다."[10] 그녀는 질병을 부인하는 장애 정치를 거부하면서 우리의 끝없이 돌고 도는 현실을 이야기한다. 만성질환을 가진 이들은 심지어 장애 커뮤니티에서조차도 종종 "아파 보이지 않는데", "또 아프다고?", "다 정신적인 문제야"라는 말을 듣는다. 웬델의 말도 내 안에서 엎치락뒤치락하도록 둔다.

∗

이 목소리들 사이에서, 환경 파괴와 질병을 한데 묶으며 비장애중심주의에 힘을 싣던 시에라클럽의 광고를 다시 생각한다. 그 광고는 단호하게 말한다. "주의: 석탄 연소는 암과 천식을 유발합니다." 좌절스럽게도 현재 통용되는 형식의 환경운동 메시지는 질병을 상징으로 바꾸어 버린다. 나는 만성질환과 장애의 광범위한 다중쟁점 정치multi-issue politics를 끌어안는, 조금은 다른 종류의 광고를 상상해 본다. 이 광고는 여러 곳에서 동시에 불의를 찾아낸다. 석탄을 연소하는 것에서, 지하에서 화석연료를 추출하는 일에서, 지구와 (인간을 포함해) 지구에 사는 존재들을 유독물질로 오염시키는 일에서, 환경 파괴 지역 근처에 거주하고 노동하는 가난한 사람들과 유색인들을 억압하는 인종차별주의와 계급차별주의에서. 이때 암과 천식은 상징이 아닌, 불의의 중심에 놓인 생생한 현실이다.

장애와 만성질환에 대한 광범위한 다중쟁점 정치를 안내자로 삼을 때, 건강의 회복이란 단순히 한 소년의 폐를 고쳐서 호흡을 정상으로 되돌리거나 한 여성의 몸을 파괴하는 암세포를 없애 영구적인 완치를 이끄는 등의 의료 기술만을 의미하지 않는다. 치유는 인종차별주의, 빈곤, 환경 불평등의 해체 또한 요청한다. 나는 건강과 치유가 복합적인 의미를 끌어안도록 할 것이다.

비장애중심주의가 만연한 세상에서, 장애인과 만성질환을 가진 이들의 고유한 가치에 매달리는 동시에 장애와 만성질환과 불의 사이의 관계를 인정하는 것은 어려운 일이다. 나는 모두가 몸과 마음의 안녕과 자기결정을 증진하는 보건의료를 누리기를 바란다. 누구나 영양가 있는 먹을거리와 깨끗하고 풍부한 물, 따뜻하고 산뜻하고 안전한 공간을 제공받는 미래를 갈망한다. 인간이 만들어 낸 수천, 수만 가지의 독소가 더 이상 분출되지 않는 때를 꿈꾼다. 쓰레기 더미와 방사능 유출물, 누출된 기름이 모두 정화된 이후의 시간을 꿈에 그린다. 전쟁과 제국주의, 종족 학살이 더 이상 존재하지 않는 세계, 정착형 식민 국가colonial-settler nations가 계속해서 배상을 진행하는 세계를 간절히 바란다. 이러한 미래에서 지금 우리가 장애와 만성질환이라고 부르는 몸-마음의 차이는 줄어들거나, 그중 어떤 것들은 소멸하리라. 그러나 장애인과 아픈 사람들이 사라지기엔 인간은 너무나 연약하고 세계는 너무나 불확실하다. 그리고 만약 정말 그렇게 된다면, 그것은 그것대로 또 얼마나 큰 상실이겠는가?

✳

장애, 질병, 고통, 불의, 치유를 둘러싼 수많은 관계들이 나와 얽히고설키도록 내버려 둔다. 이 뒤얽히고 부딪치고 포개지는 대화들이야말로 내게 필요한 것이기 때문이다. 인간의 취약성과 아픔, 건강과 장애, 치유에 대한 필요와 거부. 이 모든 것을 짊어지는 일은 반치유 정치에 대한 주장을 펼치는 일보다 훨씬 더 어렵고, 훨씬 더 중요하다.

당신의 죽음이 나를 떠나지 않아요

베어, 당신이 스스로 목숨을 끊은 지도 벌써 10년이 넘었네요. 나는 아직도 목놓아 울고 싶어요.[11] 내 마음속 깊은 곳에서 비통함과 분노가 가슴을 조이며 덜컥 내려앉는 게 느껴져요. 울음이 터지면 나는 학교 운동장과 교회로, 교실과 감옥으로, 집으로 가요. 신체적·성적 폭력이 밥 먹듯 널려 있었던 곳으로요. 나는 우리 중 많은 이들이 울부짖어야 한다는 걸 알아요. 함께 창문을 부수고, 우리를 괴롭혔던 사람들과 가해자들을 데려와서 무릎 꿇릴 수도 있었겠죠. 그러면 수치심도 좀 덜할 테고요.

주에 한 번, 어쩌면 달에 한 번 기사나 페이스북 글을 통해 누군가의 부고를 들어요. 친구의 친구들, 나를 북돋아 주었던 작가와 무용수, 회의에서 만난 적이 있는 활동가들, 길 건너 고등학교에 다니던 아이들, 동료들과 지인들. 그들은 퀴어이고, 트랜스이고[12], 장애인이고, 만성질환을 가졌고, 어리고, 유색 인종이고, 가난하고, 학대나 폭력의 생존자이고, 홈리스예요. 너무 많아서 셀 수도 없어요.

베어, 나랑 같이 그들의 이름을 불러줄래요? 에이즈와 유방암, 교통사고와 자살, 혐오 범죄와 수치심, 약물 과다복용과 심장마비로 죽어간 모든 이들의 이름을 부르는 일은 퀴어의 의식이 되었어요. 회의장, 교회의 지하 제실, 도시의 공원을 꽉 채운 이들의 이름은 언제나 파도 뒤에 새 파도가 잇따르듯 넘실거려요. 목소리들이 이름 하나하나를 부르며 겹쳐지고 모여들고 흩어져요. 한데 모여 휘휘 돌고 오르내리며 남쪽을 향하는 노래하는 새들. 이 추모의 구름. 그러고는 조용해져요. 다 했다 싶을 때쯤 또 하나의 목소리가 이름을 불러요. 목소리는 둘이 되고, 이윽고 스무 개가 되죠. 우리는 수많은 이름을 부르며 30분 혹은 1시간쯤 허공을 채워요. 베어, 오늘 밤 나와 함께 있어줄래요? 나는 잠을 이룰 수가 없어요.

당신의 미소가 기억나요. 당신의 친절과 인정 많으면서도 맹렬했던 당신의 정치도요. 장애인이자 트랜스로 존재하는 것에 관해 써 내려갔던 우리의 긴긴 이메일과 대화를, 워싱턴에서 열린 트랜스 모임 트루 스피릿True Spirit에서 당신이 했던 훌륭한 발언을 모두 기억해요. 삶이 혹독해질 때면 몇 개월씩 사라지기도 한다고, 정신병원에 다시 가지 않을 수만 있다면 무슨 짓이든 한다고 나에게 말해주었잖아요. 잘생긴 흑인이자 퀴어인, 트랜스이자 장애인이면서 또한 노동계급인 당신의 자아도 기억해요. 그리고 당신은 이제 없지요.

당신이 죽던 날의 일들이 나를 놓아주지 않아요. 당신은 자발적으로 입원했어요. 자살 감시suicide watch 대상이었죠. 당신의 절망과 고통을 상상해요. 나는 인종차별주의와 트랜스 혐오, 계급차별주의가 공모했다는 걸 알아요. 간호사와 조무사는 15분마다 한 번씩 당신을 체크해야 한다는 규약을 어겼어요. 오전 5시에는 자고 있었는데 오전 7시에는 죽어 있었다, 이것이 그들의 기록이 말하는 전부예요. 절망이 당신의 목 안을 틀어막았을까요? 공황이 당신의 창자를 휘감았을까요? 마지막 순간 당신의 혀끝에 맴돈 것은 무엇이었나요? 나는 당신의 삶만큼이나 당신의 죽음에 대해서도 알지 못해요.

베어, 지금 여기에 당신을 살아 있게 할 수만 있다면, 죽음을 비껴가게 할 수만 있다면 무엇이든 할 거예요. 하지만 당신에게 그때 필요했던 것은 무엇이었을까요? 잘 듣는 약? 당신에게 귀 기울이고 격리 기간을 기꺼이 협상해 줄 정신과 의사? 더 견고한 지원 체계? 수치심과 비밀을 끝내는 일? 고통과 불의가 당신의 몸-마음을 관통하며 한데 얽히는 동안, 당신에게는 무엇이 필요했나요?

치유가 당신을 살린다면 양가감정 없이 치유를 받아들일 수 있을 것 같은 심정이에요. 하지만 내가 무엇을 알겠어요? 당신을 치유한다는 건 애초에 어불성설일지도 모르죠. 당신의 악마들, 감정적이고 영적인 자아의 기복이 당신의 아주 큰 부분을 차지하고 있었으니까요. 죽기 얼마 전 당신은 이렇게 썼죠. "젠더를 가르는 세상에서, 나는 반대라 여겨지는 것들을 적절히 섞어 균형을 이루는 법을 배웠다. 비순응을 죄악시하는 세상에서, 나는 나의 타자성을 축하하는 가장 순수하고 영적인 표현을 찾아냈다."[13]

베어, 그게 진실이라는 걸 알아요. 당신의 타자성, 당신이 가까스로 얻어낸 트랜스 남성성은 정말 아름답게 땋여 있었지요. 흑인 자아와 엮이고 노동자 계급의 지성과 회복력에 감싸인 채 장애와 퀴어성으로 수놓여 있었어요. 당신을 마지막으로 본 트루 스피릿 행사장 엘리베이터에서, 당신은 요새 주말이면 유색인 트랜스 남성들과 놀면서 시간을 보낸다고 했죠. 신이 난 당신의 미소와 반짝이는 눈빛이 아직도 눈에 선해요.

친구여, 무엇이 있었더라면 그 모든 아픔과 슬픔 속에서도 당신이 살아갈 수 있었을까요? 자살이라는 벼랑 끝에 몇 번이고 매달렸던 사람으로서 물어봐요. 이름을 부르는 일이 나를 지치게 해요. 당신의 죽음이 나를 지치게 해요. 자살이라는 현실과 사실, 그 위협이 나를 지치게 해요. 수치와 고립 끝에 그런 죽음이 찾아온다는 사실이 나를 지치게 해요. 베어, 오늘 밤 내 곁에 있어줄래요? 잠들기엔 너무 지쳤어요.

소라껍데기

칼루사Calusa족의 빼앗긴 영토에 위치한 플로리다주 걸프 해변가의 한 보초도堡礁島에서 야영을 하고 있다. 쪼그려 앉아 소라껍데기를 구경한다. 그 모양과 크기와 질감에 마음을 빼앗긴다. 부서진 틈으로 보이는 나선형의 모습에, 주황, 빨강, 분홍 노을 빛깔에 경탄한다. 기둥만 남은 소라껍데기를 주머니에 넣고 해변을 걸어 내려가다가 같은 소라지만 이번엔 살아 있는 것을 발견한다. 혀를 내밀고 있던 소라를 만지자 화들짝 놀라며 움츠린다. 소라들의 한쪽 끝은 내 새끼손가락보다도 가늘고 여리며, 다른 한쪽 끝은 내 주먹보다도 크게 부풀어 있다. 개중 커다란 것들은 하얗게 바랬으며 따개비로 뒤덮여 있다.

아열대 해변 생태계에 대해서는 아무것도 모르기에 휴대용 도감을 가져왔다. 휙휙 넘기며 찾아본다. 성게, 연잎성게, 가리비처럼 잘 아는 조개들도 있지만 물레고둥, 소라고둥, 새조개 같은 것들도 있다. 그들의 이름을 조용히 불러본다.

조개더미 근처에 앉아 손가락으로 그것들을 추

린다. 소라들은 자잘한 것들 외엔 모두 부서져 있고, 조개들은 두 날개 사이를 잇는 마디가 끊어져 분리되어 있다. 대부분은 종잇장처럼 얇고 골이 파인 우윳빛의 조각들이다. 옆줄구슬우렁이의 나선형 모양새, 물레고둥의 모자, 성게의 고리. 나는 이 이름들을 붙들고 있다. 하지만 바다가 이들을 갈아 다시 모래로 만들고 있으므로, 대개의 조각에는 이름을 붙일 수 없다. 손가락 사이로 게가 꿈틀거리며 떨어진다. 희고 멀쑥한 바닷새가 해변으로 내려와 긴 부리를 모래 속에 푹푹 꽂으며 포식하고 있다.

5장
치유의 구조

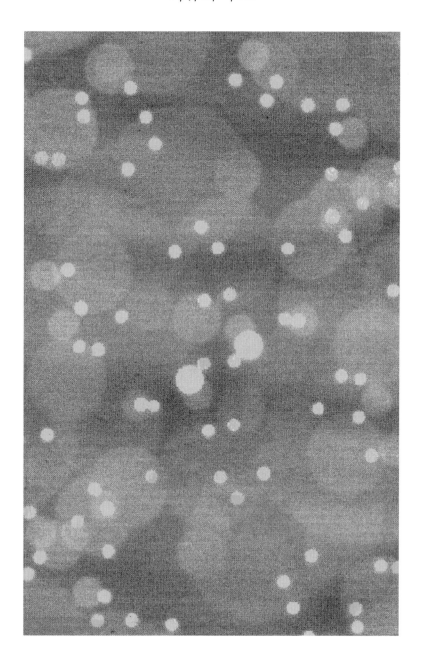

의료산업 복합체

이데올로기로서의 치유는 의료산업 복합체에 뿌리내리고 있고, 의료산업 복합체는 군산 복합체military-industrial complex나 감옥산업 복합체prison-industrial complex와 마찬가지로 얽히고설켜 뒤죽박죽이다.[1] 경제적 이해관계가 과학적 뼈대와 십자 모양으로 교차한다. 공적기관과 사적기관 들이 서로 맞물린다. 정부의 규제가 문화적 이해와 나란히 있다.

의사부터 요양원 관리자, 간호조무사, 정신과 의사, 물리치료사, 연구자, 과학자, 마케팅 담당자에 이르는 많은 이들의 노동이 의료산업 복합체를 지탱한다. 의료산업 복합체는 여러 곳에 동시에 자리하고 있다. 지역사회 진료소에, 대학병원에, 실험실에, 정신병원에, 의과대학에, 물질 남용 회복 프로그램에, 웨이트 워처스Weight Watchers* 모임에, 제약회사와 약국에, 의료수급권

***

*   체중 관리 프로그램을 제공하는 기업이다.

이나 생활보조비 신청서에. 의료산업 복합체의 메시지는 광고 대행사, 의학 학술지, 보다 안전한 섹스safer sex* 홍보물을 통해 유통된다. 비영리 건강권단체나 특정 질병 및 장애를 위한 자선 행사, 정부기관이나 공공정책연구기관도 의료산업 복합체의 일부다. 건강보험, 생명보험, 의약품 판매, 일상적인 건강관리, 위우회술**, 신장이식수술을 통해 의료산업 복합체는 이윤을 낸다.

의료산업 복합체는 도무지 빠져나갈 길을 찾을 수 없는 빽빽한 숲과 같다. 태어나기도 전의 산전 검사에서 시작해 우리가 죽은 뒤의 장기 기증에 이르기까지, 우리의 몸-마음을 지배하는 권위체가 되었다. 의료산업 복합체는 건강과 웰빙, 장애와 질병에 대한 우리의 이해를 빚어낸다. 섹스와 젠더를 확립한다. 정상 체중과 신장의 기준을 설정한다. 인간의 생애 주기를 일련의 의료적 사건들(출생, 사춘기, 임신, 폐경, 노화, 사망)로 진단·치료·관리하고, 각 시기에 약을 처방한다.

우리의 몸-마음은 하나도 빠짐없이 어떤 식으로든 평가를 받고 정상 혹은 비정상, 가치 있는 것 혹은 버려도 되는 것, 건강한 것 혹은 성치 못한 것으로 판명된다. 우리의 몸-마음은 우

---

*   1980년대 미국의 에이즈 위기 중에 나온 개념으로, HIV를 비롯한 성매개 감염 예방 조치와 함께 행하는 섹스를 가리킨다. "안전한 섹스safe sex"라고 칭하기도 하지만, 100퍼센트 안전한 섹스는 없다는 사실을 받아들이면서도 욕망이나 쾌락을 낙인찍지 않고자 하는 관점에서 "보다 안전한 섹스"라는 명칭을 사용한다.

**   작은 위주머니를 만들고 음식물이 십이지장을 거치지 않게 함으로써 포만감이 빨리 들게 하고 영양흡수율을 줄이는 수술이다.

리에게 쾌락과 고통을 가져다주고, 때로는 목숨을 부지하기 위해서 또 때로는 그저 약간의 개선을 위해서 의료와 의료 기술을 필요로 한다(혹은 그렇다고 믿게 된다). 그 과정에서 우리 대부분은 의료산업 복합체에 의지하며, 그 권위에 걸려든다.

막대한 영향력을 가진 연결망

치유는 생명을 구하고 또 끝장낸다. 박멸을 이끌고, 우리의 몸-마음이 달라질 수 있다고 약속한다. 인간의 모양과 형태, 크기, 기능의 다양성을 축소하고 인간을 정상화하는normalize 도구다. 우리는 치유를 통해 연약하고 가변적이며 상황에 따라 적응하는 우리 자신을 통제할 수 있다고 믿는다. 치유는 의학 연구, 약물 남용, 의학적 치유healing의 모습을 띤다. 수십억 달러의 이윤을 내고 최소한의 보건의료를 제공하는 역할을 한다. 이러한 불협화음 속에서 치유는 늘 질병, 감염, 바이러스, 만성질환, 기능부전, 이상, 결함, 비정상성, 혹은 몸-마음의 차이에 대한 인식을 중심으로 전개된다. 우선 이 축을 "문젯거리the trouble"라 부르기로 하자.

가장 근본적으로 치유 이데올로기는 개개인의 몸-마음에서든, 이 세상에서든 문젯거리를 제거하고자 한다. 이러한 박멸은 염증이 생긴 맹장을 제거하는 경우처럼 시급하고 개인적인 일일 수도, 유방암에 종지부를 찍기 위한 연구처럼 미래 지향적이고 집단적인 일일 수도 있다. 치유 이데올로기의 궁극적 목표는 이러한 문젯거리가 애초부터 없었다는 듯, 더 이상 존재하지 않게 만드는 것이다.

치유만 작동해도 이 이데올로기는 충분히 복잡할 텐데, 그렇지도 않다. 치유는 서로 중첩되고 맞물리는 진단, 치료, 관리, 재활, 예방이라는 다섯 가지 의료 절차의 연결망 속에 박혀 있다. 치유는 이 다섯 가지에 의지하고 있는 동시에 그늘을 드리운다.

보건의료 제공자, 치료사, [사회복지] 사례 관리자, 정부 관료 등 수십 가지 직종에 속한 사람들이 의료산업 복합체가 개발하고 승인하는 범주화 체계 속에서 문젯거리를 찾고 명명하는 데에 진단을 활용한다. 그들은 혈압을 낮추거나 심각한 우울이나 불안을 보다 견딜 만하게 만들기 위해 약을 쓰고 가능한 한 증상을 가라앉힌다. 즉, 치료를 통해 문젯거리를 줄인다. 그들은 가능한 한 문젯거리가 불거지지 않도록 관리 전략을 수립한다. 가령, 만성 통증에 쓰이는 마취제의 적정량을 찾고, 위궤양을 관리하기 위한 약과 식단의 적절한 조합을 찾아낸다. 수술을 받은 후 근육을 강화하거나 뇌졸중을 겪은 후 말하는 법을 훈련하는 등 문제가 진행된 이후 몸-마음의 기능을 최대한 되찾을 수 있도록 재활을 제공한다. 또한 콜레라 종식을 위해 지역 상수도를 깨끗이 하고, 홍역이나 성홍열 감염을 막기 위해 유아 예방접종을 한다. 애초에 문젯거리가 발생하지 않도록 예방책을 시행하는 것이다.

진단, 치료, 관리, 재활, 예방은 중요하고 필요한 일일 수 있지만, 치유 그 자체만큼은 아니다. 치유야말로 이 연결망의 기준점이자 정점이기 때문이다. 다섯 가지 절차 중 그 어느 것도 결국 치유에 비길 수는 없다. 치유산업에 얼마나 필수적이건 간에, 진단은 문젯거리를 명명할 뿐 바꾸지는 못한다. 치료와 재활은 진단과 치유 사이의 디딤돌 역할을 하며 정점을 향해 나아간다. 하지만 치료가 완전히 성공적이지 못하면 문젯거리는 어떻게든 그대로 남아 있다. 관리는 중·장기적으로 문제가 존재하는 것을 받아들이는 대신 증상에 초점을 맞춘다. 예방은 개인의 몸-마음이나 공동체로 문제가 들어오는 것을 막아주지만, 문젯거리의 집단적collective 존속에는 영향을 미치지 못하는 경우가 많다. 동시에 이 절차들은 선명히 구분되지 않는다. 진단과 치료의 경계는 불분명하다. 치료와 재활은 치유로 파고든다. 관리는 재활의 핵심 요소이기도 하다. 어느 시점에서 예방은 치유로 이어지고, 그리하여 치유가 이 모든 것의 표준이 된다.

이 연결망은 하나가 되어 막대한 영향력을 끼친다. 만성 통증을 통제하고, 백신을 개발한다. 항우울제를 처방하고, 보다 안전한 섹스의 가이드라인을 배포한다. 암세포가 번지지 않도록 화학요법을 쓰고, 의사 조력 자살이 합법인 주에서는 의도적으로 죽음에 이르게 하는 약물을 사용할 수 있게 된다. 개인적인 차원과 집단적인 차원 모두에서 기능한다.

다면적이고 모순적인 불협화음이기는 해도, 치유가 박멸에 초점을 맞춘다는 점만은 변하지 않는다. 하지만 진단, 치료, 관리, 재활, 예방과 협력하여 작동하는 치유는 꽤나 적응에 능하다. 이 여섯 가지 과정이 모두 우리의 몸-마음을 움직이고, 부추기고, 보살핀다. **정상**과 **비정상**을 정의하고 또 재정의한다. 이윤을 내기 위해 끝없이 이동한다. 서로를 통해 계속해서 유연하게 움직인다.

문젯거리이자 문제를 만드는 몸-마음들

진단, 치료, 관리, 재활, 예방, 치유. 이들의 네트워크가 중심으로 다루는 문젯거리는 다차원적이다. 백인 서구 세계관에서는 많은 몸-마음이 문젯거리를 갖고 있다. 혹은 전적으로 문젯거리에 의해 정의된다. 내지는 문젯거리를 유발한다. 또는 문젯거리이자 문제를 만드는 존재로 여겨진다.

이런 관념들이 제기하는 문제가 하나 있다. 어떤 현실이 누구에 의해, 그리고 누구의 이득을 위해 문젯거리로 정의되는가? 이러한 질문에 대한 답은 검사실, 연구실, 공중보건 정책, 진단 코드를 한참 넘어선다. 또한 이 질문은 우리로 하여금 권력과 특권, 기업의 탐욕과 의학적 이해에 관해 생각하게 한다. 우리가 스스로의 몸-마음과 맺고 있는 내밀한 관계에 접근하고, 학교·교도소·응급실에서 펼쳐지는 현실들과 맞물린다.

그 답은 단도직입적이면서도 널리 받아들여질 수 있다.

미국의 지배적인 의료 체계에서는 문화적·과학적·물질적으로 특정한 몸-마음의 상태들이 쉽사리 문젯거리로 정의되어 왔다. 가령, 일반적인 감기는 불편하고, 기관지염은 보다 긴급하며, 폐렴은 확실히 위험하다. 이러한 평가에 동의하지 않을 사람은 거의 없을 것이다. 몸-마음의 문젯거리를 정의하는 일은 겉보기에는 매우 단순하고 직관적이다.

하지만 이 단순함은 허울에 불과하다.

의료산업 복합체는 근육병을 폐렴만큼이나 명백한 문젯거리로 공표한다. 하지만 이 같은 공표는 장애 커뮤니티 내부의 목소리를 묵살할 때에나 단순하다. 근육병과 비슷한 신경근 질환을 갖고 태어난 해리엇 맥브라이드 존슨의 이야기를 다시 한번 들어보자.

나는 열다섯 살에 허리 보호대를 내던져 버리고, 깊이 휜 S자 곡선으로 척추가 변형되도록 두었다. 이제 내 오른쪽에는 두 개의 깊은 골짜기가 있다. … 등뼈가 자연스러운 모습을 찾은 뒤 나는 내 몸이 완전히 편안해졌다. … 나는 설명하려고 애쓰곤 했다. … 내가 내 삶을 즐기고 있음을. 이 기분 좋고 후텁지근한 거리를 전동 휠체어로 내달리는 것이 엄청난 감각적 쾌락임을. 나라고 딱히 죽을 이유가 더 있지 않음을. 하지만 점점 지겨워진다. … 사람들은 대부분 알고 싶어 하지 않는다.

그들은 나를 딱 보면 알 수 있는 건 다 알게 된다고 생각한다.[2]

그녀를 비롯해 우리의 삶에 편안함과 쾌락과 가치가 있다고 주장하는 많은 장애인이 주목을 받았더라면, 근육병을 순전히 박멸해야 할 문젯거리로 치부하기는 훨씬 더 어려웠을 것이며 어쩌면 불가능했을 것이다.

의료산업 복합체는 우리 스스로가 자신의 몸-마음에 대해 아는 바와 무관하게, 우리 육체의 경험에 너무나도 자주 문젯거리라는 이름을 붙인다. 하지만 이 역학은 이따금 변화한다.

만성라임병chronic Lyme disease, 근육통성뇌척수염/만성피로면역기능이상증후군myalgic encephalomyelitis/chronic fatigue immune dysfunction syndrome(ME/CFIDS), 다중화학물질과민증multiple chemical sensitivities, 걸프전증후군Gulf War syndrome을 떠올린다. 이러한 질환과 함께 사는 사람들은 중요하게 받아들여지기 위해 고군분투한다. 그들은 계속해서 말한다. "여기 좀 보세요. 저는 몸-마음의 심각한 문제와 함께 살고 있다고요. 도움이 필요해요." 준 스타인June Stein은 이 싸움에 관해 다음과 같이 적었다. "무엇보다도 매일 내 말의 신빙성을 변호해야 했다. 만성피로면역기능이상증후군을 둘러싼 정당성의 부재는 지옥 같은 나의 현실을 그저 '여피족*의 감기'로 치부하는 언론과, 그 존재를 딱 잘라 부정하는 정부에서 비롯된 것이었다. … 9년 동안 나는 몇 번이고 내가 끔찍하게

아프다는 것을 … 내 뺨에 화색이 돌아도 아픈 상태라는 사실을 사람들에게 납득시키려 애썼다."³

이런 불신의 분위기 속에서 보훈부Veterans Affairs와 주치의들, 전문의들, 응급실 의사들은 실재하지 않는다고 여겨지는 질환을 가진 사람들에게 그들의 증상은 상상에 불과하다고 말한다. 사십 대에 근육통성뇌척수염을 얻은 레즈비언 활동가이자 작가인 조앤 네슬Joan Nestle은 이렇게 말했다. "시간이 지나면서 나는 점차 만성적으로 (롱아일랜드 지역의 어느 자조 모임에서 한 여성이 쓴 강렬한 표현을 빌리자면) '독약을 마신 듯한feeling poisoned' 상태로 살아가는 방법을 배웠다. 나는 고혈압이나 두통, 피부 발진, 위장 통증 등의 증상으로 병원을 찾았다. 병력을 묻는 의사들에게 근육통성뇌척수염을, 혹은 당시에 이를 일컫던 어떤 이름을 댔다. 어떤 의사들은 그런 것은 없다며 웃어넘겼고, 어떤 이들은 **그게 무슨 뜻인지 모르겠다**고 말했다."⁴ 의사들은 만성라임병과 다중화학물질과민증을 가진 환자들에게 항우울제를 처방한다. 언론은 이들이 아픈 척을 한다거나 장애인 흉내를 낸다고 보도한다. 문화비평가들은 근육통성뇌척수염과 걸프전증후군을 히스테리로 정의하는 책을 쓴다.⁵

근육병을 가진 사람들은 그들의 몸-마음을 문젯거리로 바라

---

*   젊은 도시 전문직(young urban professionals)을 가리키는 말로 1980년대에 나온 조어다. 당시에는 경제적으로는 안정적이고 보수적이면서도 문화적으로는 자유주의적인 젊은 유권자층을 가리키는 말로 쓰이기도 했으나, 여기서는 가난을 모르고 자란 젊은 세대를 비하하는 뉘앙스로 읽을 수 있다.

보도록 반복적으로 강요하는 관념에 저항한다. 다른 한편에서 근육통성뇌척수염을 가진 사람들은 그들의 몸-마음이 문젯거리라는 사실을 무시하거나 평가 절하하는 의사들과 언론으로부터 인정받기 위해 긴 시간 분투한다. 이러한 두 역학은 상반된 것처럼 보인다. 그러나 이 둘은, 의료산업 복합체가 권위를 휘두르고 우리 육체의 경험에 관해 우리 스스로가 아는 것을 묵살하는 여러 방식을 중심으로 한데 수렴한다.

도대체 누가 어떤 현실을 몸-마음의 문젯거리라고 규정하는 걸까? 때때로 대답은 여럿인 데다 서로 충돌한다.

'키'라는 논쟁적인 문제, 특히 유년기의 저신장에 대해 생각한다. 건강 문제(어떻게 정의되건)나 영양실조와 같은 물리적인 조건이 없는 상황에서도 키가 작은 것이 몸-마음의 문제가 되는가? 답변들은 서로 상반된다. 합성성장호르몬의 제조사 일라이 릴리Eli Lilly에서는 한 가지 답변을 제시한다. 일부 의사와 부모들은 그 제약회사의 답변에 동의하지만, 다른 이들은 그렇지 않다. 키가 작은 사람들은 어른과 아이 모두 제각기 다른 답변을 한다. '미국의작은사람들Little People of America'*의 반응은 또 다를 것이다.

---

* 1957년에 소규모 자조 모임으로 설립된 단체로, 현재는 전국 각지에 지부를 두고 저신장장애인의 삶의 질 개선, 자긍심 함양 등을 위해 활동하고 있다.

몸-마음의 문젯거리에 관한 규정들은 아무리 보아도 위험천만하다.

수백만 달러의 이익을 비롯한 수많은 문제들이 이러한 정의에 달려 있다. 지난 60년 동안 합성성장호르몬을 판매해 온 제약회사들은 저신장을 아동기에 (특히 남자아이의 경우) 가능한 한 빨리 치료해야 하는 심각한 문제로 조명했다. 그들은 받아들일 수 없을 정도로 작은 키가 어느 정도인지를 결정하는 기준을 바꾸면서 분주히 시장을 넓혔다. 2003년, 일라이 릴리는 미국 식품의약국FDA에 신청서를 제출하여 진단 가능한 "이상disorder"으로 인한 저신장 아동뿐만 아니라 같은 연령대에서 하위 1.2퍼센트에 속하는 키를 가진 아이들에게도 합성성장호르몬을 판매할 수 있도록 승인을 받아냈다. 이로 인해 시장에는 약 40만 명의 잠재적 소비자들이 추가로 생겨났다. 3년 후, 합성성장호르몬 약물인 휴마트로프Humatrope의 매출이 2002년보다 40퍼센트 더 증가해 4억 6,000만 달러를 벌어들였다.[6] 저신장이라는 몸-마음의 문젯거리를 재규정함으로써 일라이 릴리는 1억 3,000만 달러의 매출을 더 올린 것이다.

어떤 현실이 누구에 의해, 그리고 누구를 위해 몸-마음의 문젯거리로 정의되는가에 대한 대답은 때때로 투명하다. 때로는 너무나 빤해서 굳이 입에 올리지도 않는다.

나는 이성애자들, 백인들, 부유한 이들을, 특히 이러한 조건들 중 두 가지 이상을 동시에 가진 사람들을 떠올린다. 이성애 핵가족의 높은 방임률과 폭력의 비율은 문제로 규정되기 충분하다. 백인이 우월하다는 여러 세대에 걸친 망상이나 옷, 차, 집, 음식, 자본, 호화로운 휴가 등의 과잉에서 드러나는 상위 중산층 및 상류층의 자원 축적 역시 의심의 여지 없이 문젯거리의 기준에 들어맞는다. 그러나 "이성애 핵가족 장애"나 "백인 자격 증후군", "부유층의 탐욕 부전증" 등의 용어는 발명되지 않았다.[7] 그러기를 바라지도 않는다. **장애, 증후군, 부전증** 같은 말들은 너무 많은 사람들에 반하여 쓰였으니 말이다.

그럼에도 이성애자들, 백인들, 부유한 이들은 전혀 문젯거리로 규정되지 않는다. 너무 명백한 사실을 쓰고 있자니 나 자신이 우스꽝스럽게 느껴지지만 퀴어, 트랜스, 유색인, 가난한 사람 들이 문젯거리이자 문제를 만드는 존재로 치부되며 큰 대가를 치르는 세상에서, 이 빤한 상황을 언급할 필요가 있다. 퀴어이고 트랜스인 청년들은 그들의 가족으로부터 내몰리고, 집에서 내쫓긴다. 기록적인 숫자의 유색인 이민자들이 구금되고 추방된다. 흑인이 조현병 진단을 받을 확률은 백인의 경우보다 네 배 높다. 가난한 사람들은 게으르고 무능하다고 여겨지며, 빈곤하다는 이유로 악마화된다. 이 모든 가운데 이성애, 백인성, 부유함은 진단을 피해 간다. 누구도 이성애자라는 이유만으로, 혹은 백인이거나 부자라는 이유만으로 감금되거나 쫓겨나지 않는다.

누가 어떤 현실을 몸-마음의 문젯거리로 규정하느냐에 대한 많은 답변이 권력 그리고 특권과 관련되어 있다.

✳

치유와 문젯거리의 관계는 긴밀히 뒤얽혀 있다. 저널리스트 수전 코헨Susan Cohen과 크리스틴 코스그로브Christine Cosgrove는 저서 『어떻게든 정상으로Normal at Any Cost』에서 합성성장호르몬과 일라이 릴리에 대해, 키 큰 소녀와 키 작은 소년이 어떻게 문젯거리가 되었는지에 대해 서술한다. 책의 중반에서 그들은 얼마간 조롱조로 "때로 치유는 질병을 찾아다닌다"[8]라고 썼다.

근육병이 문젯거리로 여겨지지 않았더라면 근육병협회가 후원하고 장려한 지난 50년간의 연구도 존재하지 않을 것이다. 게이, 레즈비언, 바이섹슈얼이 문젯거리로 규정되지 않았더라면 탈동성애 전환치료는 존재하지 않았을 것이다. 유색인에게 문제가 있다고 여겨지지 않았다면 피부 미백제도 만들어지지 않았을 것이다. 합성성장호르몬이 존재하지 않았더라면 (일라이 릴리가 식품의약국 청문회에서 표현한바) "성장호르몬 결핍증 외의 저신장자"는 문젯거리로 치부되지 않았을 것이다.[9]

치유는 그 모든 형식의 몸-마음의 문젯거리를 만들어 내고 그에 의지한다.

치유의 변주들

일단 의료산업 복합체가 문젯거리를 규정하고 명명하고 만들어 내면, 고객이자 환자이자 소비자인 우리는 특정하고 단일한 개입만을 마주하는 것이 아니다. 이데올로기로서의 치유는 일련의 경직된 가치들을 들이민다. 그러나 치유는 또한 다면적이고 모순적이기에 수천 개의 서로 다른 기술과 프로세스로 증식하기도 한다. 각각의 변주에는 위험과 가능성이 무리 지어 따른다.

어떤 의료 기술은 대체로 대다수의 사람에게 효과가 있다. 감염을 막기 위한 항생제, 당뇨를 치료하는 합성인슐린, 젠더화되고 섹스화된 몸-마음을 재형성해야 하거나 하고 싶은 트랜스들을 위한 합성에스트로겐과 합성테스토스테론. 이 기술들의 사용은 모두 믿을 만하고 일관된 결과물을 낳는다.

다른 종류의 기술은 희미한 가능성의 빛을 제시하지만, 높은 위험이나 애매모호한 결과를 가져오기도 한다. 화학요법과 방사선치료는 암을 제거하고 완화하여 시간을 더 벌어줄까? 혹은 더욱 비참하게 만들 따름일까? 뇌종양수술을 하면 발작이 멈추고 폭발할 듯한 두통이 멎을까? 고통은 어느 정도 줄어들되, 높은 확률로 시력 손상을 야기하는 건 아닐까?

또 다른 치유와 치료는 쓸데없는 짓이거나 실험일 뿐이다. 성장호르몬치료, 고관절수술, 월 1,000달러에 달하는 비타민과 허브 식이요법이 엉망이 되어버리면 우리에게는 만성 통증이

남는다. 심지어는 외려 운동 능력이 손상되거나 빚더미에 오른다. 때로 우리는 지난날을 뒤돌아보며 우리가 어떻게 속아 넘어갔는지를 되짚어 본다. 혹은 우리의 몸-마음을 더 나은 상태로 만들어 준 그 위험한 일에 대해 고마움을 느끼기도 한다.

상상적 치유도 있다. 나는 나를 고치고 싶어 했던 부모의 끝없는 욕망에 대해 생각한다. 그것은 수치심과 슬픔이 부채질한 환영에 불과했다. 의료산업 복합체는 사람들의 희망과 욕망을 지배한다고 알려져 있으나, 내게 기도를 해주던 열렬한 기독교인들을 제외하곤 그 누구도 내 부모에게 정신지체나 뇌성마비의 현실적인 치료 가능성을 제시하지 않았다. 순전한 상상이 어머니와 아버지를 부추겼을 뿐이다.

✳

의료산업 복합체는 치유의 궁극적인 목표, 즉 몸-마음의 문제가 마치 처음부터 없었던 것처럼 제거해 버리겠다는 목표를 흔들림 없이 약속한다. 그러나 실제로는 잠재적인 치유와 부분적인 치유, 그리고 실패한 치유를 받아들이는 일의 반복일 뿐이다. 나는 뚱뚱한 사람들과 그들을 마르게 만들기 위해 설계된 온갖 기술들을 생각한다. 유행하는 다이어트, 체중 감량 약물 처방, 위우회술과 위밴드수술 같은 것들. 다이어트가 대개 장기적인 체중 감량보다는 요요 현상을 야기한다는 사실은 비만 혐오적인 문화에서 더 이상 문제가 되지 않는 듯하다. 식이·영양·

소화의 영구적인 어려움에서부터 죽음에 이르기까지, 유의미한 장기적 체중 감량에서부터 감량에 잇따르는 체중 증가에 이르기까지 수술 결과가 폭넓은 것도 더 이상 중요하지 않게 되었다. 마름을 추구하고 비만을 없애는 것은 그 모든 실패와 위험, 수상쩍은 의료 시술, 직접적인 위해를 감수할 가치가 있는 일인 것만 같다.[10]

일반적으로 의심의 여지 없이 치유에 부여되는 가치들은 그 모든 변주들의 방패가 되어준다. 그것들이 믿을 만하건, 위험하건, 애매모호하건, 실험적이건, 쓸데없건, 상상적이건 간에 말이다. 치유가 분명하게 실패할 때, 소비자이자 고객이자 환자인 우리는 으레 이러한 실패들에 대해서 미묘하게 혹은 노골적으로 지탄받는다. 우리는 충분히 노력하지 않았고, 게을렀고, 약물에 내성을 가졌고, 순응하지 않았다. 또는 기다리기만 하면 언젠가 믿을 만한 치료법이 나올 거라는 이야기를 듣는다. 어떻게 된 일인지 그 모든 것의 중심에 놓인 치유라는 관념은 의심의 여지 없이 받아들여지고 있다.

피부 미백과 온천

치유의 도구 중에는 인공와우cochlear implants와 피부 미백 크림, 백신과 온천도 있다. 이 기술들 중 대다수가 의료산업 복합체와 결부되어 있다. 제약회사에 의해 생산되고, 진단과 치료를 통해 이용자들에게 짝지어지고, 연구자와 의사와 건강보험회사에 의해 의해 만들어지고, 약사에 의해 보급된다. 그러나 치유는 의료적이라고 여겨지는 것 너머로 확장되기도 하는데, 그 몇몇 도구는 화장대 서랍과 스파 안에 있다.

∗

피부 미백 제품은 어두운 피부라는 문젯거리를 해결하기 위해 등장했다. 사회학자 아미나 마이어Amina Mire는 이를 명료하게 제시한다. "서구 식민주의 역사 내내 … 피부색이 어두운 신체는 (지배적 문화에 의해) 가장 도덕적이지 못한 몸, 미적으로 매력적이지 않은 몸으로 재현되었다. … 식민화된 사람들의 문화와 신체 이미지를 병리적이고 낙후되었으며 … 못생긴 것으로 구성하는 일은 … 백인 우월주의의 중심이 되어왔다."[11] 다시 말해, 피부색의 문제는 근본적으로 인종차별주의에 의해 발명되었으며 의료산업 복합체의 병리학적 관점에 의해 강화되었다.

치유의 유구한 전통 안에서, 문젯거리를 규정하는 것은 치료의 판로를 닦는 일이다. 페미니스트 연구자 마거릿 헌터Margaret Hunter는 다음과 같이 썼다. "유색인 여성과 남성에게는 그들의 몸을 백인에 가깝도록 바꿀 수 있는 기회가 끝없이 주어진다. 그들은 더 밝은 색의 컬러렌즈를 낄 수 있고, 구불거리는 곱슬머리를 곧게 펼 수 있으며, 입술과 코와 눈에 성형수술을 할 수 있다. 그러나 이러한 전통 중에서도 가장 오래된 것은 피부 미

백이다."[12] 이 목적으로 사용되는 제품에는 앰비 페이드 크림Ambi
Fade Cream, 에소테리카Esotérica, 포르셀라나Porcelana, 밴텍스Vantex, 밀
로의 비너스Venus de Milo가 있다. 이들은 밝고 환하며 보다 흰 피
부를 표방한다. 이런 상품들은 어두운 피부의 여성에게 "하얗고
사랑스러운"과 같은 광고 문구로 홍보되고, 어두운 피부의 남성
들에게도 "하얗고 멋진"과 같은 문구로 점차 확대되고 있다. 전
적으로 미용 목적으로 팔리지만, 이 크림들 중 일부는 처방전을
통해서만 구할 수 있다는 점에서 화장품과 의약품 사이의 경계
에 있다. 이 중 많은 것들이 몸-마음에 손상을 가하는, 미국식품
의약국에 의해 엄격히 규제되거나 금지되어 있는 유해성 화학
물질로 만들어진다. 그러나 그 제품들은 의료산업 복합체에 느
슨하게 걸쳐 있을 따름이어서 진단의 범주와 의료적 허가 없이
도 계속해서 생산된다.

　미백 크림 시장은 아름다움에 관한 인종차별적-성차별적 규
정에 뿌리를 내리고 있으며, 어두운 피부는 잘못되었고 문제적
이라는 관념을 내면화한 유색인 여성(과 남성)에게 의지한다. 스
물두 살의 한 여성은 건강의 위험을 감수하면서까지 피부색을
밝히려는 이유가 무엇이냐는 질문에 이렇게 답했다. "저는 사람
들이 저를 빈민가 여자애로 보지 않았으면 좋겠어요. … 무도회
장에 들어서며 영화배우가 된 것 같은 기분을 느껴보고 싶어요.
백인 영화배우처럼요."[13] 단도직입적으로 말해, 피부 미백 크림
제조사들은 수치심으로부터 수익을 올린다.

　많은 상품과 치료법이 폭넓은 범위에서 망가지고 잘못되었으

며 수치스럽다고 여겨지는 것을 고치는 용도로 판매된다. 피부 미백 크림처럼 애초에 이러한 목적으로 만들어진 것들도 있고, 온천이나 신선한 공기처럼 이러한 목적으로 쓰이게 된 것들도 있다.

나는 조지아의 웜스프링스나 뉴욕의 새러토가스프링스를, 버몬트주 브래틀버로의 공기나 뉴욕의 사라낙레이크를 생각한다. 여행을 할 수 있을 만큼 경제적 여건이 되는 장애인이나 아픈 사람들은 치유나 평안을, 혹은 둘 모두를 찾아서 긴 여행을 떠났다. 그들은 조지아 웜스프링스재단Georgia Warm Springs Foundation에, 브래틀버로 수치료원Brattleboro Hydropathic Establishment에, 애디론댁코티지 요양원Adirondack Cottage Sanitarium에, 루스벨트 목욕탕Roosevelt Bathhouses*에 당도했다. 탄산수소칼슘, 염화나트륨, 이산화탄소가 듬뿍 스며 나오는 뜨거운 물이 지하에서 끓어오른다. 신선하고 시원한 공기가 퍼져 나간다. 여행자들은 몸을 푹 담그고, 숨을 내쉬고, 회복하기 위해 이곳을 찾았다.

웜스프링스에 방문하면 그들은 몇 개월씩 병원 침대에 누워 있었다. 여러 차례의 수술을 감당했고, 밤마다 울다 지쳐 잠들었다. 통증, 비참함, 외로움과 씨름했다. 그들은 덥혀진 온천물에서 물리치료 루틴을 받곤 했다. 일부 급성회백수염polio** 생

---

* 현재는 기디언 퍼트넘The Gideon Putnam 호텔에서 루스벨트 배스 앤 스파The Roosevelt Baths & Spa라는 이름으로 운영되고 있다.

** 폴리오바이러스에 의한 급성 발열성 감염증이다. 척수·뇌간의 운동신경세포를 자주 침범해 지배근의 이완성 마비가 생긴다. 급성기가 지나면 부분적 마비의 후유증을 남긴다. 소아에게 주로 발생하여 한국에서는 '소아마비'로 알려져 있다.

존자들은 걷는 법을 다시 배웠으나, 다수는 그러지 못했다. 사라낙레이크에서는 하루에 8시간씩 현관 바깥에서 휴식하며 폐결핵을 치유해 준다는 공기를 들이마셨다. 그들 중 어떤 이들은 살아남았고, 어떤 이들은 죽었다. 브래틀버로에서는 물에 젖은 시트에 싸인 채 벌벌 떨며 땀을 흘리고, 엄청난 양의 물을 마시고, 개인 욕조에 몸을 담근 채 떠 있었다. 주어진 시간의 절반 이상을 실외에 머물며 좋은 공기를 마셨다. 어떤 이들은 그렇게 머물다 기력을 되찾아서 떠났고, 어떤 이들은 아니었다.

카니엔케하카Kanien'kehá:ka족(모호크Mohawk족), 크리크Creek족, 체로키Cherokee족, 아베나키족은 이러한 장소를 자주 오가며 물속에 머물곤 했다. 각 부족들은 각기 고유한 치유 의식과 영적인 전통을 가지고 있었다. 백인들은 이 땅에 리조트를 세워 또 다른 백인들이 드나들게 했다. 아프리카계 미국인들을 요리사, 가정부, 운전사로 고용했다. 물리치료, 온천치료, 신선한 공기치료를 판매했다. 동시에 많은 선주민들이 그들의 고향에서 쫓겨났다. 그들은 결핵과 천연두에 걸려 죽었다. 전쟁과 기아, 빈곤, 알코올, 상심으로 인해 장애를 갖게 되었다. 그들은 그들의 전통적 의학 체계를 계속해서 실천하고 고쳐나가고 있다.

✳

나는 따뜻한 물에 마음껏 몸을 담그기 위해서 새러토가스프링스로 여행을 떠난다. 뜨거운 물은 유일무이한 방식으로 떨림과 긴장을 녹이면서 몸-마음을 이완시킨다. 나는 수 세기에 걸쳐 이 광천 온천에 모여들었던 사람들 중 하나가 된다. 뉴에이지 아로마치료나 상식을 벗어나는 시간당 요금 정도를 생각했지, 국영병원이나 정신병원처럼 생긴 크고 오래된 벽돌 건물은 예상치 못했다.

1935년에 지어진 목욕탕에[리조트에] 들렀다. 역대 최초이자 지금까지 유일하게 휠체어를 사용했던 대통령의 이름을 딴 곳이다. 프랭클린 D. 루스벨트Franklin D. Roosevelt는 물이 가진 치유력에 지속적으로 관심을 가졌다. 급성회백수염으로 한바탕 병치레를 한 이후, 그는 희망 반, 체념 반으로 치유의 물이 있다는 소문을 따라 조지아 웜스프링스의 한 리조트를 찾는다. 섭씨 30도의 물에 몸을 담근 지 며칠 만에 그는 진전을 보였다. 치유책을 찾아다닌 지 수년 만의 일이었다. 북부 출신의 부유한 백인이었던 그는, 1927년 690만 제곱미터에 달하는 리조트를 사들인 다음 그곳을 백인 급성회백수염 생존자들이 모이는 장소이자 재활센터로 바꾸었다. 한 오래된 사진 속에 장애인과 이동보조기기로 가득한 방의 모습이 남아 있다. 등받이가 높은 휠체어, 지팡이와 목발, 바퀴 달린 침대와 보조기 들. 조리사와 청소부를 제외하면 전부 백인이다. 흑인 급성회백수염 생존자들은 앨라배마의 터스키기*에 갔다. 비록 루스벨트는 전혀 치유되지 못했

---

*   터스키기 연구소 산하, 존 A. 앤드루 기념병원John A. Andrew Memorial Hospital의 소아마비센터Infantile Paralysis Center(1941년 설립)를 가리킨다. 당시 미국 전역에서 유일하게 흑인 아동의 급성회백수염과 후유 장애를 전문적으로 치료하

지만, 장애 접근성이 있는 커뮤니티와 파인산 아래 흐르는 따뜻하고 부력이 큰 물을 이용해 이득을 본 것은 분명하다. 몇 년 후 대통령이 된 그는 자신의 고향과 같은 주에 있는 새러토가스프링스의 치유력 있는 물로 목욕탕을 지을 자금을 마련하는 데 기여했다.

지금까지 운영되고 있는 루스벨트 목욕탕 안으로 들어간다. 내 걸음걸이는 한쪽으로 치우쳐 있고 덜그럭거린다. 직원 중 누군가가 나를 보고 절박하게 "치유를 찾아다니는" 또 다른 여행객이라고 생각하는 건 아닐지 모르겠다. 나는 편안함과 따뜻한 광천수가 피부에 닿을 때의 기분 좋은 느낌을 찾아왔을 뿐이지만, 그들은 내가 치료되기를 바란다고 생각할지도 모른다. 불구crip* 자긍심 배지는 집에 있다.[14] 한쪽 팔걸이에 양털로 된 담요가 걸쳐져 있는 목재 휠체어가 로비를 장식하고 있다. 하지만 들어가는 입구에는 두 단의 계단만 있고, 경사로 표시는 보이지 않는다. 우리가 카니엔케하카족의 땅 위에 있다는 그 어떤 표시도 찾을 수 없다. 프런트에 있는 여성은 공실이 없다고 말한다. 잘되었다. 지구 깊은 곳에 있는 광천수로 수익을 얻는, 편안해지고 싶은 욕구와 치유에 대한 욕망을 자본화한 이 장소에 돈을 내고 싶지 않다.

는 기관이었으며, 다른 많은 병원은 흑인 환자를 거부하거나 후순위로 치료했다. 한편 웜스프링스의 인종분리는 1945년에 철폐되었다. 급성회백수염과 웜스프링스, 그리고 흑인의 경험에 대해서는 『장애의 역사』 252-255쪽을 살펴볼 수 있다.

✳

　치유 이데올로기와의 만남은 미용 크림처럼 일상적인 것일 수도, 뜨거운 광천수에서 오랜 시간 목욕하는 것처럼 편안한 것일 수도, 항생제처럼 목숨을 구하는 것일 수도, 화학요법처럼 힘겨운 것일 수도, 브래틀버로와 사라낙레이크의 신선한 공기처럼 비의료적인 것일 수도, 간이식수술처럼 의료화된 것일 수도 있다. 그 어떤 기술도 치유 이데올로기의 완벽한 본보기는 아니다. 오히려 그 이데올로기는 갖가지 도구들에 달라붙어 있다. 이 행성만큼이나 오래된 것부터 과학의 최첨단을 달리는 것까지.

✳　성소수자들을 억압하고 배제하는 멸칭이었던 '퀴어queer'가 성소수자 운동의 진영에서 정치적·전복적 의미로 전용된 것처럼, 'cripple(병신)'의 축약어인 'crip' 또한 본래는 장애인을 낮잡아 부르는 속어였으나 장애당사자들에 적극적으로 변용되고 전유되었다(이 책의 8장 230쪽과, 5장 미주 14번을 참고할 수 있다). 이러한 움직임은 한국의 장애운동계로도 이어져 '불구'나 '병신' 등의 비하적 용어가 자긍심의 언어로 다시 쓰이는 사례가 점차 늘어나고 있다. 2018년 한국의 장애운동단체 '장애여성공감'이 20주년을 맞이하여 "시대와 불화하는 불구의 정치"라는 선언문을 발표한 것이 그 대표적 사례다. 이러한 흐름 속에서 『망명과 자긍심』을 번역한 전혜은과 제이, 『페미니스트, 퀴어, 불구』를 번역한 이명훈은 'crip'의 역어로 '불구'를 택하고 있다. 이 책 또한 위와 같은 맥락에서 'crip'을 '불구'로 옮겼다.

소라게

　달팽이들이 여기저기 흩어져 있는 웅덩이를 보기 위해 썰물에 드러난 바위 사이에 쪼그려 앉는다. 회색, 황갈색, 암청색 껍데기들이 단단하고 둥글게 감겨 있다. 하늘거리는 해초 사이로는 생명의 흔적이 보이지 않는다. 그런데 그때, 껍데기들이 움직이기 시작한다. 달팽이의 느린 움직임이 아니라 빠른 속도의 종종거림이다. 뭐야! 그제야 여러 마리의 소라게가 눈에 들어온다. 그들은 자신의 껍데기를 키우지 않고 다른 해양 생물의 빈 껍데기를 골라 쓴다. 나는 아주 오랜 시간 동안 이 게들이 껑충거리고 총총거리는 것을 보며 앉아 있다. 그러나 내가 움직이는 순간 그들은 얼어붙는다. 이곳은 또다시 움직이지 않는 달팽이 껍데기들이 흩어져 있는 웅덩이가 된다.

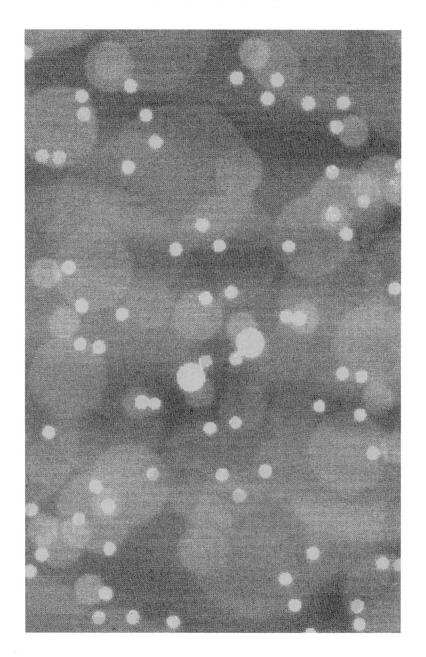

손에 잡힐 듯한 치유

나는 정형외과 의사들과 연이 깊다. 뇌성마비 아동은 정형외과 의사에게 맡겨지기 때문이다. 나의 부모가 치유를 찾아 헤맬 때마다 나는 정형외과 진료실로 보내졌다. 의사는 내 반사신경을 시험하고 관절을 구부려 보았으며, 내가 걷는 모양을 지켜보았다. 때로는 여러 수술을 제안하기도 하고, 때로는 물리치료실로 보내기도 했다. 국영기관, 연구시설, 대학병원, 재활의학과에도 가보았다. 장소에 상관없이 루틴은 어디나 똑같았다.

마지막으로 정형외과 의사를 만난 것은 10년도 더 전의 일이다. 수년간 목과 어깨가 만성적으로 아팠다. 아침에 일어나면 종종 고개를 돌릴 수가 없었고, 왼쪽 어깨뼈 아래에서부터 뜨거운 경련이 일었다. 목뼈 쪽은 아파서 손도 못 댈 지경이었다. 이부프로펜ibuprofen을 한 움큼씩 왕창 삼키고는 고통을 잠깐이나마 완화해 주는 기적적인 자세를 찾으며 조심조심 하루를 살았다. 실로 끔찍이 아팠던 어느 날 아침엔 병가를 내고 침대에만 누워 있었다. 전기담요를 꺼내고 근이완제를 복용했다. 덜 아프고 싶어서, 혹시 관절염인가 싶어서 결국엔 정형외과를 찾아갔다. 의사는 일반적인 검사를 시행했다. 나는 그의 손가락을 꽉 쥐고, 손을 밀치고, 방을 가로질러 앞뒤로 걸었다. 그는 내 무릎과 팔꿈치를 두드려 보고, 걸음걸이를 지켜보고, 머리를 움직여 보고, 어깨를 쿡쿡 찔러보았다. 그는 친절했다. 눈을 마주치며 내게 직접 말을 전했다. 그는 내 통증이 골격의 문제가 아니라 근육의 문제라는 것을 확인시켜 주고 물리치료를 받으라는 내용의 그다지 놀랍지 않은 처방전을 써준 뒤 나를 돌려보냈다.

진료실을 나서는데 그가 이렇게 덧붙였다. "아시겠지만, 10년 안에 미세 뇌수술micro-brain surgery이 상용화되어 환자분의 경련을 최소화해 줄 겁니다. 어쩌면 없애줄지도 몰라요." 나는 멈춰 서서 혼잣말처럼 대꾸했다. "제 눈에 흙이 들어가기 전엔 안 될 걸요. 제 뇌와 근육 사이에 무슨 일이 일어나고 있는지도 설명 못 하시잖아요." 다음 날, 병원에서 있었던 일을 친구에게 웃으면서 들려주었다. "그러시겠지. 10년이라고 했다니까. 퍽이나." 덜 아프기를 바라는 내 욕망과 치유를 바라는 의사의 욕망 사이의 틈을 인지하기까지 몇 주가 더 걸렸다.

결국 6주 동안 물리치료를 받았다. 습열치료는 끝내주게 좋았고, 냉찜질은 참을 만했고, 견인술traction은 거부했다. 도움이 되었을지도 모르겠다. 10여 년의 시간이 흐른 지금, 뇌성마비를 가진 이들을 위한 미세 뇌수술이라는 돌파구에 대해서는 들은 바가 없다. 기다리지도 않았지만.

✳

　우리는 수십 년간 줄곧 치유를 약속받아 왔다. 근육병협회를 생각해 보자. 이 단체에서는 과학자들이 근육병 완치법을 찾아내기 직전이라고 열을 올리며 모금 광고를 잇달아 내놓았다. 그중 하나는 예쁘장한 백인 소녀의 흑백사진으로, 소녀는 양손에 턱을 괴고 크고 짙은 눈동자로 먼 곳을 응시하고 있다. 휠체어가 보이지만 두드러지지는 않는다. 광고 문구는 다음과 같다. "꿈속에서 그녀는 달리고 있죠. … 근육병은 종식되어야 합니다. 그렇게 될 것입니다."[1] 비교적 최근에 나온 또 다른 광고는 컬러사진이고, 아이들의 모습은 보이지 않는다. 익숙한 "보행 금지" 신호를 "보행 불가"로 고쳐 써넣었다. 광고 문구는 다음과 같이 공표한다. "충분한 희망과 도움이 있다면, 불빛은 바뀔 것입니다."[2] 근육병협회는 계속해서 치료를 위한 모금을 청하고 있다.

　근육병이 박멸되어야 한다는 전제는 언제나 논쟁의 여지가 없는 진실로 보인다. 그러나 명령과도 같은 이 전제는 기실 [휠체어 바퀴로] 구르는 것보다 [두 다리로] 걷는 것에 더 가치를 두는, 장애와 장애를 가진 이들을 평가 절하하는, (모든 근육병이 그런 것은 아니지만) 일부 형태의 근육병이 동반하는 죽음의 가능성을 두려워하는 임의적인 문화적 가치다. 이러한 몸-마음의 상태가 종식된 세상이 더 나은 세상이라는 관념을 수용한다고 해도, 근육병협회 광고의 흑백사진 속 소녀는 여전히 지금 여기에

153

서 삶을 살아가고 있다. 그녀의 삶은 물리적인 접근성과 사고방식의 접근성에 의해서 훨씬 더 나아질 것이다.

*

근육병의 종식을 위한 탐구는 미래에 대한 약속으로서, 앞으로 다가올 수 개월, 수년, 수십 년의 시간에 가치와 우선권을 둔다. 이러한 방향성은 치유 연구 전반에 반영된다. 급성회백수염의 예방이 초점이건, 에이즈 유행의 종식이 초점이건 간에 마찬가지다.

이러한 노력은 분명 많은 생명을 구했다. 적어도 치료나 치유에 대한 접근성을 가진 이들에게 에이즈와 매독, 결핵은 더 이상 죽음과 직결되는 병이 아니다. 동시에 우리는 미래에 초점을 맞추는 연구의 약속들이 현재를 사는 이들을 평가 절하하는 방식을 못 본 체해서는 안 된다. 예컨대 근육병으로 인해 휠체어를 타는 사람들을 비극적인 시선으로 바라보거나, 아이에게 바이러스를 물려줄 가능성이 있는 HIV 양성 임신부를 비방해서는 안 된다.

미국 정부와 비영리기구, 사기업, 대학 연구기관이 미래를 위해 시간과 자금을 바치고자 한다면, 그들은 현재를 위해서도 그래야 한다. 접근성 높은 버스, 학교, 교실, 영화관, 화장실, 주택, 업무 현장을 만드는 데에 투자해야 한다. 치유 연구를 시행하는 것과 같은 열의로 괴롭힘, 고용차별, 사회적 고립, 장애인의 시설화를 멈추기 위한 캠페인을 지원해야 한다. 나는 휠체어를 탄 아이들이 달릴 수 있는 미래를 꿈꾸는 한편, 지금 이 순간 아이들이 엄지손가락만 빙빙 돌리며 홀로 남겨지지 않을 수 있도록 접근성이 높은 놀이터, 트리하우스, 모래놀이터를 만들 자금을 원한다.

언제나 손에 잡힐 듯하기만 한 치유를 기다리며 자원과 에너지와 언론의 관심을 낭비하기만 한다면, 우리는 오늘의 삶을 유예하며 살아갈 위험을 감수해야 한다. 치유에 대한 믿음은 한편으로는 과거의 몸에 대한 기억에, 또 한편으로는 미래의 몸에 대한 바람에 우리를 묶어놓는다. 특히 그러한 바람이 아직 발명되지 않은 치료 기술에 기반하고 있을 때, 우리의 몸-마음은 쉬이 환상이자 투영projection이 되어버린다.

*

우리의 살과 뼈가, 장기와 신경세포가 언젠가 완전히 달라지리라는 희망을 아예 버리지는 못하더라도, 지금 우리의 육체와 평화로이 지내고 환상을 내려놓기 위해서는 무엇이 필요할까? 나는 답을 몰라서 묻고 있다.

*

뇌성마비를 치료해 줄 가상의 약을 먹겠느냐고 묻는 비장애인들은 실로 다양한 층위의 환상으로 나를 끌어들인다. 뇌성마비에는 그런 기술이 존재하지 않으며, 유망한 치료법 후보가 있는 유방암이나 당뇨, 자폐와는 달리 만들어지고 있지도 않다. 이러한 질문은 장애의 가치를 평가 절하하는 데 초점을 맞춘 사고실험에 지나지 않는다.

내 대답이 어때야 하는지 나도 알고 있다. 사람들은 내가 이렇게 말하기를 기대한다. "그럼요, 물론이죠. 생각해 볼 필요도 없이 당장 먹을 거예요." 이렇게 말하지 않으면 그들은 어리둥절해하고 내 말을 믿지 않는다. 그들은 내가 너무 극구 부정하는 건 아닌지, 내 불행의 불편한 진실로부터 스스로를 보호하려고 그렇게 말하는 것은 아닌지 궁금해한다. 어떻게 내가 치료를 원하지 않을 수 있단 말인가?

답은 간단하다. 떨리는 손과 흔들리는 균형 감각을 가지고 살아가는 일이 그들의 상상만큼 끔찍하지 않기 때문이다. 미끄러지고 비틀거리며 느린 속도로 계단을 한 개씩 내려갈 때조차도 말이다. 중력과의 관계에서는 양가적인 감정이 든다. 나는 등산로에서 부드럽고 우아하게 땅을 밟고 디디며 가볍게 비탈을 내려가는 것을 몹시 동경한다. 나는 그 대신 가파른 구간에서 철푸덕 주저앉고는 잠시 네발 동물이 되어 손발 모두를 써서 미끄러지듯 움직인다. 오직 그때에만 볼 수 있는 것들이 있다. 빙하가 화강암에 남긴 소용돌이 자국, 나무 뿌리들 사이를 기어오르는 아주 작은 주황색 영원*들, 썩은 통나무 위에서 자라고 있는 이 세상 것이 아닌 듯한 모습의 버섯. 흔들리는 균형 감각은 산과의 이러한 친밀함을 선사한다.

가상의 치료제가 정말로 존재한다면 나는 너무나 많은 것을 잃을 것이다. 그 부재가 나를 분명한 존재로 만든다. 눈부신 불완전함으로 가는 문을 열어젖힌다.

자선 행사

사람들은 선호하는 자선단체의 기금을 모으기 위해 자전거를 타고, 달리기를 하고, 수영을 하고, 걸으면서 단체 자원봉사에 참여한다. 이러한 비영리단체 중 상당수는 의료산업 복합체에 속해 있는 특정한 질병 및 장애 단체들이다. 그들은 수십 가지의 건강 상태, 가령 에이즈, 유방암, 당뇨, 크론병Crohn's disease, 다발성 경화증, 루푸스Lupus, 자폐 등을 위해 모금한다. 기금의 대부분은 연구와 치유, 미래에 집중된다.[3]

우리는 환경 악화와 암, 군사적 오염과 유전적 차이 사이의 연관성을 탐구하는 연구 자금을 모으기 위해 달리지 않는다. 우리는 모두에게 건강보험을 보장하기 위해 자전거를 타지 않는다. 이러한 자선단체들의 의제는 대개 의료·주거·교육·고용에의 보편적인 접근성보다는 치료와 치유를 우선시한다. 그들은 현재보다 미래에 초점을 맞추고, 개별적인 몸-마음에서부터 전

---

    *   도롱뇽목에 속하는 동물이다.

세계에 이르는 질병과 질환을 박멸하고자 한다. 사회적 정의의 필요성은 좀처럼 언급하지 않는다.

치유 기금을 조달하기 위해 봉사하는 사람들은 스스로를 몰아붙이는 활동을 하게 된다. 때로는 신체적 극한까지 도달해야 한다. 그들은 희망이나 질병의 "극복"이라는 명목으로 42.195킬로미터를 뛰고, 자전거로 160킬로미터를 가며, 밤새워 춤을 춘다. 사실 이러한 종류의 기금 모금은 모금자가 운동으로 엄청난 일을 해내는 데에 감명과 영감을 받는 잠재적 기부자들에게 의존한다. 이러한 행사에 참여하기 위해서는 건강하고 집중력이 있어야 하며, 보통은 비장애 신체able-bodied를 가지고 있어야 한다. 체육이 아닌 활동으로 기금을 모금하는 행사는 그리 많지 않다. 이러한 자선단체들은 뜨개질 마라톤knit-a-thons, 시 축제poetry bashes, 요리 경연 대회를 열지 않는다. 그들의 모금 전략은 아드레날린을 생산하는 엔터테인먼트와 익스트림 스포츠로 적셔진 문화에서, 뜨개질보다는 달리기에, 시보다는 자전거 타기에 돈을 더 많이 기부하는 문화에서, 개인 영웅주의individual heroism와 영감을 주는 행위에 집착하는 문화에서 시작된다.

이러한 모금 행사의 대부분이 두려움에서 비롯한다. 비영리단체 '자폐가말한다'의 한 홍보 영상에서 자폐는 악당으로 의인화된다. 불길한 음악이 흐르고, 악당은 자폐 아동의 부모를 협박한다. "당신에게서 아이들과 꿈을 빼앗으려는 음모를 꾸미는 중이야. 내가 장담하지. 매일 아침 눈을 뜰 때마다 당신은 울면서 이렇게 묻게 될 거야. '내가 죽으면 우리 아이는 누가 돌보지?' 진실을 말해줄까? 나는 여전히 이기고 있고, 당신들은 두려워하고 있어. 그래야만 하고 말이야."[4] 자폐가말한다는 망설이는 기색 하나 없이 자폐가 삶을 잡아먹는 무시무시한 질환이라는 생각을 유포한다.

더 노골적으로 모금과 연결되는 또 다른 영상이 있다. 점차 물에 잠기는 아이의 모습이 나타난다. 내레이터는 나직이 읊조린다. "낭포성 섬유증은 당신의 폐에 물이 차게 하여 호흡을 어렵게 만듭니다. 이는 몸속에서부터 물에 잠기는 일과 같습니다. 낭포성 섬유증이 어린 생명을 삼켜버리지 못하도록 도와주세요. 구명 밧줄이 되어주세요. 낭포성 섬유증에 걸린 이들이 계속해서 숨을 쉬는 이유가 되어주세요."[5] 캐나다 낭포성 섬유증 재단Canadian Cystic Fibrosis Foundation은 자폐가말한다와 같은 전략을 사용하면서, 영상이 조장하는 불안을 모금을 권유하는 데 더욱 직접적으로 활용한다.

두려움은 42.195킬로미터를 달리거나 자전거를 타고 160킬로미터를 가는 봉사를 더 설득력 있는 일로 만든다. 봉사자들은 더 나은 미래를 만들고 질병이나 장애를 "극복"할 수 있게 도와주고 있는 것만이 아니다. 그들은 또한 개인적이고 집단적인 두려움에 맞서고 있기도 하다.

✳

한편, 두려움을 전략으로 사용하지 않으면서도 자신들의 임무에 사회적 정의를 보태는 몇 안 되는 자선단체들을 주목할 필요가 있다. 2009년 이래로 매년 8월이 되면, 달리고 걷고 휠체어를 타는 사람들과 그 가족들은 버몬트 벌링턴에 있는 샴플레인 호수에 모여 조이의 레이스Zoe's Race에 참가한다. 이들은 오크렛지 공원을 가로질러 1킬로미터를, 혹은 해안가를 따라 5킬로미터를 구르고, 걷고, 뛴다. 장애 접근성이 높은 집을 만들기 위한 기금 모금 행사가 열리는 것이다.

이 행사를 개최한 에리카 네스토르Erika Nestor는 장애를 가진 딸 조이를 위해 기존의 집을 보다 접근성 좋은 공간으로 개조했다. 그 과정에서 그녀는 이러한 종류의 리모델링이 얼마나 비싼지, 이를 실행하려는 사람들을 위한 기금이 얼마나 부족한지를 알게 되었다. 그녀는 이러한 비용을 감당하기 어려운 가족들을 위해 기금 모금 행사를 기획했고, 이는 연례 행사가 되었다. 장애인들을 대상으로 서비스를 제공하는 지역 에이전시와 협력하고, 가족들이 필요로 하는 개조 사안들(경사로부터 휠체어 진입이 가능한 샤워실까지)을 설계해 줄 건축가들을 찾아 협조를 요청했다. 수년 동안 그녀와 그녀의 팀은 협찬부터 음식까지, 레이스 실행 계획부터 대중매체 홍보까지 모든 것을 조직했다. 2009년부터 2014년까지 조이의 레이스를 통해 12만 달러에 달하는 자금이 모였고, 이는 열다섯 채의 집을 리모델링하는 데 쓰였다.[6]

조이의 레이스는 다른 장애 자선 행사들과 여러 면에서 다르다. 조이의 레이스는 치유가 아니라 접근성의 가치를 실현하기 위해 열린다. 모금된 돈은 미래를 위한 실체 없는 도움이 아니라 사람들의 현재의 삶을 개선하는 구체적인 일들에 보태어진다. 연구와 직결되는 국가적 노력을 후원하기보다는 지역사회 안의 가족들에게 실질적인 도움을 준다. 조이의 레이스 웹사이트에서는 하나의 특정한 진단명을 언급하지 않는다. 치유를 기반으로 한 자선단체들이 진단을 휘두르며 특정한 장애와 몸-마음의 조건으로 조직의 정체성을 만들어 내는 데 비해, 조이의 레이스가 특정 진단명을 내세우지 않는다는 점은 주목할 만하다. 에리카 네스토르와 그 밖의 행사 기획자들은 접근성에 대한 요구가 진단의 범주에 의해 규정되지 않는다는 사실을 안다. 그들은 사람들이 자신의 한계를 밀어붙이는 방식으로 행사에 참여하도록 청하지 않는다. 대신 즐거움과 음식, 음악을 강조한다.

∗

현재로서는 치유를 기반에 둔 자선 행사들이 큰 영향력을 갖고 있다. 조이의 레이스보다는 유방암을 종식하기 위한 핑크리본 마라톤이 훨씬 더 눈에 띈다. 두 행사 사이의 현저한 차이를 보면, 자선단체들이 몸-마음의 차이와 상실이라는 현실에 대한 유일한 반응으로서 치유를 얼마나 집중적으로 수립했는지, 그 과정에서 미래에 가치를 얼마나 많이 두었는지가 확연히 드러난다. 그러나 조이의 레이스는, 장애와 질병에 기반한 행사를 뒷받침하는 가치가 충분히 변화할 수 있다는 점을 상기시킨다.

우리는 치유에서 접근성으로 초점을 옮길 수도, 치유와 접근성 둘 다 놓지 않고 견지하며 현재 우리의 몸-마음이 미래에 대한 비전만큼이나 중요하다고 주장할 수도 있다.

변화하는 기술들

근육의 경련으로 목과 어깨가 이보다 더 뻣뻣할 수 없겠다 싶은 날이 있었다. 일상의 일을 해내고 싶었으나 손이 따라주지 않는 날도 있었다. 사람들의 빤한 응시와 노골적인 호기심이 너무 버겁게 느껴지는 날도. 그런 날에는 가상의 치료제를 먹는 상상을 했다. 그것이 정말 현실이라면, 너무 많은 부작용을 동반하지만 않는다면 퍽 구미가 당기는 일이기도 했다.

＊

치유와의 다양한 관계를 탐구하는 과정에서 우리는 무엇이 가상의 일이고 무엇이 지금 여기 존재하는 일인지를 고려해야 한다. 우리는 잘 자리 잡은 급성회백수염 백신과 여전히 개발 중인 HIV 약의 차이를, 자주 화제가 되곤 하는 미래 중심적인 근육병 연구와 뇌성마비를 위한 환상 속 치료제 사이의 차이를 아울러야 한다. 시간이 지남에 따라 많은 의료 기술이 상상에서 실제로, 애매모호한 것에서 믿을 만한 것으로 전환되었다. 이러한 변화 속에서, 우리가 치유 이데올로기에 대처하기를 선택하는(혹은 강제받는) 경로들 또한 진화하곤 한다.

나는 농인* 커뮤니티와 인공와우수술** 사이의 복잡하고 변화하는 관계들에 대해 생각한다.[7] 많은 농인이 자신은 장애인이 아니라 언어적 소수자라고 주장한다. 이들은 자신들이 경험하는 문제가 들을 수 없음에서 오는 것이 아니라, 수어를 배우고 사용할 의지가 없는 청인 중심non-deaf 사회에서 기인한다고 본다. 이들은 끈끈하고 활기찬 농인 커뮤니티에서 산다. 지난 수십 년 동안 미국 수어American Sign Language, ASL는 적극적으로 억압되어 왔다. 아이들은 학교에서 수어를 사용하면 벌을 받았다. 농인의 관점에서 인공와우는 달갑지 않은 기술적 발전인데, 그 이유 중 하나는 의료적 상태로서의 청각 장애와 정체성으로서의 농聾 모두를 제거하려는 청인 중심 사회의 기대를 가져오기 때문이다.

인공와우수술은 전형적인 치유에 부합하지 않는다. 인공와우는 청력 손실의 상태를 박멸하지도, 청각 장애를 가진 개인들

---

* 저자가 주에서 밝혀둔 구분에 따라 Deaf는 농인과 농으로, deaf는 청각 장애로 옮겼다. 하지만 소문자이더라도 농의 맥락이 분명해 보일 때에는 농으로 옮겼다. 경우에 따라 '귀가 먹은'으로 옮긴 부분도 있다. 농, 농인의 반대항은 청, 청인으로 옮겼다.

** 인공와우는 외부의 소리를 증폭해 주는 보청기와 달리 달팽이관 내의 청각 세포를 전기적으로 자극해 소리를 전달하는 장치다. 체외 장치가 마이크로 수음된 소리를 안테나를 통해 송신하면 체내 장치가 이를 수신해 전극을 통해 청신경에 전달하는 구조다. 수술 후에 지속적인 청능 훈련이 필요해 이를 위한 비용과 시간은 물론 충분한 교육기관이 뒷받침되어야 한다.

의 청력을 "정상적인" 정도로 회복시키지도, 앞서 있던 문젯거리를 표나지 않게 감추어 주지도 않는다. 그럼에도 불구하고 인공와우는 효과적이고 필수적인, 치유에 가까운 치료법으로서 판매된다. 인공와우 마케팅은 어린 청각 장애 아동을 둔 청인 부모들을 겨냥한다. 이러한 판매 전략은 들리지 않는 상태가 개개인의 "비정상적인" 귀에서 비롯한 "견딜 수 없는 상실"이라는 관념에 크게 의지한다.

인공와우 제조사 코클리어Cochlear는 자사 웹사이트에 청력 손실을 교정하는 일의 시급함에 관하여 다음과 같이 썼다. "낭비할 시간이 없습니다. 더 어린 나이에 인공와우수술을 받을수록 듣고 말하는 법을 더 쉽게 익히게 됩니다." 그들은 정상성의 관념을 강조하며 압박한다. 이러한 문장이 이어진다. "언어, 발화, 소통 기술의 핵심적인 발달에 있어서 생후 2년이 특히 중요합니다. 생후 6개월 이전에 적절한 증폭 장치를 알맞게 착용하면 청인 아이들과 동등한 수준으로 언어 기술을 발달시킬 수 있다는 연구 결과가 있습니다. 청력 손실이 있는 채로 좀 더 나이가 들면 **정상적인** 청력을 가진 아이들을 따라잡을 기회를 놓쳐버립니다."(강조는 필자)[8] 코클리어가 일컫는 "언어, 발화, 소통 기술"에 수어를 유창하게 하거나 음성언어와 수어 모두에 숙달한 상태는 포함되어 있지 않다. 음성언어 중심의 듣기와 말하기가 우위의 가치를 점한다. 이 판매 문구는 치유 이데올로기를 부끄러움도 없이 사용하며, 궁극적으로는 부모들에게 "우리는 당신의 아이를 정상으로 만들 것"이라고 말한다.

1980년대 중반 인공와우수술이 상용화되었을 때, 농인 사회는 인공와우수술이 사람들을, 특히 아이들을 번성하는 농 문화로부터 빼돌리는 또 다른 방식에 지나지 않는다고 주장했다. 연구자 줄리 미치너Julie Mitchiner는 다음과 같이 썼다. "나는 청각장애인들이 인공와우수술을 받는 것에 강력히 반대했었다. 이 수술은 문제를 '고쳐야' 할 필요성을 시사하기 때문이다. 나는 의사들이 청각 장애를 가진 아동에게 이식수술을 한다는 사실에 배신감과 분노를 느꼈다. 그게 대체 무슨 소리란 말인가? 인공와우수술은 청각 장애의 상태가 자연스러웠던 나에게 '너 문제 있어'라고 말하고 있었다. 아이들의 머릿속에 '기계'를 집어넣는다는 것이 나를 질겁하게 했다. 나는 이 수술이 청각 장애 아동들의 자긍심을 무너뜨릴 거라고 생각했다."[9] 인공와우가 안면 마비, 어지럼증, 만성 두통을 야기한다는 이야기가 청각장애인 사회에 떠돌았다. 레일린 팔루드네비시엔Raylene Paludneviciene과 레이셸 L. 해리스Raychelle L. Harris는 이렇게 기록했다. "인공와우수술 이후 일부 청각 장애 아동들이 뇌수막염에 걸리거나 적절한 예방접종을 받지 못해 죽었다. … 이는 인공와우수술이 더 많은 죽음을 야기할 수 있다는 두려움을 불러일으켰다. 많은 이들은 음성언어에 접근하는 일이 잠재적인 위험을 감수할 만큼 가치 있지는 않다고 생각했다."[10] 요컨대 다수의 청각장애인들은 자신들의 논의를 만들어 내며 치유 이데올로기를 거부했다. 마치 새로운 기술의 맹공격을 막아낼 수 있을 것처럼.

　실제의 치유는 가상의 치유와는 사뭇 다른 압력을 행사하며 다른 반응을 요구한다. 뇌성마비 치료제가 개발·제조·판매되어 널리 처방되고 있다고 잠시 상상해 보자. 나는 매일같이 그 약의 광고를 본다. 주치의를 만날 때마다 요청하지도 않았는데 약물치료에 대한 정보를 제공받고 처방전을 써주겠다는 권유를 받는다. 직장에서 상사는 내게 잊을 만하면 약에 대한 기사를 보낸다. 최초의 치료제는 꽤 거친 것이었지만 다섯 세대에 걸쳐 연구와 개발이 진행되면서 중요한 부작용이 꽤 많이 줄었다. 나와 비슷한 뇌성마비를 가진 친구들이 하나둘 약을 복용하고 그 결과를 마음에 들어 한다. 건강보험이 대부분의 비용을 부담하기 때문에 가격 역시 감당할 만하다. 이 상상 속 세계에서 그 약은 압박과 유혹을, 미지의 것들을 데려올 것이다. 내가 어떻게 반응할지 나도 모르겠다.

＊

　지난 30년간 인공와우수술이 널리 상용화되고 효과도 커짐에 따라, 청각장애인들의 반응 또한 다채로워졌다. [인공와우수술에 대해] 확고하게 거부의 입장을 고집하고, 청각 **손실**이라는 오래된 청인 중심적 생각에 반발하여 농 획득Deaf-gain*이라는 개념을 발전시킨 사람들이 있다. 이러한 틀은 청각 장애를 갖는 것의 중요성을 공표한다. 농인들이 존재하고, 생각하고, 소통하는 방식이 어떻게 청인 중심 사회와 인간 전체의 다양성 모두에 기여하는지를 제시한다.[11]

어린 청각 장애 아동들에게 인공와우수술을 시행하는 것에는 심히 의구심을 갖지만, 어른이 되어 스스로 이식을 선택하고 다양한 결과를 전하는 사람들이 늘어나고 있다는 사실을 받아들인 이들도 있다. 또한, 이식을 보조적 기술로 이해하는 사람들도 있다. 줄리 미치너는 자신의 변화한 태도에 대해 다음과 같이 회고한다. "인공와우수술에 대한 가장 큰 오해는 이식이 청각 장애 아동들을 바꾸어 놓을 것이고, 그 결과 그들이 더 이상 농인의 자긍심을 유지하지 않으리라고 여겼던 점이었다. (하지만) 이제는 인공와우수술이 도구에 다름아니라는 사실을 깨닫고 있다."[12]

소리가 들리지 않거나 난청이 있는 아이들에게 인공와우수술을 받게 하는 청인 부모와 농인 부모의 수가 늘어나고 있다. (농인과 청인을 막론하고) 어떤 교사들은 수술을 받은 청각 장애 아동들이 미국 수어와 음성언어를 모두 익힐 수 있도록 이중언어로 가르치는 교육법과 교실을 조성하고 있다. 인공와우수술을 받은 아이의 어머니이자 농인인 한 여성은 이러한 많은 변화

* 청각 장애를 이해하는 주류적인 틀인 '청각 손실'에 대응해 농과 그 장점을 획득한다는 대안적인 틀을 제안하는 개념이다. 저자가 주에서 소개하는 책 『농 획득Deaf Gain』의 저자들은 청인 중심성을 타개함으로써 가능해지는 공동체나 예술의 사례를 분석하며 생물학적·문화적 다양성의 지평에서 농을 사유한다.

를 다음과 같이 요약했다. "인공와우수술이 시행되는 것을 막을 수는 없어요. 사람들은 우리가 그것을 완전히 막을 수 있다고 생각하지만, 그런 일은 가능하지 않고 일어나지도 않을 거예요. 그 문제는 제쳐두자고요. 우리는 어떻게 미국 수어를 지속할 수 있는가의 문제에 더 집중할 필요가 있어요. 저는 사람들이 인공와우수술을 받은 아이를 여전히 농인으로 이해하는 것이 더 중요하다고 생각합니다. 이 아이들은 음성언어를 사용하는 환경에서도 [무언가를] 여전히 놓칠 거예요. 미국 수어는 언어에 대한 완전한 접근성을 계속해서 제공할 것입니다."[13]

인공와우수술에 대한 이토록 다양하고 때때로 모순적인 반응들은 모두 저항의 전략이다. 청각 장애를 갖는 것은 비정상적이고 열등하다는 지배적·문화적인 믿음은, 치유의 가능성을 점차 현실화해 나가며 발전하는 기술과 결합하면서 엄청난 압력을 행사한다. 소리가 들리지 않거나 난청이 있는 사람들은 농 정체성을 획득하는 일에 대해 생각하고, 수어로 말하고, 글로 쓴다. 그들은 청각장애인인 어른들 사이에서 양가감정을 가진 채로 수술을 받는다. 그들은 언어 접근성을 창조하는 수많은 도구 중 하나로서 인공와우수술을 이해해 나가고, 이중언어로 교육할 수 있는 환경을 조성해 나간다. 그러는 동안 청인 중심 사회는 계속해서 의료적 장애로서의 청력 손실과, 치유로서의 인공와우에 투자한다. 의료산업 복합체는 그 선두에 있다.

*

    치유 기술은 발전을 거듭하고 있지만, 그 이면의 이데올로기는 그대로 남아 어떤 몸-마음은 가치 있게 여기고 어떤 몸-마음은 깎아내린다. 이따금 이러한 역학은 문젯거리로 여겨지는 사람들에게 더 높은 압력을 행사한다. 이는 장애인과 청각장애인의 가치를 묻는 일을 더욱 시급하게 만든다. 커뮤니티 전체가 스스를 보호하는 방식에 영향을 끼친다.

    그럼에도 불구하고 우리 가운데 많은 이들 또한 치유 기술의 변화를 필요로 하고 또 갈망한다. 난소암으로 세상을 떠나기 전 2년 동안 내 친구 H는 반복적인 화학요법으로 인해 눈에 띄게 쇠약해졌다. 그녀가 진전될 수 있다면 우리는 암치료를 위해 무엇이든 했을 것이다. 파트너의 여동생 N이 대장암 말기를 진단받았을 때, 그녀는 어느 실험적 치료experimental treatment의 임상 시험에 참여하기를 간절히 바랐다. 그녀는 당시의 기술이 자신을 살려내기에 충분치 않다는 것을, 그녀를 치유할 정도에 미치지 못한다는 사실을 알고 있었고, 그녀가 옳았다. 내 친구 B는 1993년에 죽었다. 많은 HIV 감염인의 삶을 연장해 준 1세대 항레트로바이러스 약물이 상용화되기 2년 전의 일이었다. 약이 조금 더 일찍 개발되어 B가 약을 투여받았다면, 어쩌면 지금까지 살아 있을 수도 있다.

*

인공와우수술이 농인들에게 압력을 가하는 방식에서부터 더 효과적인 암치료에 대한 사람들의 갈망에 이르기까지, 이 모든 현실은 동시에 존재한다. 치유 그 자체와 마찬가지로 기술 발전 역시 양가감정을 촉발한다. 우리는 변화를 두려워한다. 우리는 변화에 저항한다. 우리는 변화를 환영한다. 우리는 변화를 필요로 한다.

에플로르니틴의 역사

치유는 많은 목적에 복무한다. 생명을 살리기, 생명을 조작하기, 어떤 생명을 다른 생명보다 우위에 두기, 수익을 창출하기. 에플로르니틴Eflornithine의 제약사製藥史를 중심으로 생각해 보자.

에플로르니틴은 말기의 아프리카 트리파노소마증trypanosomia-sis을 효과적으로 치료하는 약이다. 중앙아프리카 수면병이라고도 불리는 트리파노소마증은 파리에 의해 옮는 병으로 통증, 신경학적 증상, 수면 장애를 동반하는 것이 특징이며, 치료받지 않을 경우 사망에 이른다. 이 병으로 해마다 수천 명의 사람들이 세상을 떠난다. 1990년, 제약회사 매리언 머렐Maion Murrel은 미국식품의약국으로부터 오르니딜Ornidyl이라는 상품명으로 에플로르니틴을 승인받았다. 그 전까지는 비소를 기반으로 만든 조악한 약물이 최선의 대안이었는데, 가끔 이 약물 자체가 죽음을 초래하기도 했다. 반면 에플로르니틴은 수면병 말기의 사람들, 그중 이미 혼수상태에 빠진 이들까지 소생시켰다. 에플로르니틴에는 "부활의 약"이라는 별명이 붙었는데, 이는 사하라 이남에 사는 아프리카인에게 이 약이 얼마나 중요했는지를 보여준다.[14]

1990년대 초, [독일의 다국적 제약회사] 아벤티스Aventis는 기업 인수를 통해 오르니딜을 손에 넣었다. 그로부터 얼마 지나지 않은 1995년, 아벤티스는 오르니딜을 재검토하면서 높은 제조 비용과 중앙아프리카의 빈곤, 부유한 서구 지역에 시장이 부재하다는 사실에 주목했다. 아벤티스는 오르니딜이 수익성이 없다고 판단하여 약 제조를 중단했다.

이는 치유가 얼마나 약삭빠른지를 잘 보여준다. 표면적으로는 질병과 이상을 제거하려는 원동력이 에플로르니틴의 발전과 생산을 뒷받침하는 것처럼 보인다. 그러나 사실상 생명을 살린다는 치유의 목적은 수익을 내는 일에 가려 뒷전이 된다.[15]

에플로르니틴은 2001년이 되어서야 다시 생산되기 시작했다. 에플로르니틴이 여성의 얼굴에 난 털을 8주간(영구적이지 않다) 효과적으로 없애준다는 사실이 알려진 이후의 일이다. [미국의 3대 바이오제약기업 중 하나인] 브리스톨마이어스스퀴브Bristol-Myers Squibb과 질레트Gillette는 에플로르니틴을 바니카Vaniqa라는 브랜드로 재단장한 후 미국 여성들을 대상으로 판매하기 시작했다. 제약회사들은 이 교묘한 속임수를 "약물의 용도변경repurposing"이라고 부른다. 오르니딜의 경우, 유관기업들은 오르니딜의 목적을 바니카의 목적과 나란히 두되, 후자의 것을 우선으로 삼았다. 북미 여성들의 몸-마음을 조작하는 것이 아프리카인들의 생명을 구하는 것보다 더 중요하다고 공표한 것이다.

2001년, 브리스톨마이어스스큅은 새롭게 출시된 이 약의 광고 문구에서 다음과 같이 공표했다. "(남자의 콧수염이 아니라) 당신의 콧수염 때문에 가까이 다가가지 못하고 있다면, 아름다움을 위해 180도 달라져야 할 때입니다. 당신과 같은 수백만 명의 여성이 원치 않는 얼굴의 털 때문에 고전하고 있습니다."《코스모폴리탄》에 게재된 이 광고는 두 명의 백인 여성과 두 명의 흑인 여성의 모습을 제시한다. 광택 나는 종이 위를 꽉 채운 그들의 얼굴에는 아무런 흠결도, 한 올의 털도 없다. 한 흑인 여성의 얼굴은 웃는 입부터 턱까지만 드러나 있어 얼굴 전체를 볼 수조차 없다. 그녀의 매끄러운 윗입술에는 콧수염 모양의 광고칸이 있고, 그 안에는 "얼마든지 가까이 다가가세요"라고 쓰여 있다.[16]

얼굴 털 전쟁의 이면에는 이성애적 친밀감이 전제되어 있다. 피부 미백제에 대한 마케팅이 그러했듯, 이 광고 역시 여성이 자신의 몸-마음에 갖는 수치심을 먹잇감으로 삼는다. 광고는 털이 없어지면 남자친구나 남편과 훨씬 더 가까워질 것이라고 달콤하게 구슬린다. 사실상 매끈한 피부는 이성애의 축복과도 같다.

오르니딜과 바니카는 뚜렷하게 대비된다. 오르니딜은 생명을 살린다. 바니카는 여성의 얼굴에 난 털을 일시적으로 제거해 준다. 오르니딜은 6년간 생산되지 않았다. 바니카는 주류 여성

잡지의 번쩍이는 지면을 여섯 페이지나 장식하면서 성차별적이고 인종차별적인 미의 척도를 널리 유통하고, 여성은 얼굴에 털이 없으며 있어서는 안 된다는 관념을 강화한다. 아벤티스와 브리스톨마이어스스큅, 질레트는 대다수가 백인이자 중산층인 미국 여성을 우선시하면서 시골에 사는 가난한 사하라 이남의 아프리카인들은 죽게 내버려 둔다. 생명을 살린다는 치유의 목적은 생명을 조작하고, 특정 생명을 우선시하는 목적에 의해 날조되며, 수익 창출이라는 목적으로 매끄럽게 미끄러진다.

제약회사에만 맡겨져 있었다면 이야기는 여기서 끝났을 것이다. 하지만 2001년 국경없는의사회Doctors Without Borders가 주도한 국제적인 캠페인과 바니카에 대한 언론의 폭로 덕에, 아벤티스(지금 이 기업의 이름은 사노피Sanofi다)는 에플로르니틴을 세계보건기구에 기부했고, 그 결과 중앙아프리카의 병원과 의사들에게 무료로 보급되었다. 지금은 오르니딜이 바니카의 그늘에 가려질 일 없이 함께 상용화되어 있다. 그러나 이는 의료산업 복합체 내부의 구조적인 변화 때문이 아니라, 사노피가 [외부의] 압력에 의해 기부를 하기로 결정했기 때문이다. 수면병치료를 위한 에플로르니틴에의 장기적인 접근성은 이 제약회사의 지속적인 호의에 전적으로 달려 있는 것이다.

∗

생명을 살리고, 생명을 조작하고, 어떤 생명을 다른 생명보다 우위에 두고, 수익을 창출하는 치유의 목적은 무수한 방식으로 상호 작용 한다. 서로를 지지하고 반목하고 능가하며 명분을 제공한다. 시공간을 넘나들며 미끄러지고 빠져나간다. 이러한 상호 작용은 인종, 계급, 젠더, 섹슈얼리티, 장애의 정치로 가득하고, 제국주의 및 다국적 자본주의와 결부되어 있다. 이 모든 과정을 통해 우리는 "부활의 약"만큼이나 중대한 기술의 약속을 믿게끔, 바니카와 같은 허울뿐인cosmetic 기술을 욕망하게끔 이끌린다.

구르기

뚜벅이walkie인 나는 휠체어 사용자들과 함께 걸을 때 속도를 늦출 필요가 없다는 사실을 알기까지 시간이 좀 걸렸다.[1] 교차로마다 경사진 연석이 있거나 콘크리트가 비교적 부드러운 곳에서 휠체어 사용자들, 특히 전동 휠체어 사용자들은 매번 나를 앞지르곤 했다. 사실상 그들이 나를 위해 속도를 늦춰준 것이었다.

장애인 모임에서 수동 휠체어 사용자들은 피로해지거나 급경사에서 난항을 겪을 때, 뚜벅이들에게 밀어달라고 부탁하지 않는다. 대신 전동 휠체어를 타는 친구들에게 부탁해 휠체어 핸들을 전동 휠체어에 걸고 고정시킨 뒤, 두 량짜리 기차를 만들어 쌩하고 떠나가 버린다. 뚜벅이들은 뒤에 남겨두고서.

구르는 일이 걷는 일보다 낫다고 말하는 것은 아니다. 다만 걷는다는 것은 너무 오랫동안 과대평가되어 왔다.

7장
치유의 한가운데

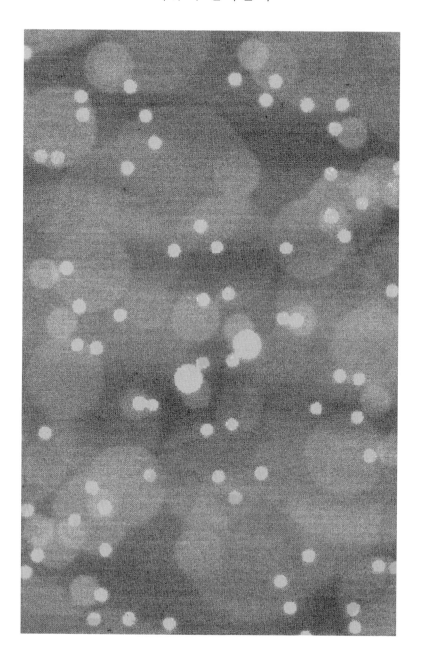

캐리 벅 I: 갈망

여기 한 장의 사진이 있다.[1] 캐리 벅Carrie Buck과 그녀의 어머니 에마 벅Emma Buck이 버지니아주 린치버그에 위치한 간질 환자 및 정신박약자 수용소State Colony for Epileptics and Feebleminded 바깥에 앉아 있는 사진이다. 이들은 강철 같은 시선으로 카메라를 응시하고 있다. 나이 든 여자가 어린 여자의 어깨에 손을 올려두었다.

이 사진이 찍힌 1924년 11월은 캐리가 5개월, 그녀의 어머니는 4년 동안 [시설에] 감금되어 있었던 때다. 나는 그들의 역사를 찾아 읽고, 날짜를 추적하고, 이 사진을 만들어 낸 사건의 연표를 뒤쫓는다. 1910년에 캐리는 어머니에게서 분리되어 존 돕스와 앨리스 돕스John and Alice Dobbs에게 위탁보호되었다. 1920년, 성노동 혐의로 체포된 에마는 낮은 등급의 우둔으로 분류되어 수용소에 구금되었다. 1923년, 존과 앨리스의 조카 클래런스 갈런드Clarence Garland가 캐리를 강간했다. 캐리가 임신하자 돕스 가족은 캐리를 정신박약으로 몰아갔다. 1924년, 버지니아주 의회는 우생학적 단종법을 통과시켰다. 국가의 권한으로 강제단종 수술을 합법화한 것이다. 두 달 후 존과 앨리스는 캐리를 그녀의 어머니가 수용되어 있는 주립시설로 보냈다. 당시 캐리는 열여덟 살이었다.

> 캐리, 나는 역사가 애도하기를, 분노하기를, 당신을 향해 손을 뻗기를 기다리고 있어요. 당신 어깨에 얹힌 당신 어머니의 손만큼이나 단단한 당신의 몸-마음에 가닿기를요.

3년 뒤, 가난한 백인 여성인 캐리는 미국 대법원에 출석한다. 판사들은 이 '벅 대 벨Buck v. Bell 사건'에서 강제 단종법이 합헌이라는 판결을 내렸다. 이 결정에 힘입은 버지니아주는 캐리에게 단종수술을 시행한 다음에야 그녀를 내보냈다. 에마는 시설 밖으로 한 번도 나오지 못한 채, 그곳에서 생을 마감했다.

1966년에 정신지체 진단을 받은 나는, 1924년에 정신박약 진단을 받은 캐리를 상상하고, 갈망하고, 그녀를 향해 손을 뻗는다. 너무 많은 사람이 역사의 소용돌이 속으로 사라져 버렸다.

그녀의 목소리를 상상한다. 남부 사람의 거친 목소리를. 그녀가 고개를 들며 이 이야기를 어떻게 들려줄지 그려본다.[2] 그녀가 말한다. **때로 기자들이 찾아와요. 아이를 가졌던 것이 그립지 않느냐고 자꾸만 물어요. 그들이 상상할 수 있는 유일한 후회인가 봐요. 오, 나는 많은 것을 후회하고, 아이는 그중 하나일 뿐이에요. 나는 오랫동안 얹혀사는 신세였지요. 빌리*와 결혼하면**

꼭 내 집을 가꾸며 살 거예요. 쌀쌀맞은 눈빛의 사모님한테 밥해 주고 청소해 주며 뒷방에서 자는 일은 더 이상 없을 거예요. 나는 이글Eagle 부인이 되는 게 좋아요.

많은 양의 정보, 수십 장의 사진, 캐리에게 불리한 방식으로 사건을 조작한 우생학자들에 관한 엄청나게 많은 녹취를 찾아낸다. 앨버트 프리디Albert Priddy와 (프리디의 죽음 이후 사건을 주도한) 존 벨John Bell, 오브리 스트로드Aubrey Strode, 어빙 화이트헤드Irving Whitehead. 그들은 단종법을 확실히 합헌으로 만들기 위해 대법원으로 가져갈 사건을 온 힘을 다해 찾고 있었다.

> 연골과 신경, 물과 뼈,
> 순수하게 빈 공간으로서의 몸–마음,
> 법적 선례로서의 몸–마음.

플라스틱 상판이 누래지고 갈라진 부엌 식탁에 앉아 사탕을 빨아 먹는 캐리를 상상한다. 그 사진들을 보았어요. 젠장맞을, 벨 그 개자식이 달라고 해서 보낸 것들이었죠.[3] 벨은 수용소의 두목이에요. 지금은 똑 부러지게 거절할 수 있을지 모르지만 당시에는 엄마가 아직 거기 살고 있었고, 나와 빌리는 엄마를 데려와 함께 사는 것을 꿈꾸고 있었어요. 순순히 굴면 벨이 나를 도와줄지

***

* 캐리 벅의 첫 남편 윌리엄 데이비스 이글William Davis Eagle로, 빌리는 그의 애칭이다.

도 모른다고 생각했어요. 그래서 괜찮아 보이는 우리 사진을 보냈어요. 나는 함박웃음을 짓고 있고, 빌리는 등 뒤로 늘어진 내 머리카락을 손으로 쓸어넘기고 있는 사진이었죠. 빌리의 손이 얼마나 부드러웠는지 몰라요. 그날 우리는 철없이 행복했죠. 그런데 그 사람들이 빌리만 없애버린 거예요.[4] 사진을 둘로 자르고, 빌리가 있는 쪽을 버린 거죠. 그놈들이 바란 건 그 조그맣고 잘난 자기들의 기록에 캐리 벅의 사진을 남기는 것뿐이었으니까요. 나는 그들의 카메라와 파일과 검사가 너무나 싫었어요. 심지어 그들은 속내를 숨기려 하지도 않았어요. 망할 사기꾼들. 그때 난 윌리엄 이글의 부인이 되면 그 모든 가슴 아픈 일들을 떠나보낼 수 있다고 생각했어요.

오브리 스트로드는 캐리 벅의 이름을 따 법정 소송을 제기하고, 그녀에게 단종수술을 시킬 법안을 썼다. 어빙 화이트헤드가 그녀의 변호를 맡았다. 화이트헤드에게 수임료를 지불한 이는 수용소의 실질적인 관리자이자 강제단종수술의 지지자였던 앨버트 프리디였다. 또한 벅 대 벨 사건의 당사자이자 프리디의 후임자였던 존 벨이 캐리의 단종수술을 직접 집도했다. 그래, 이것은 음모다. 역사는 이들에 관해서는 상세히 기록하면서 캐리는 그림자로, 유령으로, 빈칸으로 만든다.

그녀는 고요하고 격렬하게 이야기한다. 기자들은 엄마에 대해서는 절대 안 물어봐요. 수용소에 가기 전에는 엄마에 대해 거의 몰랐어요. 어렸을 때 엄마랑 떨어졌거든요. 아무튼 내가 감금된 건 딸아이가 막 태어났을 무렵의 일이었어요. 그 애의 이름은 비비안Vivian이에요. 아직도 그 돕스네 조카가 조그맣고 못된 손으로 내 목을 졸랐던 게 생생해요. 무섭고 화가 났어요.

빌어먹을 시설. 음식은 끔찍했고 잠자리는 그보다 더했어요. 돕스 부인 아래에서 일할 때보다 더 힘들었지만, 크게 다르지도 않았어요. 200리터나 들어가는 솥을 닦고 또 닦고. 쉰내 나는 수프를 뜨고. 생각도 하기 싫어요. 병동을 관리하는 여자들은 독사처럼 못될 때도, 여름 감기처럼 온화할 때도 있었어요. 내킬 땐 우리를 침대에 묶거나 석탄 통에 가두어 버리곤 했어요. 하지만 뭐니 뭐니 해도 제일 끔찍했던 건 지루함이에요. 허구한 날 온몸이 저려오는 단조로움에 어찌나 진이 빠졌는지. 한바탕 소란을 피우고는 말 못하는 치우들 탓으로 돌리는 일 말곤 위안거리도 없었으니까요.

그러나 넉넉한 자금을 가진 백인 남자들, 그들의 몸-마음은 지워진 적이 없다. 그들의 견해와 유산은 살아남았고 건재하다. 찰스 대븐포트Charles Davenport는 인간의 혈통표pedigree로 가득 찬 보관장이 벽마다 줄줄이 늘어서 있는 우생학기록보관소 Eugenics Records Office를 지휘했다. 해리 로플린Harry Laughlin은 이민자 할당제와 다른 인종 간 출산 금지antimiscegenation법을 위한 로비 활동을 펼쳤으며, 『미국 내에서의 우생학적 단종Eugenical Sterilization in the United States』이라는 이름의 자료집을 집필하고 나치로부터 상을 받았다.[5] 아서 에스타브룩Arthur Estabrook은 현장 연구를 수행하고 수천 장의 혈통표를 그렸으며 수십 권의 사례 연구집을 발간했다. 그는 증언대에서 캐리에게 불리한 증언을 하며 그

녀의 가족을 "결함이 있는 혈통defective strain"이라고 불렀다.[6]

우생학자들은 하나같이 백인성, 부, 이성애, 남성성, 미국 시민권, 기독교, 비장애신체성ablebodiedness, 비장애정신성ablemindedness을 기준으로 특정한 몸-마음이 좋은 몸-마음이라고 믿었다. 결함, 퇴화, 결핍, 변태, 정신박약, 가난, 범죄, 나약함이라는 표식이 붙은 다른 몸-마음은 나쁘다고 여겼다. 그들은 "좋은" 것을 재생산하고 "나쁜" 것은 버렸다. 역사는 그들을 둘러싸고 형성된 급류다.

> 몸-마음,
> 경련, 우연,
> 한 끗 모자란,
> 하나의 난자와 하나의 정자만큼이나 연약한.

벅 대 벨 사건은 오브리 스트로드와 어빙 화이트헤드를 비롯한 나머지 사람들이 계획했던 대로 대법원까지 갔다. 백인 남성 판사들은 8 대 1로 캐리에게 불리한 판결을 내렸다. 놀랍지 않은 결과였다. 피어스 버틀러Pierce Butler가 유일하게 반대했지만, 그는 아무런 말도 남기지 않았다. 1927년 5월 2일, 올리버 웬들 홈스 주니어Oliver Wendell Holmes Jr.*는 다수 의견을 썼다. 역사가 후

---

*   미국 법학사에서 가장 존경받는 인물 중 한 명으로, "명백하고 현존하는 위험"이 없는 한 표현의 자유를 보호해야 한다는 원칙을 제시한 바 있다. 173건의 소수 의견을 내며 자유와 인권을 옹호해 "위대한 반대자"로 불린다.

대를 위해 기록한 그의 발언은 이러하다. "우리는 공공복지가 최고의 시민들에게 그들의 삶을 내어달라고 요구하는 것을 여러 차례 보아왔다. 이미 국가의 힘을 약화시키고 있는 사람들에게 이런 사소한 희생을 요청하지 않는다면 이상한 일일 것이다. … [이는] 넘쳐나는 무능incompetence으로부터 우리 존재를 보호하기 위함이다."[7]

캐리의 목소리가 홈스의 목소리를 넘어선다. **엄마랑 나는 매일 이야기를 나누었어요. 그들이 허락하면 밖에 나가서 나란히 앉아 있었지요. 법원 사람이 찾아왔던 그날도요. 그의 이름은 에스타브룩이었어요. 그는 혈통표라는 작은 그림을 그리면서 이상한 질문들을 던졌어요. 엄마와 나, 그리고 내 딸아이에 대한 바보 같은 이야기를 지어내면서요. 우리는 너무 화가 나서 우리를 찍는 그를 노려보았지요. 내가 그 사람에게 욕을 퍼붓자 엄마가 내 어깨에 손을 얹었어요.**

그러나 홈스는 멈추지 않았다. 그는 이렇게 썼다. "사회는 명백하게 부적합한 사람들이 그들 종을 재생산하지 못하도록 막을 수 있다. 퇴보한 자손들이 범죄를 저질러 처형되거나 저능함 때문에 굶어 죽기를 기다리는 것보다는 이렇게 하는 편이 세상을 위해서도 더 나을 것이다. … 치우는 삼대면 족하다."[8] 그의 말은 한 번도 번복된 적이 없다.

캐리, 당신은 올리버가 말한 삼대 중 한 명이지요. 당신의 어머니와 딸도 마찬가지고요. 순 엉터리에 가짜이자 속임수인 이

185

사건 어디에도 당신의 몸-마음을 지키는 것에 관한 이야기는 없어요. 당신의 배에 **치우**라는 단어가 새겨져 있는 게 눈에 선해요. 모든 글자가 가느다란 흉터로 이루어져 있지요. 덫에 걸린 채 괴롭힘당하며 절망했던 당신은, 존 벨이 당신의 몸에 칼을 댄 1927년 10월 19일 이후에야 간신히 풀려났어요.

*

내장과 창자,

희망과 두려움,

문자 그대로 쓰레기로서의 몸-마음.

캐리는 계속해서 이야기한다. 그녀의 말들이 오롯이 급류를 이룬다. 우리는 밖에 앉았죠. 엄마는 이야기를 들려주었어요. 피트 삼촌이 바이올린을 배운 이야기. 있는 줄도 몰랐던 사촌들 이야기. 엄마는 해 질 무렵에 수영하는 걸 정말 좋아했대요. 그걸 너무 그리워해서 갇힌 다음에도 그 망할 시설 뒤에 흐르는 제임스강을 바라보는 걸 견디기 어려워했어요. 물속에 들어갈 수 없다는 게, 피부를 거슬러 흐르는 물결을 느낄 수 없다는 게 엄마에게 큰 상처였어요.

그 사람들은 언제나 우리를 모욕했어요. 정신박약인 여자들은 믿을 게 못 된다고 하면서요. 그래요, 진짜 정신박약이었던 적은 단 한 번도 없다고 말할 수도 있겠죠. 하지만 그건 거짓말이에요.

그들은 거기 있는 우리 전부를 정신박약이라고 불렀으니까요. 그 여자애가 치우이건, 술고래이건, 그저 가난뱅이이건 상관없이.

나는 캐리가 정신박약 판정을 받은 1924년의 린치버그에서부터, 내가 정신지체 진단을 받은 1966년의 페어뷰병원·훈련센터까지의 역사를 뒤쫓는다.

캐리, 우리 중 몇 명이나 의사와 판사, 선생과 사회복지사, 과학자와 심리학자가 규정하는 바로 그러한 존재가 되었던가요?

나는 캐리의 목소리에 귀를 기울이는 역사를 원한다. 그녀는 말한다. **멀쩡한 상태로 그들에게 끌려갔다 한들, 잠시 거기 머무르면 틀림없이 어딘가 좀 이상해질 거예요. 내가 거기 갔을 땐 엄마는 많은 것들을 잊고 훨씬 조용해졌죠. 그곳은 사람을 나쁜 상태로 만들어요. 난 두 번 다시 돌아가지 않을 거예요.**

캐리 벅 II: 역사의 급류

너무나 많은 기록이 상실되고 위조되고 소실되었다. 대법원 소송까지 가지 않았더라면 캐리 벅은 역사 속 빈칸조차 되지 못했을 것이다. 대신 그녀는 한낱 번호, 상실된 세부적인 이야기, 백인 전용 간질 환자 및 정신박약자 수용소에 갇혀 고된 노동에 시달리는 어느 가난한 백인 여성이 되었다. [캐리가 있던 곳에서]

동쪽으로 2시간 정도 떨어진 피터즈버그에는 흑인 전용 주립중 앙병원Black-only Central State Hospital이 있었다. 사람이 더 많고 자금 상황은 더 나빴던 그 병원은 1800년대 후반까지 유색인 정신 이상자를 위한 중앙주립정신병원Central State Lunatic Asylum for Colored Insane이라고 불렸다. 정신이상이거나 정신박약이라고 여겨지는 아프리카계 미국인들이 그곳에 수용되었다.[9] 캐리가 린치버그 의 수용소에 갇혀 있는 동안 그곳에 수감되어 있었던 수천 명의 흑인들을 상상한다. 나는 질문해야 한다. 캐리의 백인성은 어떤 방식으로 그녀를 보호했는가?

상징, 은유,
학술적 관념으로서의 몸 마음,
역사로서의 몸-마음.

느리고 힘 있는 캐리의 목소리는 우리를 역사와는 다른 방향 으로 이끈다. 프리디와 벨이 엄마를 수술시켰는지 어쨌는지 몰 라요. 엄마는 절대 말해주지 않았거든요. 그렇게 짐작할 따름인 데, 그래도 그들은 엄마를 놓아주지 않았어요. 벨은 나더러 떠나 고 싶으면 수술을 받아야 한다고 했어요. 하지만 아시다시피 나 는 수술을 원하지 않았어요. 저항했지요. 그렇지만 벨에게 수술 을 받고 나서 그곳을 나올 수 있게 되어 기뻤어요. 나쁜 새끼들. 맞아요, 엄마를 두고 떠나와서 슬펐어요. 딸아이를 만나기를, 엄 마가 풀려나기를, 엄마도 나와서 나랑 함께 살게 되기를 바라면

서 그곳을 떠났어요.

버지니아주 의회는 단종법과 함께 1924년 다른 인종 간 결혼을 불법화하는 인종순결법Racial Integrity Act을 통과시켰다. 벅 대벨 사건이 법정에서 다루어지고 있을 때, 공공연한 백인우월주의자이자 과격한 우생학자였던 버지니아주 인구통계국 국장 월터 플레커Walter Plecker는 인종순결법으로 아수라장을 만들었다. 그는 출생증명서와 사망진단서를 고쳐 쓰고 혼인증명서를 파쇄했으며, 인종이 다른 연인들을 감옥에 보내겠다고 위협했다. 명단을 만들고, 가족을 추적하고, 대문을 두드렸다.

캐리, 짐 크로Jimm Crow법*이 있던 때, 플레커의 요구를 피해 도망치고 저항하고 굴복했던 사람들을 알고 있나요? 플레커는 흑인들, 피부색이 어두운 이민자들, 가난한 백인 여자들을 추적했어요. 그는 치카호미니Chickahominy족, 래퍼해녹Rappahan-nock족, 모나칸Monacan족 선주민들도 백인 흉내를 낸다고 여기며 쫓아다녔죠. 젠장. 캐리, 플레커라는 사람을 알았을지도 모르겠네요. 그 사람이, 혹은 그의 대리인이 존 벨이나 그의 복지사들과 한패가 되어 당신 집 문을 두들기고 괴롭히지는 않았나요?

---

* 남북전쟁 이후 남부의 여러 주에서 제정되어 1964년 민권법 제정 시기까지 이어진 공공장소 인종분리법을 가리킨다. "분리되어 있지만 평등하다"라는 미명 아래 학교, 공공장소, 대중교통 등에서 흑인을 격리했다. 흑인으로 분장한 백인이 출연하는 코미디 쇼인 민스트럴minstrel의 유명한 캐릭터 이름이자 흑인을 비하하는 대명사로 쓰인 짐 크로에서 유래한 명칭이다.

강박에 사로잡힌 플레커는 사람들을 괴롭히고 비난하는 내용의 편지를 수천 장 썼다. 흑인 여성을 강간하는 유구한 역사를 가진 이성애자 백인 남성의 성적 행동을 단속하는 것은 그의 관심사가 아니었다. 그의 목표물은 막 엄마가 된 사람들, 산파들, 그가 파렴치하게도 "잡종mongrel"이라고 분류했던 아기들이었다. 그는 한 엄마에게 이렇게 말하기도 했다. "이 아이는 백인 아이들과 어울려서는 안 됩니다. 그것은(이 아이는) 백인 학교에 갈 수 없으며 버지니아에 있는 그 어떤 백인 여성과도 결혼할 수 없어요. 그건 끔찍한 일입니다."[10] 그의 말은 수십 년에 걸쳐 전해져 내려왔다.

> 종이 위 잉크로 표시된 몸-마음,
>
> 법원 명령, 의료 진단, 파일 속 데이터로서의 몸-마음.

흔들림 없이 솔직하고 확고한 캐리의 목소리가 밀려든다. 돕스 아저씨와 아줌마가 비비안을 데려가 자기네 성씨로 바꿨어요. 나는 그 애가 언제 죽었는지도 몰랐어요. 여덟 살이었는데, 놀랍도록 영리했대요. 다 수소문해서 들은 이야기예요. 저는 가석방되었어요. 감사하고 운 좋게도요. 그들은 우리 가족을 계속해서 감시했어요. 내 말은 정말로 우리를 지켜봤다는 뜻이에요. 우리가 어디 사는지, 누구와 시간을 보내는지, 우리 집 식탁에 어떤 음식이 오르는지 그 사람들은 다 알았어요. 그들이 내 여동생 도리스를 심하게 괴롭혔어요. 그 애는 나보다 몇 살 더 어려요. 벨이 그 아이를 못살게 굴었어요. 저를 내보내기 얼마 전에 그 애를 수용소로 보냈죠. 그 애도 수술을 받았어요. 아직 어린애였는데. 고작 열네 살이었어요.

나중에 도리스는 기자에게 이렇게 말했어요. "맹장수술을 했댔어요. 배를 열고 보니 꼭 수술을 해야 하는 상태였대요. 무슨 말인지도 잘 몰랐어요."[11] 하지만 우리는 다 알았어요. 우리 중에는 먹이고 입히고 재울 아이들이 없는 사람들도 있었죠. 그건 자비이자 슬픔이었어요. 하지만 도리스는 아이를 끔찍이도 바랐어요. 그 애는 늘 이렇게 말하곤 했어요. "변호사를 고용할 수만 있다면, 그놈의 자식들 다 고소할 거야." 우리는 웃었지만, 나는 그 애가 진지하다는 걸 알고 있었죠. 도리스가 총을 들고 그리로 가지 않아 천만다행이에요.[12]

월터 플레커와 존 벨은 분명 서로를 알고 있었을 것이다. 1925년, 플레커는 이렇게 분노했다. "적지 않은 백인 여성들이 물라토mulato*를 낳고 있습니다. 이 여성들은 보통 정신박약자들이에요. 일부는 그냥 부정한 여자들이고요. 정신박약인 여성들을 격리하거나 단종수술을 하는 것만이 이 문제의 유일한 해결책입니다."[13] 존 벨이 고개를 끄덕이며 미소 짓는 모습이 그려진다. 그들은 대법원의 판결을 간절히 기다렸다.

몇 년 뒤, 벨은 캐리를 수술한 일에 대해 이렇게 설교한다. "성적 비행은 오랫동안 맞서 싸워야 할 문제일 테지요. 그녀가 적당

* 각각 백인과 흑인 부모 사이에서 태어난 사람을 뜻한다.

한 남편을 찾아 결혼하고 정착하지 않는 한 말입니다. … (그녀에게는) 역시 문란한 여동생이 있어요. 그들은 대대로 전해져 내려오는 정신적 결함을 물려받았습니다." 그러나 그는 수술 이후 "그녀를 곧장 사회로 돌려보냈으며, 훨씬 좋아졌다"라고 떠벌리는 것으로 설교를 맺는다.[14] 나는 의기양양한 플레커와 벨의 모습을 상상한다. 국가가 명령하고 강제한 단종은 결국 합법이 되었다.

> 캐리, 역사의 거센 급류가 당신의 몸-마음을 강타했어요. 상처는 좀 나았나요? 시설에서의 냉혹한 시간 동안 아이가 없다는 비통함을 맛보았나요? 임신 걱정 없는 섹스는 복잡한 것이었나요, 아니면 모욕적인 축복이었나요?

> 몸-마음,
> 끙끙거리는 소리,
> 흐느낌,
> 기쁨의 소용돌이.

캐리 벅 III: 정신박약

캐리 벅에 대한 상상은 그녀를 향한 내 갈망의 투사에 불과할지도 모른다. 그렇더라도 아직 끝나지 않았다고, 그녀는 내게 계속해서 말한다. 엄마를 데리고 나오지 못했어요. 나와 빌리는 겨우 비나 안 맞고 자는 수준이었죠. 빌리는 **뼈 빠지게 일했어요**. 여기저기 떠돌아다니며 수로를 파고, 돼지우리를 청소하고, 곳간을 수리했지요. 그리 많은 돈을 벌어다 주지 못했고, 나도 오랫동안 청소일을 하면서 내 끼니나 겨우 때웠고요. 그래도 우리는 엄마를 여기 데려오려고 할 수 있는 건 다 했어요. 벨에게 편지를 쓰고 또 썼죠. 정말 애원했어요. 엄마가 죽기 10년쯤 전에는 이렇게 빌었어요. "벨 박사님, 겨울 동안만이라도 엄마를 데려오는 게 소원이에요. … 엄마가 여행을 할 수 있다고 생각해 주신다면, 엄마가 오시는 데 드는 돈도 부치고 일정도 확정할게요. 9월이나 10월 중에 엄마한테 돈을 보내려고요. 언제가 될지 장담은 못 하지만, 할 수 있는 한 빨리 보낼게요."[15] 우리가 버스비만 부칠 수 있었어도 그 사람들이 엄마를 보내줬을지도 몰라요.

나는 역사라고 불리는 이 거센 급류를 계속해서 읽어 내려간다. 최근 10년 동안 역사학자들은 캐리도, 에마도, 비비안도 **진짜** 정신박약은 아니었다는 사실을 밝혀냈다. 한바탕 소동이 일었다. 그들은 이를 입증하려고 A가 하나, B가 세 개, C가 하나인 비비안의 성적표를 거듭 들이민다.[16] 더 많은 세부적인 내용들이 폭로되었다. 역사학자 폴 롬바르도Paul Lombardo는 최근 『삼대 중 치우는 아무도 없었다Three Generations, No Imbeciles』라는 제목의 저서를 출간했다. 그는 관련된 많은 내용들을 상세히 알리고 새로운 방식으로 이야기를 맞추어, 벅 대 벨 사건은 캐리를 보호할 의도는 어디에서도 찾아볼 수 없는 엉터리 재판이었다는 결론을 내린다. 그러나 롬바르도를 비롯한 다른 역사학자들은 **결함 있음**과 **정신박약**이 정치적 구성물이라는 사실에 깜짝 놀란 듯하다. 비장애중심주의가 역사학자들을 에마와 캐리, 비비안이 치우가 아니라고 공표해야 한다는 생각에 가두는 것이다.

　결함 있음이나 **정신박약** 같은 미끄러운 단어에 너무나 많은 삶이 달려 있다. 성노동자, 이민자, 유색인, 가난한 백인, 정신장애를 가진 사람, 뇌전증을 가진 사람, 소위 성도착자, 시각장애인, 청각장애인, 지체장애인, 성 경험이 있는 비혼 여성, 여성스러운 남성, 수감자, 지적장애인은 모두 한 번쯤 결함이 있는 존재나 정신박약으로 치부된다. 이 명단은 수십 년 동안 바뀌어 왔지만, 그 단어들의 의미는 그대로다. 열등하고 부도덕하며 버려질 만하다는 뜻이다.

　우생학자들은 정신박약과 가난과 폭력이 유전적인 것이라고 믿었다. 이것들은 미국의 몰락을 이끌 수도 있는, 여러 세대에 걸친 결함이자 위협이었다. 우생학자들은 민족주의, 백인성, 부를 통해 정의되는 건강을 회복하여 국가를 치유하고자 애썼다. 6만 명 이상의 사람들이 자신도 모르는 사이에 단종수술을 당했고, 수만 명의 사람들이 시설에 수용되었으며, 셀 수 없이 많은 이민자들이 국경에서 돌려보내졌다.[17]

＊

　캐리, 최근의 역사학자들은 당신에게 지적장애가 있었다면

이 법정 소송과 당신의 단종수술이 덜 우스웠을 거라고 생각하는 모양이에요. 그들은 **진짜** 치우들이 있다고 믿고 싶은 거예요. 1966년에 정신지체라는 진단을 받은 나는, 1924년에 정신박약이라는 진단을 받은 당신을 상상하고, 갈망하고, 당신을 향해 손을 뻗어요.

몸-마음,
활력이 넘치는
두려움을, 희망을, 욕망을 노래하는.

캐리의 말들이 나를 통과하여 얼룩지고 있다. **엄마의 건강이 좋지 않다는 것을 알고 있었어요. 심장 쪽에 문제가 있었다고요. 엄마를 다시는 못 보게 됐죠. 엄마의 건강이 나빠졌다는 소식을 듣고 로이(내 남동생이에요)랑 저랑 히치하이킹을 해서 갔어요. 엄마는 막 숨을 거둔 뒤였어요. 그 끔찍한 데에 엄마를 묻었어요. 묘비에 575번이라는 숫자가 새겨져 있었어요. 나중에 엄마 이름 전체를 새겼다는 이야기는 들었는데, 보지는 못했어요.**[18]

캐리의 마지막 사진은 1982년의 것으로, 사진을 찍은 후 얼마 뒤 그녀는 76세의 나이로 세상을 떠났다. 당시에는 빈곤층을 위한 교외의 한 요양원에 살고 있었다. 그녀는 이번에도 카메라를 응시하고 있다. 젊었을 적의 모습은 어디에도 없지만 강철같은 시선만은 그대로다.[19]

캐리, 전국의 의사들이 당신의 단종수술이 합헌이라고 공표되기를 기다렸어요. 그 법정 소송은 수십 년 세월 동안 몸-마음들을 조각냈지요.

캐리는 언제나 완고했고 꺾이지 않았으며 준비되어 있었다. 그녀는 말한다. 이따금씩 사람들이 마이크와 카메라를 들고 찾아와요. 내가 유명인이라도 된 것처럼, 무슨 멋진 일이라도 있었다는 것처럼 말이죠. 어쩌다 그들이 차를 세우는 소리가 나면 커튼을 치고 소리를 질러요. "가세요! 할 말 없어요."[20] 빌리와 결혼하던 날을 제외하고는 카메라라면 진절머리가 나요.

항의로서의, 저항으로서의,
매일의 진실로서의 몸-마음.

*

역사 너머로 단종수술을 받은 여성과 남성이 모인 회의를 상상한다. 분노에 찬, 사나운, 슬픔에 잠긴 사람들. 푸에리토리코인 여성이 애팔래치아인 남성과 나란히 앉는다.* 청소년인 선주

* 푸에르토리코는 카리브해 복동부에 위치한 미국의 속령이며 애팔래치아는 미국 동부 애팔래치아산맥 중남부 인근 지역을 가리킨다. 전자는 스페인 식민지였으며 후자는 18세기에 아일랜드, 스코틀랜드 등의 이민자들이 정착한 곳이다. 문화적·지리적으로 서로 매우 다르지만 두 곳 다 빈곤율이 높고 미국 주류 사회로부터 배척된다는 공통점이 있다. 푸에르토리코인 여성은 과

민이 미쳤음을 자처하는 여성과 나란히 앉는다. 주립병원에 갇혀 평생을 보낸 장애인이 **미시시피 맹장수술****이라는 말과 그 이면의 의미를 너무 잘 아는 남부 흑인 여성과 나란히 앉는다. 노르플랜트Norplant 시술***을 받으라는 판사의 명령을 받았거나 수술의 대가로 돈을 지급받은 유색인 여성이 난관결찰술 동의서 양식에 서명하도록 속아 넘어간 백인 여성과 나란히 앉는다. 그들은 사과를 청하지도, 용서를 하지도 않을 것이다. 그들은 계속해서 기억하고, 배상을 요구하며, 어쩌면 혁명을 모의하리라.

케이스 파일로 축소된 삶들

때때로 의료산업 복합체는 케이스 파일만을 남긴다. 의학적 치유와 감금을 통해 사람들의 삶을 추적하는 데 사용되는 차트,

---

잉 성애화되거나 "복지의 여왕"으로 여겨지곤 하며, 애팔래치아인 남성은 교육 수준이 낮고 보수적인 '백인 쓰레기white trash'로 여겨지는 경우가 많다.

**   미시시피주에서 1930년대부터 1960년대까지 빈곤층 흑인 여성들에게 자행된, 충분한 설명과 당사자의 동의 없이 행해진 자궁절제술을 가리킨다. 의사들이 사실을 제대로 알리지 않고 맹장절제술이라고 말하며 수술을 한 데서 비롯된 명칭이다.

***   1990년대 초에 출시된 피하 이식형 호르몬 피임 기구다. 당시 아동 학대, 약물 남용 등의 혐의를 받은 흑인 여성들에게 수감과 노르플랜트 시술 중 하나를 택하게 하거나 복지 수급 조건으로 시술을 받도록 하는 방식으로 강제되었다. 불가역적인 조치는 아니어도 시술 여부를 본인이 선택할 수 없는 경우가 많았으며, 기구를 스스로 제거할 수 없다는 점에서 재상산 과정에서 개인의 통제력을 빼앗는다는 문제가 제기되었다.

소견서, 임상 기록, 진단, 사진, 출생증명서와 사망진단서, 법원 명령이 서로 뒤얽힌 케이스 파일. 디지털 기록 이전의 시대에 이 파일들은 셀 수 없이 많은 몸-마음들을 저장고와 서랍, 층층이 쌓인 상자 속 종이와 잉크로 축소했다. 지금은 같은 방식의 축소가 비트와 바이트의 차원에서 일어나고 컴퓨터에 저장된다.

어떤 형식이든 간에 이 파일들은 권력을 갖는다. 이것은 치료와 치유를 기록하고 입증하며 옹호한다. 이것은 사람들을 진단과 "전문가의 소견"으로 바꾸어 놓는다. 개개인의 파일이 아니라 케이스 파일이라고 불림으로써, 인격성은 떨어져 나간다. 수천 개의 이야기가 케이스 파일의 권위 아래로 사라져 버린다.

✳

페어뷰로 되돌아간다. 페어뷰의 직원들은 해마다 거주자들의 사진을 찍고, 끝없는 케이스 파일에 몇 장의 문서를 추가했다. 나는 물방울무늬 원피스를 입은 백인 장애인 소녀의 사진을 본다. 그녀 앞에 놓인 안내판에는 다음과 같이 쓰여 있다. "오리건페어뷰요양원. 1965년 2월 11일. 달리, 몰리 조. 케이스 번호 5528번. 생년월일 1954년 10월 5일. 눈: 푸른색. 머리: 갈색. 몸무게: 27킬로그램. 키: 127센티미터."[21] 몰리 조는 열 살이었고, 8년째 갇혀 있었다. 감금 생활은 그 뒤로도 27년간 이어졌다. 케이스 파일은 소견서와 보고서, 사진으로 두툼하다.

그녀의 오빠가 찍은 영화 〈몰리는 어디에: 실종자들의 이야기〉를 다시 본다. 제프 달리는 사진들을 통해 그녀의 역사를 꿰어 맞춘다. 개중에는 케이스 파일 속 사진들도 있다. 부엌 식탁위에 사진을 늘어놓는 제프를 상상한다. 바닥에 앉아 활짝 웃으며 제프와 함께 놀고 있는 몰리의 사진이, 5528번 케이스 파일속 물방울무늬 원피스 차림의 열 살 몰리 사진 옆에 놓인다. 제프는 10년 남짓한 세월이 담긴 페어뷰에서의 사진을 콜라주하여 이어 붙인다. 일곱 살에서 열일곱 살까지, 몰리를 시간순으로 기록한다. 몰리의 앞에 놓여 있는 혹은 그녀의 목에 걸린 안내판에는 각각의 연도가 표시되어 있다. 사진의 날짜와 숫자는 해마다 바뀌지만, 케이스 번호만은 같다.

다큐멘터리에서 제프의 내레이션이 흘러나온다. "몰리의 기록은 시간이 지남에 따라 몰리의 행동이 점점 악화되었다는 사실을 보여줍니다. 직원은 몰리가 무료해하고 불안해했다고, 좌절스러워하고 짜증을 냈다고 썼어요." 제프는 주로 케이스 파일에 적혀 있는 정보를 들려준다. 나는 페어뷰 직원들이 사례 노트에 적은 이야기 말고 다른 이야기가 듣고 싶다. 또 다른 사진에서 몰리는 앞니 하나가 빠진 채로 웃고 있다. 제프의 내레이션이 계속해서 이어진다. "십 대에서 이십 대 초반의 사진에는 자해의 흔적들이 드러나 있습니다. 몰리는 몸뚱이를 패대기치고 시멘트 바닥에 머리를 부딪었어요."

나는 이 단일한 이야기 너머의 몰리에게, 그녀의 자해를 탓하는 이야기 너머의 몰리에게 자리를 내어주고 싶다. 그녀가 말해주기를. 시멘트에 자기 머리를 부딪기 전에 그녀에게 무슨 일이 있었을까? 누군가가 밀치고 내동댕이치고 때린 것은 아닐까? 내 질문을 지렛대로 삼아보자. 그녀가 약물과 감금, 비합리적인 규율이나 폭력적인 처벌에 맞서 싸운 것은 아닐까? 자신에게 가능했던 유일한 방식으로 소통한 것은 아닐까? 그 모든 내용이 진실이라고 주장하는 케이스 파일을 비틀어 열고 싶다. 책임을 물을 수 없고, 특정 내용이 삭제된 자기 학대self-abuse의 기록은 누구를 보호하는가? 케이스 파일은 너무나 많은 것들을 지워버린다.

1971년, 열일곱 번째 생일을 맞기 6주 전에 찍힌 또 다른 케이스 파일 속 사진에서 몰리의 이마에는 여러 개의 혹이 나 있다. 두개골이 눈에 띄게 기형적인 모습이다. 제프는 계속해서 케이스 파일 작성자에게 의존한다. "몰리의 자해로 이가 빠지고 두개골에 금이 갔습니다. 그녀는 치료를 받고 차분해졌어요." 나는 왜 제프가 이 특정한 목소리를 계속해서 진실로 받아들이는지 도무지 알 수가 없다.

페어뷰에 거주한 경험이 있는 테리 슈워츠Terry Schwartz는 이와는 다른 현실에 관해 썼다. "직원들은 우리에게 하고 싶은 행동은 다 할 수 있었어요. … 그들은 우리 뺨을 갈길 수 있었죠. 두들겨 팰 수도 있었고요. 원하는 건 뭐든 할 수 있었어요. … 우리는 그들의 통제 아래 있었죠. 그들이 우리 대신 생각하고 우리 대신 말했어요." 그는 시설 직원들이 자신을 빨래 자루에 집어넣고 천장의 파이프에 매달았던 일을 회상한다. 그들은 1시간 넘게 그를 방치했다. 직원이 왜 그런 짓을 했냐고 묻자 그는 대답했다. "그냥 고약한 짓을 한 거예요."²² 나는 제프가 테리 슈워츠의 말에 좀 더 귀 기울이기를 바란다.

한편으로, 페어뷰에서 몰리가 보낸 35년여의 흔적이 거의 남아 있지 않다는 사실도 안다. 빼앗긴 시간과 역사, 그 어마어마한 도둑질이 제프를 둘러싸고 소용돌이치는 것을 느낄 수 있다. 사례 노트와 사진에서 그가 찾고 그러모은 것들은 완벽하지 못하더라도 일종의 저항이며, 삭제에 맞서는 눈부신 불완전함이다.

제프가 콜라주한 사진 중 마지막 사진은 그늘진 눈에 넓은 코를 한 몰리의 머그샷mug shot*이다. 나는 소리지르는 그녀를 상상한다. "제길, 제발 나를 그냥 내버려 둬." 내가 할 수 있는 것은 애도와 분노뿐이다.

*

디트로이트에서 2시간 거리에 있는 정신이상 범죄자들을 위한 아이오니아주립병원Ionia State Hospital for the Criminally Insane에서도 케이스 파일들이 끝없이 발견되었다. 1960년대부터 1970년까지 아이오니아주립병원 직원들은 수천, 수만 개의 사례 노트를 남겼다. 정신분열, 혹은 백인 정신과 의사인 월터 브롬버그와 프랭크 사이먼이 명명한 "저항 정신병"을 진단받은 흑인 남성들을 묘사하고, 추적하고, 악마화하는 기록들이었다.²³ 직원들

---

* 범인을 식별하기 위해 구금 과정에서 촬영하는 얼굴 사진이다.

은 이렇게 적었다. "(그는) 백인들이 (자신을) 적대시한다고, 경찰마저도 그렇다고 (믿는다)", "(그는) 블랙파워*를 지지한다", "(그는) 자신이 감옥에 있는 것이 판사가 백인인 탓이라고 여긴다."²⁴ 그들의 기록은 백인 우월주의에 이름을 붙이고 저항하는 일을 병리화하는 내용으로 가득 차 있다. 다시 한번 내 질문을 지렛대로 삼아보자. 장기간의 투옥과 감금을 치료와 치유인 양 정당화하는 진단으로 인해 이들은 얼마나 많은 것을 잃었을까?

아이오니아에서 나온 수많은 케이스 파일은 오늘날까지 남아 있다. 대다수가 25, 30, 35센티미터씩 되는 두꺼운 파일이며, 마구 쏟아지는 문서들은 종종 사망진단서로 끝이 난다. 그러나 정작 그 실제의 사람들, 범죄자이자 정신이상자라는 말들에 붙들린 이들은 감쪽같이 사라졌다. 아이오니아주립병원이 이들을 케이스 파일로 바꾸어 놓은 것이다. 그들의 생각과 감각과 욕망은 그 종이 더미 속에 파묻혔다.

아이오니아의 폐쇄병동을 가득 채운 그들의 기쁨, 저항, 후회를 상상한다. 뼈에 사무치는 외로움을. 사생활의 부재를. 몰래 담배를 태우고 달아나는 상상을 하며 시간을 때우는 그들을. 끝

---

*   1960년대 후반부터 전개된 흑인의 인권 및 정치력 신장을 꾀하는 운동의 한 갈래다. 미국의 흑인민권운동은 1964년 민권법, 1965년 투표권법 통과로 일단의 성공을 거두었으나 법적, 제도적 평등만으로는 문화적, 경제적 문제를 해결할 수 없다는 관점에서 등장한 급진적 운동이다. 아프리카 대륙의 신생 독립국들과 함께 범아프리카주의 관점에서 흑인의 자긍심, 자기결정권 등을 주장하였으며 기존의 비폭력 노선을 비판하고 자기 방어를 위한 폭력을 긍정하기도 했다.

없는 감금 속에서 자고 일어나기를 반복하며 시간 감각이 흐릿해지지는 않았을까? 상상은 지렛대가 된다. 아이오니아는 그들을 단순히 케이스 파일로 바꾸어 놓은 게 아니다. 그들은 문자 그대로 종이와 잉크가 된 것이 아니다. 그들은 살과 피로 남았다. 그들은 그저 그들 자신으로 남았다. 그러나 그들은 흔적도 없이 사라졌다.

1975년에 아이오니아주립병원이 폐쇄되기까지 수십 년간 쌓인 이 케이스 파일들은 정보와 패턴, 역사가 되었다. 연구자들은 누래지고 부스러지고 퀴퀴한 냄새를 풍기는 그 서류 더미를 추려 아카이브로 사용한다. 서류 이면의 사람들은 또다시 사라졌다가, 각각의 사례가 실화라고 주장될 때만 추측과 총합, 익명의 연구 사례로 다시 모습을 드러낸다. 다시 한번 말하지만, 케이스 파일은 너무 많은 것을 지워버린다.

세르파실Serpasil과 할돌Haldol**을 투여받고 아이오니아주립병원의 복도를 서성였을, 숨을 쉬며 살아 있었을 그들을 그리워한다. 가능한 선택지라고는 이성애 결혼과 어머니가 되는 일뿐이었던 백인 여자들, 1940년대에는 망상형 정신분열paranoid schizophrenia을, 1950년대에는 "만성적인 감별불능형 정신분열schizophrenia chronic undifferentiated type"을, 1960년대에는 "우울신경증depressive neurosis"을 진단받은 여자들을 애도한다.[25] 1939년에 제정된

** 둘 모두 도파민 작용을 억제하는 효과가 있어 조현병 증상을 치료하는 데 사용된다.

미시간주의 굿리치법Goodrich Act* 아래에서 폭력적인 범죄자이자 성적인 사이코패스 취급을 받았던 백인 게이들을 떠올리며 마음 아파한다.[26] 정치적 저항이 절정에 달했던 1960년대, 위험한 존재이자 망상형 정신분열자라고 낙인찍혔던 압도적인 수의 가난한 노동계급 흑인들을 위해 분노한다. 그들 중 대다수가 디트로이트** 출신이었다. 또다시 상실을 생각한다. 친족과 친구, 동료 들을 서로 갈라놓는 진단 앞에서, 가족들과 공동체들은 무엇을 잃었는가? 정의justice를 위한 급진적인 요구를 깎아내리는 진단 앞에서, 흑인민권운동과 블랙파워는 무엇을 잃었는가?

*

케이스 파일은 결코 답해주지 않으리라. 대신 케이스 파일은 진단과 치료, 치유에 의해 온통 왜곡되고 걸러진 이야기를 들려준다. 종이와 컴퓨터 화면 위로 몸-마음을 납작하게 눌러

---

*   성폭력 전적과 정신병원 입원 이력이 있는 굿리치라는 여성의 토막 살인 범죄를 둘러싼 사회적 불안을 가라앉히기 위해 제정된 법으로 "범죄자이자 문란한 사이코패스"로 판정된 이들을 무기한으로 정신병원에 구금할 수 있게 했다. 1935년에 처음 제정되었다가 1938년에 위헌 판결을 받아 폐지되었으나, 1939년에 다시 제정된 후 1968년까지 유지되었다.

**   디트로이트는 20세기 초 남부 농업지대의 흑인이 대거 이주해 온 도시 중 하나다. 1960, 1970년대 들어서는 흑인이 인구의 다수를 차지했으나 여전히 빈곤, 경찰 폭력을 비롯한 인종차별 문제가 극심했다. 1963년에는 민권운동 사상 최대 규모인 12만 명 이상이 운집한 자유 대행진이 열렸고, 1967년에는 대규모 흑인 폭동이 일어났다. 이후 블랙팬서당 디트로이트 지부, 디트로이트혁명적노동자동맹 등이 결성되어 활동한 곳이다.

놓은, 보관함과 서버 속으로 욱여넣어진 이야기들을. 케이스 파일은 진실에 대한 권리를 주장한다. 이 파일은 거짓말을 한다.

원숭이로 살기

　지난 수백 년간, 백인 장애인들과 (장애 유무와 상관없이) 유색인들은 **원숭이**라는 이름과 함께 살아왔다. 공적으로든 사적으로든, 주목을 받든 그렇지 않든 우리는 그러한 조롱을, 프릭쇼에서 쓰이는 이름을, 과학적이고 인류학적인 명칭을 마주해야 했다.

　프릭쇼 매니저들은 다윈의 진화론을 둘러싼 19세기의 엄청난 논란과, 인류와 영장류 사이에 유실된 연결고리가 분명 존재할 거라는 과학계의 믿음을 이용해 우리와 같은 존재를 "이게 뭐야?what is it?"라고 공표하는 포스터를 제작했다. 그들은 크라오 파리니Krao Farini를 안고 있는 G.A.파리니G. A. Farini의 초상처럼 사진을 촬영해 달라고 의뢰하곤 했다. [그 사진에서] 갈색 피부를 지닌 여섯 살배기 소녀는 백인 쇼맨의 몸을 팔다리로 감은 채 매달려 있다. 남자는 스리피스 정장과 나비넥타이를 갖추어 입은 반면, 소녀는 완전히 헐벗고 있다. 아마 다리와 팔과 등을 뒤덮은 털을 드러내기 위함일 것이다.[27] 그는 그녀를 "유인원 소녀"이자 "유실된 연결고리"로 전시했다. 우리가 죽으면 자연사학자들은 우리의 몸-마음을 해부하고, 우리의 두개골과 뼈와 생식기를 박물관에 진열했다. 인류학자들은 우리 머리의 치수를 쟀다.

무수히 많은 자연사학자와 정치인은 "니그로the negro race는 … 엄연히 원숭이 종족에 가깝다. 이들 종을 이루는 수많은 무리는 항상 완전한 야만의 상태로 존속해 왔다"[28]라는 조르주 퀴비에 Georges Cuvier의 믿음을 공유하고 있었다. 또, 상당수의 언론인과 과학자, 의사들은 카를 포크트Carl Vogt의 다음과 같은 말에 동의했다. "선천적 백치들은 인간에서 유인원으로 이어지는 연속선을 더할 나위 없이 완벽하게 보여준다. … 니그로와 침팬지, 백치의 두개골을 나란히 놓아두기만 하면 된다. 백치가 모든 면에서 니그로와 침팬지 사이의 중간 단계라는 점이 잘 드러날 것이다."[29] 19세기부터 그 이후까지, 인종차별주의와 식민주의와 비장애중심주의는 **원숭이**라는 단어 속에 한데 휘감겨 있었다.

오늘날 인류학자들은 더 이상 우리의 두개골 치수를 재지 않는다. 대신 심리학자들이 우리의 지능을 수치화하고 등급을 매긴다. 우리를 둘러싼 가해자 무리의 조롱이 울려 퍼진다. 세상은 셀 수 없이 많은 방식으로 우리에게 **원숭이**라는 이름을 붙인다.

＊

나는 오타 벵가Ota Benga를 기억한다. 백인 탐험가들과 기독교 선교사들은 중앙아프리카 선주민이었던 그를 식인종이라고 불렀다. 1904년 열린 세계박람회에서 새뮤얼 베르너Samuel Verner는 "피그미Pygmy* 마을" 전시를 위해 아프리카 사람들을 확보하는 업무를 맡았다. 그는 콩고에서 벵가를 비롯한 여덟 명의 청년들을 매수하거나 사들였다. 레오폴드 2세의 잔혹한 식민지 통치 하에 살던 이들이었다. 베르너는 세계박람회가 열리는 세인트 루이스로 가는 배에 이들을 태우고는, 프릭쇼 주동자들이 그랬 듯 터무니없는 거짓말로 이야기를 꾸며냈다. 그는 벵가를 야만 인으로 선전하면서 홍보 사진 속 그의 날카롭고 뾰족한 이를 강 조했다. "오타 벵가의 이빨을 보셨나요! … (그는) 식인종입니 다. 현재 미국에 있는 유일무이한 진짜 아프리카 식인종이죠."[30] **식인종**이라는 말 바로 뒤에는 **원숭이**가 서성이고 있다.[31]

베르너는 거기서 멈추지 않았다. 그는 "피그미족"에 대해서 골똘히 생각하면서 이렇게 말했다. "그들은 무엇이고 누구일까 요? 그들은 사람일까요, 아니면 가장 높은 단계의 유인원일까 요?"[32] 그는 자연사학자들의 대열에 합류해, "이게 뭐야?" 전시 를 유명하게 만들었던 바로 그 논쟁에 가담한다. "그들은 키 큰 인류로부터 퇴화한 존재일까요, 혹은 피그미 조상들이 발전해 더 키 큰 인류가 된 것일까요? 이러한 질문은 자연스럽게 생겨 나, 우리를 이 시대의 가장 뜨거운 논의 속으로 단숨에 밀어넣 습니다."[33] 이러한 물음들 주변에도 **원숭이**라는 말이 맴돌고 있 다. 베르너는 수익, 오락, 명성, 과학을 위해 그 단어와 개념을 활용한다.

---

*   그리스 신화에 등장하는 소인족의 이름인 피그마이오스Pygmaios에서 따온 말 로, 서구 인류학에서 평균 신장이 작은 민족들을 통칭하는 말로 쓰인다. 중 앙아프리카 및 일부 아시아 지역의 여러 부족이 피그미족으로 불리지만 유 전적, 문화적으로 단일한 집단은 아니다.

식인종에서 유인원으로 전락한 오타 벵가는 급기야 문자 그대로 **원숭이**라고 불리게 된다. 1906년, 브롱크스 동물원Bronx Zoo의 원숭이 우리에서 강제로 한 달 동안 살게 된 것이다. 벵가는 도홍이라는 이름의 오랑우탄과 같은 우리에서 지냈다. 인간과 유인원은 복장을 맞춰 입은 채 함께 장난을 치고 팬터마임을 하며 공연을 했다. 오타 벵가는 영장류처럼, 도홍은 인간처럼 보이도록 연출되었다. 전시 내내 사람들은 [그들을] 비웃고 야유했으며 빤히 쳐다보았다gawked. 오타 벵가의 전시 안내문에는 이렇게 적혀 있다. "아프리카 피그미족, '오타 벵가'. 나이: 23세. 키: 121센티미터. 몸무게: 46킬로그램. 남부 중앙아프리카의 콩고자유국 카사이강에서 왔음. 새뮤얼 P. 베르너 박사에 의해 제공됨. 9월간 매일 오후 전시."[34] 이 설명들은 그의 상황을 놀랍도록 분명하게 드러낸다. 수천 명의 사람들에게 그는 동물원에 갇힌 진기한 대상, 표본, 원숭이에 지나지 않았다.

1세기가 넘는 시간이 흐른 지금, 나는 오타 벵가와 도홍이 브롱크스 동물원에서 함께 보낸 시간에 관한 글을 읽고, 당시에 찍힌 오래된 사진을 본다. 한 사진에서 숲속의 벵가는 웃통을 벗은 채 한쪽 골반으로 침팬지를 받쳐 안고 서 있다.[35] 또 다른 사진에서 도홍은 폴리라는 이름의 침팬지와 함께 커다란 목재 의자에 앉아 있다.[36]

오타 벵가와 도홍, 당신 둘을 상상하려 애쓰고 있어요. 혹독한 식민 지배의 폭력에서 살아남았지만, 결국 베르너에게 발견되어 미국으로 보내진 인간. 동남아시아의 높은 나무들 사이, 엄마와

함께 지내던 보금자리에서 끌려온 오랑우탄. 당신들의 삶에 관해 아주 조금 읽었을 뿐인데도 무력한 우울감을 느껴요. 당신들이 나를 떠나지 않는군요. 어디에 온 건지 알게 되었을 때 당신들이 겪었을 우울과 분노를 상상해요. 낯설고 이상한 모습을 한 포획자를 보며 당신들이 느꼈을 당혹감도요. 우리의 창살이 콘크리트 바닥에 긴 그림자를 드리우는 밤, 서로의 온기를 갈망하며 함께 웅크린 순간들이 있었나요? 자연사학자, 동물원 사육사, 인류학자, 동물원의 관광객 들이 규정한 바로 그것이 된 순간들이 있었나요? 당신들도 역사도, 내 질문에 대답하지 않으리란 걸 알면서도 물어요.

＊

원숭이라는 말은 우리 중 어떤 이들을 인류에서 제외시키고 자연 세계의 비인간 동물 사이로 그들을 밀어 넣는다. **원숭이**라는 말은 인종차별주의적, 장애차별주의적, 종차별주의적 위계질서를 강화한다. 어떤 사람이 인간이 아닌 것으로 간주되면, 모든 종류의 폭력이 용인된다.

원숭이로서 전시되고 연구되고 글로 쓰이고 사진 찍히고 감금되었던 많은 사람들을 저버리지 않겠다. "이게 뭐야?"나 "유실된 연결고리"로 동원된 수십 명의 흑인들, 지적장애를 가진 이들을 잊지 않겠다. 크라오 파리니와 오타 벵가, 도홍과 폴리를 외면하지 않겠다.

1932년부터 1972년까지 진행된 악명 높은 터스키기 매독 생체 실험Tuskegee Syphilis Study*에 동원된 앨라배마 지역 출신의 가난한 흑인들과 함께 있겠다. 사진 속 이들의 팔다리는, 치료되지 않은 채로 방치된 매독 상처들로 뒤덮여 있다. 다른 사진을 보면, 실험에 동원되었던 침팬지들 또한 같은 상처를 가지고 있다. 그 상처에서 진물이 줄줄 흐른다.[37] 1956년부터 1971년까지, 의도적으로 간염에 감염되도록 노출된 윌로브룩주립학교Willowbrook State School**의 장애 아동들과 함께 있겠다. 1951년부터 1974년까지 피부 임상 시험에 동원된, 홈스버그교도소Holmesburg Prison에 수감된 사람들과 함께 있겠다. 이들의 몸-마음은 있는지도 몰랐던 산성 물질과 방사선, 화학물질에 시달렸다. 이들은 일생의 흉터와 몸-마음의 고통에 대한 대가로 실험당 3달러를 받았다. 인간이 아닌 존재로, 무감각한 존재로, 원숭이로 취급받는 일은 위험천만한 일이다.[38]

이러한 위험은 부분적으로는 백인 서구 사회의 자연 지배가

---

* 미국 공중보건국에서 터스키기 지역의 흑인 남성들을 대상으로 본인 동의 없이 진행한 연구다. 당사자에게 매독 감염 사실을 알리지도, 치료제인 페니실린을 지급하지도 않고 주기적인 검사를 통해 정보를 수집했다. 1972년에 대중적으로 알려져 논란이 되었으며, 현재까지도 흑인들이 임상 시험이나 의료제도를 불신하는 원인 중 하나로 이야기된다.

** 윌로브룩주립학교는 당시 미국 최대 수준의 장애인시설이자 병원과 학교를 겸했던 곳이다. 뉴욕대학교 연구자 사울 크루그먼Saul Krugman은 이곳의 수용 아동들을 대상으로 A형 간염 예방 연구를 했다. 감염 아동의 분변을 섞은 음료를 제공해 간염을 퍼뜨리거나 학부모에게 압력을 가해 동의를 받아낸 등의 문제로 논란이 되었으나, 크루그먼은 줄곧 정당한 연구였다고 주장했다.

비인간 존재들에게 가하는 위험과 겹쳐진다. 인간 동물들은 무수한 비인간 동물들을 사냥하여 멸종에 이르게 하거나 멸종 위기 상태로 만들었다. 왜가리는 여성용 모자를 치장하는 깃털 장식이, 들소는 가죽과 혀 요리가, 고래는 기계에 칠할 기름이나 인간과 개들의 먹이가 되었다. 이 광란 속에서 비선주민들은 피투성이 시체와 뼈 무더기를 남겼다. 폐기물, 지속 가능성, 포식자와 먹잇감 사이의 영적 연결, 상호 의존은 그들의 안중에 없었다. 비인간 동물들은 탐욕과 자본주의의 먹잇감에 지나지 않았다.

백인 장애인들과 (장애 유무와 상관없이) 유색인들을 인류에서 제외시킴으로써, **원숭이**라는 말은 비인간 동물들에게 그러하듯 우리를 위험으로 몰고 간다. 장애인 작가이자 동물권 활동가인 수나우라 테일러Sunaura Taylor는 다음과 같이 숙고했다. "동물과 비교된다는 것은 무엇을 의미할까? '원숭이 여자'라고 불리는 일은 무엇일까? … 나는 왜 동물들이 우리에게 그토록 부정적인 관점으로만 존재하는지 궁금하다. … 아무도 동물처럼 취급받으려 하지 않는다. 그렇다면 우리는 동물들을 어떻게 대하는가? 동물에 빗대어 이루어지는 모욕의 근원에는 비인간 동물 자체에 대한 차별이 있다."[39] 간단히 말해서, **원숭이**라는 잔혹한 결론은 인간이 비인간 동물을 잔혹하게 대하기 때문에 발생한다.

＊

인종차별주의와 비장애중심주의는 **원숭이**라는 말에서 만나

211

서로를 강화한다. 그 말은 사람을 수치심으로 서서히 갉아먹고 혐오로 터뜨린다. 또래들이 나를 둘러싸고 원숭이라고 불렀을 때 내 자아감sense of self이 어떻게 허물어졌는지 기억한다. 아버지가 도착하고 아이들이 흩어지자 나는 도망쳤다. 위로받을 수도 없었고, 인간 축에 속하고 싶지도 않았던 나는 **원숭**이가 되었다.

정신분열

나와 정신분열이라는 진단과의 관계는 결코 털어버릴 수 없는 한밤중의 공포에서 시작됐다. 목소리가 머릿속을 채웠다. 스스로를 죽이려는 계획이 내 안에서 소용돌이쳤다. 1992년 여름, 나는 겁에 질려 갈피를 잡지 못하고 마비된 것처럼 멍해졌다. 미쳐버렸다는 확신에 차서 거리를 배회했다.

길에서 낯선 이들이 "괜찮으세요?"라고 물을 때, 나는 결코 이렇게 답하지 않는다. "정신분열 일보 직전인데 간신히 도망치는 중이에요."

∗

오랜 세월 동안 내 몸-마음은 버려진 집이었다. 창문이 삐걱이고 갈라진 틈새로는 웃풍이 드는, 주춧돌이 차츰 주저앉는 그런 집. 나는 해리disassociation 상태라면 완전히 도가 텄다. 몸-마음과 의식을 분리함으로써 어린 시절의 견디기 어려운 폭력 속에서 살아남을 수 있었기 때문이다. **강간**이나 **일상적인 학대, 고문** 같은 단어를 쓸 수는 있지만, 이 단어들은 축약에 불과하다.

이 이야기를 하는 것은 묻고 싶은 것이 있기 때문이다. 목소리를 듣고 환영을 보는 육체의 경험에 관해서가 아니라, 몸-마음을 마비시키는 항정신병 약물이 처방되는 이 질병, 정신분열이라고 불리는 이 생물학적 질병의 관념에 대해 묻고 싶기 때문이다.

아버지는 한밤중에 나를 깨워 언덕이나 강가로 데려가곤 했다. 아버지와 그의 친구들, 그 가해자 무리는 밧줄과 말로, 불과 주먹으로, 뼛속까지 시린 차가운 물로 내게 말 못 할 짓들을 했다. 나는 집으로 돌아가는 길을 아예 알지 못했다. 몸-마음은 산산이 부서지고 깨지고 조각났다. 내 의식은 나무들 위를 뛰어다녔고, 바위 사이로 비집고 들어갔고, 은하수 속으로 하염없이 떨어졌다. 그것이 살아남는 유일한 방법이었다. 속아서는 안 된다. 그럴싸한 풍경들을 늘어놓고는 있지만, 이 시간은 아름답지 않았다. 나는 그저 살아 있기만 했다.

나는 두꺼운 수치심의 베일을 걷고 이 이야기를 한다.

그해 여름 내 삶이 무너져 내렸다. 나는 갈고닦은 모든 방법을 동원해 몸과 유리된 채 살았다. 머릿속 목소리는 점점 더 커져갔다. 목소리에 담긴 공포와 판단은 나의 세계의 그 어떤 것보다도 더 생생하고 진실했으며 설득력 있었다. 나는 가까운 친구들에게 이야기하고, 안전망을 만들어 내고, 살아 있으려고 애썼다. 하지만 실패에 가까워지기만 했다. 어느 저녁, 나는 그 어떤 몸-마음도 살아남을 수 없는 양의 술과 수면제를 사서 삼켰다. 그러고는 덤불 속으로 기어 들어가, 구불구불 흐르는 강을 바라보며 기다렸다.

나의 몸-마음이 나를 구했다. 먹은 것을 게워내고 약 5킬로미터를 걸어 집으로 돌아왔다. 토한 것도 걸어온 것도 기억나지 않는다. 내가 그랬다는 것만 알고 있다. 티셔츠와 반바지는 흠뻑 젖고 안경은 잃어버린 채 집 앞 현관에 도착했기 때문이다. 동거인과 나의 친한 친구 A가 나를 응급실에 데려갔다. 다음 날 아침 정신병동에서 머리카락에 엉겨붙은 토사물을 씻어냈다.

나는 다른 시대와 문화권에서 환영과 목소리가 다른 의미를 가진다는 사실을 알고 있다. 그 의미들은 정신분열이라는 진단명과 그 진단명이 동반하는 두려움, 혐오, 편견과는 완전히 다르다는 사실을 기억한다.

폐쇄병동에서 한 주를 보냈다. 자발적인 입원이긴 했지만, 동의하지 않았다 하더라도 위세척 이후 나를 진찰한 정신과 의사가 어떻게든 나를 설득했을 것이다. 나는 건강보험이 없었고, [그렇다고] 저소득층을 위한 의료보장제도를 적용받기엔 다소 높은 급여의 시간제 근무를 하고 있었다. 그렇지만 내가 사는 주에서는 가난한 입원 환자를 위한 정신 의료 기금을 운영하고 있었다. 나는 음식이 너무 싫었다. 내가 계속 듣고 있는 목소리에 대해서 모두 털어놓지 않는 게 낫다는 사실을 빠르게 배웠다. 격리실에 들어가지 않았고, 하계 올림픽을 시청했다. 몇 시간씩 창가에 서서 9층 아래에 있는 주차장을 내려다보았다. 폐쇄병동이라는 물리적으로 안전한 공간이 내게 필요하다는 사실을 알고 있었다.

친구들이 끊임없이 찾아왔다. 친구 A는 매 순간 나를 변호했다. 나는 백인이었고, 대학 학위가 있었으며, 변변찮게나마 직장이 있었다. 그 모든 것이 내게 유리하게 작용했다. 100에서 7씩 빼며 숫자를 거꾸로 세고, **세상**world의 철자를 뒤집어 쓰고, 대통령들의 이름을 1965년부터 순서대로 읊으며 여러 진단 검사에서 의사를 속였다. 나의 퀴어성은 그럭저럭 숨길 수 있었다. 백인이라는 특권과 약간의 계급적 특권, 조금의 재치와 상당한 운덕분에 가능했다. 폐쇄병동은 많은 이들에게 위험한 장소가 되곤 하므로.

나는 오늘날 정신분열이라는 진단과, 그에 잇따르는 약물과 편견이 목소리를 듣고 환영을 보는 경험을 전적으로 규정한다는 사실을 알고 있다.

사흘째 되던 날부터 정신과 의사는 항정신병 약물을 생각해 보라고 권했다. 적어도 그녀는 구속, 격리, 강제치료를 가지고 명시적인 협박을 하지는 않았다. 내게 무슨 일이 일어나고 있는지 아무도 몰랐다. 단발적인 정신착란인가? 정신분열의 시작일까? 학대의 기억이 수면 위로 올라온 것일까? 그때만 해도 아직 가해자 무리를 기억해 내지 못하던 때였다. 누구도 내게 **정신분열**이라고 말하지는 않았지만, 우리 모두 그렇게 생각하고 있었다.

살아남았다는 사실과 목소리(여기서는 환청이라고들 했다)를 머릿속에서 내쫓기로 한 것에 대해 두려움과 양가감정을 느꼈다. 하지만 대개는 무감해져 있었다. 의식은 피부 바깥을 떠돌았으며, 감각은 약해진 채 멀어졌다. 무시무시한 일이 일어나고 있다는 것을, 살아남지 못할지도 모른다는 것을 알았다. 완전히 망가졌다는 느낌을 고치고 싶어서 처음으로 1회분의 할돌을 투여받았다. 1970년대에 정신과 의사들에게 흑인 정신분열 치료제로 판매되던 약이었다. 이 약의 한 광고에는 왼쪽 주먹을 꽉 움켜쥔 성난 흑인의 캐리커처가 그려져 있다. 광고 문구는 "공격적이고 호전적인"이라는 문장으로 시작된다. 이 광고는 "협조는 할돌과 함께 시작됩니다"[40]라고 주장한다.

고통이나 생존에 대한 개인적인 소회로 축소하지 않으려 애쓰며 이 이야기를 한다.

첫 복약 이후, 즉각적으로 지난 몇 주보다 상태가 나빠지는 것을 느꼈다. 의식은 천장을 따라 떠다니고, 몸-마음은 당장이라도 무너질 것 같았다. 집으로 돌아가 이후로 10여 년 동안 계속될 상담치료와 신체요법을 시작했다. 약은 조제받지 않았다.

4개월 반이 지나, 나는 또 한 번 자발적인 입원을 하기 위해 정신병동 응급실에 앉아 서류를 작성했다. 몇몇 친구들의 도움으로 비공식적인 24시간 자살 감시를 받으며 한 주를 보낸 뒤의 일이었다. 우리의 피로는 한계에 다다랐고, 머릿속의 목소리는 하루가 다르게 커지고 집요해졌다. 내가 몹시 추운 겨울밤 속으로 뛰쳐나갈 가능성이 높다는 사실을 모두가 알았다. 마지못해 우리는 내가 정신병동으로 되돌아가야 한다는 결론을 내렸다.

인종화되고 젠더화된 정신분열의 역사를 주장하기 위해 이 이야기를 한다. 흑인들을 가둬놓기 위해 정신과 의사, 판사, 감옥의 관리인 들이 그 진단을 어떻게 휘둘렀는지를 보이기 위해서다.

나는 서성이고 싶은 충동을 억누르면서 혼란스럽고 멍한 채로 응급실에 앉아 있었다. 치료를 받는 동안, 나는 이 목소리들이 유년 시절의 극심한 학대에서 기인한 해리의 부산물은 아닐지 짚어나가며, 웅웅거리는 목소리를 다스릴 방법을 탐구했다. 그러나 내 몸-마음이 실로 위험하고, 통제할 수도 믿을 수도 없는 장소라는 사실 외에 알 수 있는 것은 없었다. 끝없는 질문이 이어졌다. 나의 입원 업무를 맡은 정신과 의사는 내가 그날 밤부터 항정신병 약물을 복용한다면 침대를 제공해 줄 수 있지만, 그렇지 않으면 입원을 시켜줄 수 없다고 말했다.

　폐쇄병동의 침대가 아니라면 나는 어디에 있어야 할까? 나의 치료사는 도시 외곽에 있었다. 돌봄 네트워크는 무너지기 직전이었다. 머릿속은 목소리와 자살 계획으로 꽉 찼다. 내가 화가 나서 이리저리 서성이기 시작하자, 갑자기 사람들이 들이닥쳤다. 대여섯 명의 간호사와 조무사가 나를 저지하러 내 방에 온 것이었다. 친구 A는 5분만 우리를 내버려 두라고 간신히 의료진과 합의했고, 나도 이 제안에 응했다. 그들이 **정신분열**이라는 말을 썼었나? 그 단어가 아니라면 무슨 말이었을까? 『DSM』 3판에 있는 코드 중 무엇을 적었을까?

　이 이야기를 하는 것은 정신분열이라는 꼬리표가 붙은 사람들을 외면하지 않기 위해서다.

　나반Navane이라는 항정신병 약물을 1년 정도 복용했다. 그때도 건강보험이 없었기 때문에 한 달에 한 번 앤아버에 있는 와시트너카운티정신보건센터Washtenaw County Community Mental Health, WCCMH에 갔다. 방문할 때마다 이전과 다른 정신과 의사에게서 짧은 진료와 무료 처방전을 받았다. 하루에 14시간, 16시간, 18시간씩 잤다. 울면서 잠에 들고 다음 날 아침 울면서 일어났다. 필요량 이하로 약을 처방받았기 때문에 누구도 부작용에 대해 말해주지 않았지만, 나는 부작용과 씨름해야 했다. 눈알이 머릿속을 굴러다녔고, 하늘과 전선, 벽과 천장이 만나면서 생긴 선을 쳐다보는 것을 멈출 수 없었다. 나는 이런 행동이 내가 미쳐가고 있다는 또 다른 신호라고 믿었다. 정신보건센터의 의사에게 이러한 증상을 말하자, 그는 어깨를 으쓱해 보이고는 흔한 부작용이라고 말해주었다. 그는 코젠틴Cogentin*을 처방해 주었다. 눈이 굴러다니는 것은 멈추게 해주었지만 처참하리만큼 입을 마르게 하는 약이었다.

집 없음, 감금, 장기간의 시설화, 감시를 사무치게 생각하며 이 이야기를 하고 있다. 정신분열이라 불리는 수백, 아니 수천 가지의 몸-마음의 경험들을, 그 명명에서 비롯하는 사회적이고 물리적인 결과들을 생각하며.

여전히 목소리를 듣는다. 여전히 자살을 생각한다. 여전히 내 몸-마음 바깥을 떠돌아다닌다. 일주일에 두 번씩 치료를 받으러 가고, 아버지가 데려왔던 가해자들을, 그들이 무엇을 했는지를, 거기서 내게 무슨 일이 있었는지를 기억해 내기 시작했다. 정신보건센터의 의사들이 내게 어떤 진단코드를 적용했는지는 알지 못한다. 그들은 **정신분열**이라는 말을 쓰지는 않았다. 나는 여전히 살아 있다.

* 파킨슨병 치료제로, 안구 운동 발작 등 조현병 치료제의 부작용을 완화하는 데도 쓰인다.

아무도 내가 어떤 약을 얼마나 먹고 있는지 감독하거나 추적하지 않는다. 아무도 나를 강제로 격리하지 않는다. 나는 직장도 집도 잃지 않았다. 가까스로 정신분열과 그 결과들을 비껴갔다.

＊

나는 여전히 목소리를 듣고 환영을 본다. 자주는 아니지만 이따금 내 몸-마음은 앙심에 찬 유혹적인 말과 이미지로, 아버지와 그의 친구들이 저지른 폭력의 찌꺼기로 가득 찬다. 환각과 자기 파괴의 소용돌이가 나를 찾아온다. 그들의 귀환은 위험의 표지다. 나는 정처없이 헤매고, 자살을 생각한다. 죽어라고 술을 들이붓고 싶은 마음이 간절해진다. 목소리들이 내 목구멍에서, 내 입 안에서 악을 쓴다.

나는 해진 옷으로 몸을 감싼 채 혼자 웅얼거리고 소리치고 울부짖는 홈리스들에게 깊은 동질감을 느낀다. 그들이 청하면 가진 잔돈을 모두 준다. 그들의 얼굴이 씰룩이는 것을, 손이 떨리는 것을, 그들의 눈이 돌아가는 것을 본다. 할돌과 나반을 떠올린다.

＊

어떤 진단은 몸-마음을 기술한다. 어떤 진단은 예언이 되고, 정당한 이유가 되고, 사회적 통제의 수단이 된다.

배롱나무

삶이 산산조각 난 이후 몇 년 동안, 상상의 나무를 하나 만들고는 비빌 언덕과 안전이 필요할 때마다 그리로 갔다. 그 나무의 빈 줄기 안에 웅크리고, 가장 높은 가지로 올라가고, 주름진 나무껍질을 피부로 느낀다. 아래로 갈수록 색이 옅어지는 반짝이는 초록 잎에서는 월계수잎과 똑같은 냄새가 난다. 이 나무는 내가 열 살, 열한 살, 열두 살 때 자주 올랐던 배롱나무를 본떠 만들어 낸 것이다. 집 아래 있는 건초밭으로 내려가면 배롱나무가 풀숲 한가운데 홀로 우뚝 서 있었다. 땅에서 1미터쯤 떨어진 곳에서 줄기가 갈라져 있었다. 구부러진 그 공간이 언제나 세상을 향한 나의 첫 발디딤이었다.

배롱나무를 상상의 장소로 변형시키면서 나는 나무를 더 높게, 더 넓게 만들었다. 잎사귀는 더 날카로워지고 가지들은 쉼터이자 방패가 되었다. 그 나무는 숱한 플래시백을, 해리성 둔주dissociative fugue를 견디도록 도와주었다.

마지막으로 내가 자랐던 하천이 흐르는 골짜기에 갔을 때, 나는 오래된 길을 따라 건초밭으로 내려

가 팔 벌려 그 나무를 안아보았다. 월계수잎 향이
나를 감쌌다. 내 기억과 달리 나무가 너무 작아 깜
짝 놀랐다. 딱 열두 살짜리의 요람이 되어줄 만큼의
크기였다.

8장
치유를 누비기

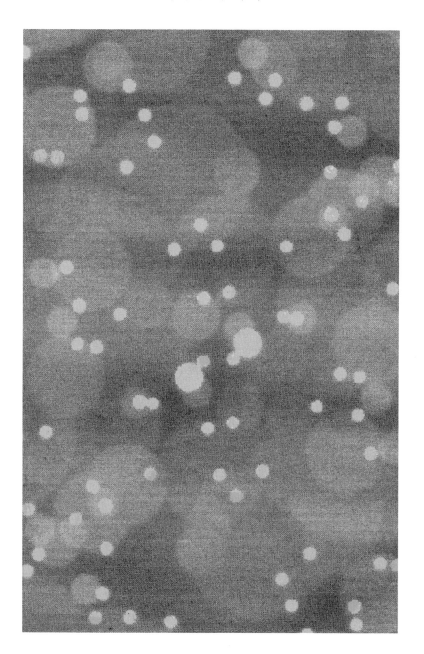

장애를 선택하기

백인 서구 사회에서 사람들은 집단적으로 장애를 기피하기에unchoose 이르렀다. 우리는 안전벨트를 맨다. 얕은 물에서도 잠수하지 않는다. 급성회백수염과 홍역 예방주사를 맞는다. 이러한 행위는 분명 죽음을 막기 위한 행위지만, 이는 쉬이 장애를 기피하는 일로 뭉뚱그려진다. 위험운전과 음주운전을 경고하는 공익 광고와 선전을 생각해 보자. 대다수의 광고가 장애를 교훈적인 이야기로 사용한다. 휠체어를 탄 십 대 소년들의 비극적인 사진을 보여주는 식이다. 유타주에서 2009년 시행했던 광고 중 하나인 "사망자 제로" 캠페인에는 이런 문구가 나온다. "유타의 십 대들을 가장 많이 죽이는 것은 자동차 사고입니다. 놀랍지 않다고요? 좋습니다. 여생을 휠체어 위에서 보내야 한다면 어떤가요? 매년 유타의 창창한 청소년들이 눈 깜짝할 사이 병신crippled이 됩니다."¹ 장애는 죽음과 동일 선상에 놓일 뿐만 아니라, 위험운전을 반대하는 데 있어 죽음보다도 더 강력한 논거가 된다.

우리는 무수한 방식으로 장애를 기피한다. 임신부를 위한 유전자 검사는 용인하면서 장애 선별적 임신중지의 윤리에 대해서는 거의 질문하지 않는다. 임신중지 합법화를 찬성하는 일부 활동가들은 태아의 기형을, 즉 장애를 이유로 들며 후기 임신중지를 옹호한다. 우리는 정자은행에서 바람직하지 않다고 여겨지는 다수의 몸-마음의 상태를, 이를테면 청각 장애, 알코올 의존증, 낭포성 섬유증, 우울, 조현병 등을 선별하여 기증받는 것을 당연하게 받아들인다. 우리는 유방암의 종식을 위해 걷고, 당뇨의 종식을 위해 달리고, 다발성 경화증의 종식을 위해 자전거를 타며, 근위축성측색경화증amyotrophic lateral sclerosis, ALS의 종식을 위해 얼음물을 뒤집어쓴다. 우리는 장애와 죽음이 우리 삶에 들어오는 방식과 시기, 그리고 그 여부를 통제하고 싶어 한다.

*

1963년에 어머니는 스물여섯 살이었다. 이제 막 결혼해 대학원에서 열심히 공부하는 노동계급 학생이었다. 여자는 교실이 아니라 집에서 아기나 봐야 한다고 생각하는 교수들에게 어머니는 매일같이 질문을 쏟아냈다. 그해 봄, 어머니는 나를 임신했다는 사실을 알게 되었다. 계획에 없던 일이었다. 임신은 그녀의 삶을 송두리째 바꾸어 놓았다.

나는 어머니가 장애를 가진 아이는 정말이지 원하지 않았다는 사실을 절감하며 자랐다. 그녀는 가지각색으로 그 사실을 알려주었다. 그녀는 몹시도 불행한 엄마였다. 어쩌면 어머니는 그 **어떤** 아이도 원하지 않았을지 모른다. 그러나 내 뇌성마비에 대한 어머니의 슬픔, 죄책감, 고통은 너무나 분명했으며, 또한 너무나 개인적이었다. 열 살, 열한두 살 무렵에는 어머니가 **나**를 원하지 않았다고 믿었다. 정말로 그랬을 수도 있다. 확실한 건 그녀가 장애를 거부할 수만 있었더라면 그렇게 했으리라는 사실이다.

＊

장애가 적극적으로 채택되는 경우들도 있다. 입양을 원하거나 위탁양육을 하려는 사람들은 장애 아동을, 관료적으로 말하면 "특별한 도움이 필요한" 아이를 원한다는 내용으로 기관용 서류를 채운다. 어떤 임신부들은 다운증후군이 예상되는 태아를 그대로 받아들인다. 장애가 진행될 위험을 감수하면서 유전자 검사를 일절 받지 않기로 결정하기도 한다. 농인 부부들은 청각 장애가 있는 정자 기증자를 찾아 인공수정을 한다. 아이가 청각 장애를 가질 확률을 높이고 싶어 하기 때문이다. 소위 장애인 워너비, 절단 장애인 워너비라고 불리는 트랜스에이블transabled people들은 자신이 장애인이 되어야 한다고 느낀다.[2] 많은 이들이 의사를 만나거나, 자가 절단을 계획하거나, 장애를 만드는 사건을 벌임으로써 실제 장애에 대한 욕망을 분명히 드러내 왔다. 장애를 얻을 수 없다고 해도 목발이나 보조기, 휠체어를 이용한다.

여러 방식으로 장애를 선택하는 사람들을 세상이 어떻게 대우하는지를 보면 실로 많은 것들이 드러난다. 트랜스에이블들이 커밍아웃을 하고 그들의 욕망에 언어를 부여할 때 가장 흔히 마주하는 것은 혐오와 분노, 불신이다. 의료산업 복합체는 소위 '문제가 있는' 그들의 몸-마음에 신체 통합 정체성 장애Body Indentity Integrity Disorder라는 최신의 꼬리표를 붙이며 그들을 분류하고 병리화한다. 장애를 가진 아이나 청각 장애가 있는 아이를 임신할 확률을 높이려는 사람들은 이기적이고 양심 없는 사람들로 치부된다. 그들은 아이들에게 장애라는 짐을 안겼다며 비난받고, 때로는 미디어에서 공공연하게 망신을 당한다. 유전자 검사를 포기하는 사람들, 장애를 가질 가능성에 개입하지 않기로 결정한 사람들은 어딘가 어리석은 존재로 치부된다. 다양한 유전자 검사에서 양성 반응이 나온 뒤에도 선별적 임신중지를 선택하지 않는 사람들은 순전히 책임감 없는 사람들로 인식된다. 세상은 장애 아동을 입양하거나 위탁 양육하려는 사람들을 자선사업에 참여하는 순교자로 취급한다. 백인 서구 사회에서 장애를 선택하는 일은 결코 중립적인 일, 내지는 단순히 여러 선택지 중 하나를 고르는 일이 될 수 없다. 그보다는 병적이고 수치스럽고 선정적인 일이 된다. 반면, 장애를 거부하는 일은 축하받을 일이자 공동의 긴요한 임무imperative로 여겨진다.

＊

이러한 선택과 기피의 이분법 너머에는 장애와 만성질환을 주장하는 수많은 방식이 존재한다. 우리는 평화로이 지낸다. 수용한다. 축하한다. 내려놓는다. 자긍심을 찾는다. 애매모호함을 받아들인다. 언젠가는 죽을 수밖에 없다는 사실을 마주한다. 연민과 극복을 거부한다. 공동체를 구축하고 고립에 익숙해진다. 상호 의존을 찾아다니기 시작한다. 아주 높은 생산성을 바라지도 기대하지도 않는다. 우리의 몸-마음에 관해 아는 바를 주장한다. 상실과 자긍심의 균형을 맞추는 법을 배운다. 좌절과 고통과 씨름한다. 나는 장애를 주장하는 일을 규정하고 싶지 않다. 때로 그것은 적극적으로 장애를 선택하는 일과, 또 때로는 장애를 기피하는 일과 겹친다. 이 일에는 종종 모순이 섞여든다.

나는 보청기를 내던져 버리고 청인 사회의 일부가 되기 위해 고군분투하기를 그만둔 난청인들을 안다. 사고로 장애를 갖게 된 후 다시 걸을 수 있었을지도 모르는데 휠체어를 타기로 선택한 사람들, 향정신성 약물의 영향과 부작용을 관리하는 대신 목소리를 듣고 감정적 고조와 저조를 느끼는 걸 선호하는 사람들을 안다. 많은 청인들, 비장애인 뚜벅이들, 정신장애가 없거나 정신병자 꼬리표가 붙지 않은 사람들에게 이러한 선택은 상상할 수 없는 일로 보인다. 그러나 그 세상 안에서 보면, 이 모든 게 말이 된다. 이러한 선택은 공동체와 연결될 수 있는 길을 만들고, 한결 쉽고 나은 방식으로 이동할 수 있게 해준다. 그 덕분에 우리는 우리 자신일 수 있다.

∗

　마흔다섯 살 생일에 친구는 내게 이러한 내용의 편지를 써주었다. "네가 타고난 병신born crippled이라서 정말 기뻐." 그녀는 퀴어이자 장애인이며 노동계급인 백인 활동가다. 우리는 함께 일을 조직해 활동했고, 함께 고군분투했다. **병신**이라는 말이 나를 미소 짓게 했다. 장애 커뮤니티 안에서는 많은 이들이 서로를 **불구**crip라고 부른다. 상처로 가득한 말을 고치고 되찾는 기술을 실천하는 것이다. 그러나 보통 **병신** 앞에서는 멈춰 선다. 그것은 너무 지나치다. 친구는 애착을 가지고 좀 더 위험한 단어를 쓴 것이다. 이 단어는 고통의 소용돌이와 수 세기의 역사를 함축하고 있다. **타고난**이라는 말은 돌이킬 수 없는 진실이 되어 내 안에 자리 잡는다. 나는 **45**년 전에 타고난 병신으로 태어났다. 그러나 **기쁘다**는 말은 내게 선물로 다가온다. 그 말은 놀라움이자 계시다. **기쁨**은 기피에, 어머니의 실망에, 이 세상의 모든 폄하와 박멸에 맞선다. **기쁨**은 완고한 자긍심과 고집스러운 저항 그 이상이다. **기쁨**은 세상이 장애를 가진 몸-마음을 필요로 한다는 굳건한 확신이자, 있는 그대로의 사실이다. **기쁨**은 강력한 주장이다.

공항과 옥수수밭

어느 늦봄의 샌프란시스코 공항이다. 집으로 돌아가는 비행기를 타러 긴 중앙 복도를 걸어 내려간다. 샌프란시스코 베이에어리어에서 300명의 LGBTQ* 장애인들, 우리 중 많은 이들이 좋아하는 표현으로는 퀴어 불구들과 함께 긴 주말을 보낸 참이다. 정신없이 빠른 속도를 따라잡을 수 없어 천천히 걸었다. 사람들이 줄지어 이동하고 있다. 서류가방에 레인보우 깃발 스티커를 붙인 한 백인 사업가가 어떤 아프리카계 미국인 여성과 그녀의 손자를 서둘러 지나친다. 코맹맹이 소리로 농담을 주고받는 십 대 백인 여자아이들 옆에는 스페인어를 사용하며 작은 목소리로 통화하고 있는 한 라틴계 남자가 서 있다. 한 아시아계 미국인 여자가 청소 카트를 밀고 가다가 쓰레기통을 비우려 멈춰 선다. 나는 무언가가 빠져 있다고 느끼지만, 그게 무엇인지는 모르겠다. 주말 동안의 피로와 이미지들이 나를 덮친다. 문득 나는, 나를 둘러싼 모든 이들이 두 팔과 두 다리를 가졌다는 사실을 깨닫는다. 그들은 구르기보다는 걷고 있다. 손이 아니라 입을 통해 말하고 있다. 심지어 그들의 음절은 부드럽다. 말을 더듬는 일도, 불분명한 발음도 없다. 지팡이도, 목발도, 보조기도, 호흡기도, 마스크도, 산소통도, 보조견도 없다. 그들의

---

*   레즈비언Lesbian, 게이Gay, 바이섹슈얼Bisexual, 트랜스젠더Transgender, 퀴어Queer
의 약자로 성소수자를 통칭하는 표현이다.

얼굴은 씰룩이지 않고, 그들의 손은 제멋대로 굴지 않는다. 그들의 등은 곧고, 웃음은 한쪽으로 치우쳐 있지 않다. 그들의 몸-마음은 주변의 다른 이들로부터 개별적이고 독립적인 양 움직인다. 잠시 동안 그들이 모두 똑같아 보인다.

✳

그 순간적인 동일성sameness의 경험이 내게 단일재배monoculture를 떠올리게 한다. 인간의 개입으로 다수의 상호 의존적 존재들이 사라지고 단일한 종으로 대체된 생태계. 나는 한 종류의 풀이 가지런히 줄지어 있는 밀밭을, 개벌한 후 한 종류의 나무만 새로 심은 숲을 생각한다.

샌프란시스코 공항에 많은 종류의 사람들이 있었다는 사실을 안다. 나는 인종, 언어, 시민권, 나이, 계급, 젠더, 섹슈얼리티, 지리, 정신성, 민족성, 몸-마음의 모양과 크기, 그리고 내가 인지하지 못한 장애와 만성질환을 통해 형성된 차이에 둘러싸여 있었다. 그러나 인간의 다양성을 인식하면서도, 모두가 똑같아 보였던 공항에서의 그 순간은 나에게 줄곧 남아 있다.

✳

어느 초가을, 기업식 농업의 옥수수밭으로 걸어 들어간다. 줄지어 선 옥수수들이 나를 둘러싼다. 온 세상이 갈색으로 익어

가는 옥수수숲이다. 이파리와 겉껍질이 머리 위로 굴러다닌다. 나는 옥수수 열 사이의 고랑을 걷고, 줄기가 자라나는 언덕을 오른다. 같은 식물이 반복적으로 공간을 메운다. 쩍쩍거리는 소리도, 줄질하는 소리도, 꽥꽥거리거나 윙윙거리는 소리도 들리지 않는다. 매미도 메뚜기도 휴면기에 들어갔다. 뇌조와 꿩, 여우의 흔적도 보이지 않는다. 비가 오는 날이었다면 내가 서 있는 약간의 경사지 아래로 빗물이 흙을 쓸어 가는 광경을 눈앞에서 보았을 것이다.

＊

단일재배의 뚜렷한 동일성 아래에는 막대한 훼손이 숨겨져 있다. 나는 맡지 못했으나, 가을 산책을 하는 동안 내가 들이쉬는 숨에는 농약 잔여물이 남아 있었다. 나는 보지 못했으나, 흙에는 상당한 양의 석유 비료가 남아 있었다. 나는 옥수수 줄기들이 흙에서 영양분을 흡수한 뒤 아무것도 되돌려 주지 않는다는 것을, 땅이 그런 방식으로 고갈된다는 사실을 알지 못했다. 지난 150년 동안 15~17센티미터의 표토가 이미 씻겨져 내려갔다는 사실도 알지 못했다. 조밤나방, 유럽옥수수좀, 옥수수근충을 비롯한 해충에 대해서도 아는 바가 전혀 없었다. 그 해충들이 단일재배 옥수수밭에 급속히 퍼져 밭을 아무렇게나 먹어치우고 알을 까는 바람에 기업농들이 끝없이 농약을 살포한다고 했다.

간단히 말해서, 단일재배는 어마어마한 규모의 훼손을 가한다. 단일재배를 만들어 내고 유지하는 데 너무나 많은 노동과 폭력이 동원된다. 단일재배는 수백 번의 박멸과 제거를 필요로 한다.[3]

＊

옥수수, 콩, 밀, 소고기의 기업식 생산의 역사가 뇌리에서 떠나지 않는다. 나는 흠집이 나 있고 가장자리가 바랜 1870년대의 한 오래된 흑백 사진으로 되돌아간다.[4] 이 사진은 단일재배가 만들어 낸 폭력을 고스란히 보여준다. 사진의 중앙에는 들소 머리뼈로 이루어진 산이 불쑥 솟아 있다. 수천, 수만 개의 머리가 서로 겹쳐져 산더미처럼 쌓여 있다. 어림잡아 18만 개쯤 된다. 그 어떤 머리뼈도 뚜렷하게 구분되지 않고, 기하학적인 뼈의 패턴이 흐릿한 형체를 이룬다. 이것들은 곧 분쇄되어 비료로 쓰일 것이다. 뼈들 가운데에는 두 명의 남자가 있다. 둘 다 검은 정장을 입은 채 더미에서 삐져나온 머리뼈에 발을 올려두고 있다. 한 명은 더미 아래쪽에서, 다른 한 명은 8미터쯤 높이의 꼭대기에서 포즈를 취하고 있다. 그들의 모습에 나는 몸서리를 친다. 그들은 허세가 가득하다. 아마도 들소 사냥꾼들이거나 정부의 공무원들, 땅 투기꾼들이리라. 그들의 몸-마음은 이렇게 떠벌리고 있다. "봐, 내가 가진 것 좀 보라고."

마음이 부서지고 또 부서진다. 1800년대 초부터 백인 사냥꾼들은 크고 텁수룩한 생명체를 마구잡이로 죽이기 시작했다.

1세기가 채 안 되어 3,000만 개체가 죽어나갔다. 그들은 시체는 썩게 두고, 팔어넘길 혀와 가죽만 쏙 가져갔다. 이후 백인 정착민homesteader*들이 비료를 만들기 위해 뼈를 모았다. 미국 정부는 중부의 대평원 선주민들을 정복하기 위한 전략의 일환으로서 이러한 학살을 조장했다. 라코타족의 주술사 존 (파이어) 레임 디어** (라코타)John (Fire) Lame Deer (Lakota)는 그의 부족과 들소 사이의 관계를 다음과 같이 묘사했다. "버펄로는 우리의 일부였습니다. 그의 피와 살은 우리에게 흡수되어 우리의 피와 살이 되었지요. 우리의 옷, 티피***, 우리 삶에 필요한 모든 것들은 버펄로의 몸에서 왔어요. 어디에서 동물의 삶이 끝나고 어디서부터 인간의 삶이 시작되는지 잘라 말하기 어려울 정도입니다."[5] 1867년, 리차드 어빙 도지Richard Irving Dodge 대령은 이렇게 명했다. "버펄로는 가능한 한 전부 죽여라! 버펄로 하나를 죽이는 것은 인디언 하나를 잡는 것과 마찬가지다." 그는 종족 학살을 지시했다.[6] 선주민들은 굶주렸고, 짐승 취급을 당했으며, 살해되었고, 보호구역으로 내몰렸다.

백인 식민지 정착민들은 그 땅을 자신들의 소유라고 공표하

---

*   1862년부터 시행되어 서부 미개척 지대 등에서 영농을 하기를 희망하는 사람들에게 국유지나 공유지를 무상으로 불하받을 수 있게 한 홈스테드법 Homestead Act에 따라 이주·정착한 이들을 가리킨다.

**   '레임 디어', 즉 '절름발이 사슴'은 라코타식 이름으로 원래 할아버지의 이름이었던 것을 물려받아 성으로 삼은 것이다. 반면 '존'은 영어식으로 붙인 이름이며 '파이어'는 라코타어를 이해하지 못한 정부 인구 조사원들이 존 레임 디어의 아버지에게 임의로 부여한 영어식 성이다.

***   들소 가죽으로 만든 원뿔형 모양의 천막이다.

고, 직사각형으로 깔끔하게 분할하여 울타리를 치고, 소 떼를 몰았다. 대초원의 박멸은 여기에서 시작되었다. 풀을 뜯어 먹고 이동하는 들소들의 패턴이 생태계에 없어서는 안 될 요소였던 반면, 소들은 목초를 파괴했고 아무것도 돌려주지 않았다. 백인 농부들은 쟁기를 가지고 말 그대로 초원을 갈기갈기 찢었다. 그들은 밀, 옥수수, 대두를 단일재배했다. 북아메리카의 톨그래스 초원은 원래 6,800억 제곱미터의 규모였지만, 이제는 280억 제곱미터만 남아 있다. 오늘날 대평원의 기업식 농장에서 생산된 옥수수나 스테이크를 먹을 때, 우리는 그 해골산에 여지 없이 연루된다. 단일재배는 폭력과 제거, 박멸과 함께 시작됐다.

＊

환경 파괴, 종족 학살, 감금, 강제단종의 그림자와 유산, 지금도 진행 중인 현실이 일제히 고개를 든다. 이들이 나를 떠나지 않는다. 박멸에 대한 욕망은 실로 깊다. 그것은 구체적인 순간과 장소와 역사에서 드러난다. 샌프란시스코 공항에서 스치듯 경험한 동일성의 경험에서, 겨울이 오기 전 아직 베지 않은 기업식 농업의 옥수수밭에서, 140년 전의 산더미처럼 쌓인 들소 머리뼈 사진에서. 그러나 박멸에 대한 욕망은 또한 여러 시공간에 걸쳐 있는 패턴이기도 하다. 장애를 기피하는 일도 이러한 패턴에 들어맞는다. 이는 다른 여러 힘들과 함께 인간 차원의 단일재배를 만들어 낼 위협을 가한다.

상호 의존

나뭇잎에서 돌로, 지렁이에서 회색곰으로, 대초원의 풀에서 들소로, 생명은 생명으로 연결된다.

불구의 춤crip dance을 추러 와 있다. 우리는 서로에게 기댄다. 허리와 엉덩이에, 금속과 나무와 바퀴에 손을 얹는다. 허공에서 지팡이가 흔들리고, 비트에 맞추어 목발이 바닥을 찧는다. 우리는 고통으로 미끄러지고, 고통을 통과한다. 엉덩이와 어깨를 흔들며 춤추고, 뽐내며 걷는다. 혀와 눈으로, 들숨 날숨sips and puff을 통해 조작하는 휠체어로 춤춘다. 우리는 바닥에서 춤춘다. 떨림과 경련 속에서 불안을 통과하며 환각 안에서 춤춘다. 잠시 쉬면서 등과 다리와 어깨를 쭉 편다. 우리는 밤새워 춤춘다.

생태계의 어떤 부분도 다른 모든 부분을 바꾸지 않고서는 바꿀 수 없다.

불구 모임에 와 있다. 통증 조절을 위해 마리화나를 피우는 여자와 마리화나 연기에 반응하는 환경질환을 가진 여자가 서로의 옆방에 묵게 된다. 그대로 둘 수는 없다. 둘 모두의 접근성을 개선하기 위해 누가 어디에서 잘 것인지를 재조정한다. 우리는 발작이 있는 사람들과 함께 앉고, 그들의 호흡을 모니터링하고, 주위 공간을 가능한 한 안전하게 유지한다. 우리는 911을 부르지 않는다. 우리는 함께 식단을 고민한다. 성중립 화장실에 무향 샴푸와 목욕의자를 두는 것은 기본이다.

모기를 박멸하기 위해 DDT*를 뿌리면 흰머리수리와 콘도르의 알은 부화할 수 없을 만큼 약해진다.

공황 발작과 플래시백에 관해 친구들과 애인들에게 설명해주었던 모든 시간을 기억한다. 공포에 사로잡히는 밤이면 그들과 함께 앉아 있었다. 그들의 선호에 따라 차와 레스큐 레머디와 클로노핀Klonopin**을 가져다주었다. 그들도 언제나 내게 똑같이 해주었다.

집의 불을 밝히고 컴퓨터의 전원을 켜기 위해 석탄을 태우면 우리가 숨 쉬는 대기는 유독해진다.

친구와 밤을 지새운다. 친구는 큰 공동주택에서 살고 있다. 아침에 나는 부엌에서 빈둥거린다. 딱 봐도 불구들이 사는 곳이

* 1940년대부터 살충제와 농약 등으로 널리 사용된 유기염소화합물이다. 농업용뿐만 아니라 티푸스, 말라리아 등의 퇴치를 위한 공중보건용으로도 사용되었다. 이를 잡기 위해 몸에 직접 뿌릴 정도로 흔히 쓰였으나, 1950년대 이후 인간 및 여러 동물에 대한 유해성이 확인되고 레이철 카슨의 『침묵의 봄』(1962)을 통해 대중적으로 알려지면서 현재는 대부분의 국가에서 사용이 금지되어 있다.

** 레스큐 레머디는 생약 추출물로 만든 스트레스 완화제이고, 클로노핀은 발작, 공황장애 등에 쓰는 클로나제팜 성분의 항불안제다.

다. 수저 서랍에는 빨대가 있고, 땅콩이 함유된 음식은 식료품실에 들이지 말고 냉동실에 아이스팩을 가득 채워두라는 메모가 냉장고에 붙어 있다. 옆방에서 친구 L.(백인이자 전동 휠체어 이용자인 그녀는 스스로를 펨김프Femmegimp***라고 소개한다)이 시간제 활동지원사(L.의 아침 루틴을 도와준다)와 나누는 이야기를 듣게 되었다. 그들은 첫 데이트 이야기를 나누는 중이다. L.이 농담과 조언, 칭찬을 전하며 활동지원사의 자신감을 북돋아 주고 있다. 그들의 대화는 이내 L.이 어떤 스카프를 걸치고 싶은지, 어떤 아이섀도가 어울릴지, 장애인콜택시는 언제 올지 하는 주제로 넘어간다.

✳

장애인과 돌봄을 제공하는 사람 간의 상호 의존적 관계는 종종 엉망진창이며, 인종차별주의, 성차별주의, 동성애 혐오, 트랜스 혐오, 비장애중심주의, 자본주의로 인한 힘의 불균형으로 가득 차 있다. 이러한 불균형은 종종 돌봄받는 이에게는 학대와

*** 로리 에릭슨Loree Erickson의 조어로, 기존의 범주들을 무너뜨리는 매혹적인 존재이자 대상으로서의 '펨'과 ('불구'와 마찬가지로) 장애를 전복적으로 전유하는 명칭인 '김프'(절름발이)를 이은 말이다. 장애여성의 신체를 정상성에 동화되지 않는 유동적인 몸이자 돌봄을 통해 차이를 수용할 수 있게 하는 몸, 성적인 몸으로 사유하기 위한 개념이다. Loree Erickson, "Revealing Femmegimp: A Sex-positiveReflection on Sites of Shame as Sites ofResistance for People with Disabilities," *Atlantis* 31.2, 2007, pp.42-52 참고.

방치를, 돌보는 사람에게는 낮은 임금과 노동착취, 여러 방향으로 오가는 괴롭힘을 야기한다. 그럼에도 불구하고 상호 의존은 존재한다. 가벼운 농담과 상호 관계로 둘러져 있건, 갈등과 위계와 착취가 가미되어 있건 간에.

백인 서구 문화는 인간과 인간 사이의 절대적인 의존뿐만 아니라 물과 돌, 식물과 동물, 인간과 비인간 존재의 필수 불가결한 관계까지도 이상하리만큼 부정하는 지경에 이르렀다. 이러한 부정의 문화 속에서 스스로 옷을 입거나 욕실에 가는 데에 도움이 필요하지 않은 이들이 상호 의존을 상상하려 한다면 실패하리라. 아침에 일어나는 일에서부터 밤에 잠자리에 드는 일까지 돌봄이 필요한 세상을 떠올리면, 압도적인 의존과 프라이버시 및 존엄성의 상실을 상상하게 된다. 우리는 잠시 멈춰 서서, 이러한 두려움이 드러내는 것은 진실이 아니라 상상력의 한계라는 사실을 알아차려야 한다.

*

어떤 면에서 장애를 주장한다는 것은 엉망진창이고 불완전하며 언제나 과정 중에 있는 일을, 이른바 상호 의존을 선택하는 일이다.

납작한 가슴을 원하기

나는 스스로 자기 수용self-acceptance과 사랑을 안다고 생각했다. 단순한 실천이라고는 할 수 없지만, 분명한 원칙은 있는 일이었다. 젠더화되고 섹스화된 자아가 입을 열기 전까지는. 이 이야기에 귀 기울이자, 내 안에 (가슴재건수술부터 호르몬대체요법에 이르는) 의료 기술을 사용하여 몸-마음을 다시 만들기를 바라는 뿌리 깊은 욕망이 있다는 사실을 발견했다.

우리의 모든 몸-마음은 태어나서 죽을 때까지 변한다. 한창 사춘기를 보내고 있거나 노년에 이른 사람도. 아프가니스탄에서 돌아와 최근 외상성 뇌손상traumatic brain injury을 입은 미군도. 폭탄으로 인해 다리가 날아간 아프가니스탄 시민도. 50킬로그램의 몸무게를 얻거나 잃은 이도. 다른 여자와 사랑에 빠져버리는 바람에 15년간의 이성애 결혼생활을 끝낸 여자도. 백인이라는 특권 내지는 행운, 교육이나 결혼을 통해 서너 세대에 걸쳐 가난에서 간신히 벗어난 가족도.

납작한 가슴을 드러낸 채 밖에 나섰던 마지막 순간을 기억한다. 아홉 살 무렵 아이다호에서 가족들과 야영을 했던 때였다. 갈비뼈와 흉골, 쇄골에 황혼이 드리웠다. 엄마는 그 자리에서 당장 티셔츠를 걸치라고 했다. 나는 항변했다. "왜 아빠는 셔츠를 안 입고 나가는데요?" 물론 여기에 제대로 된 대답 따위는 없다. "왜냐하면"만 있을 뿐.

우리의 몸-마음은 난잡하게 흐트러지고 변화하며, 시공간을 뚫고 천천히 자신의 길을 만든다. 절대 가만히 있지 않는다. 다양한 형태의 젠더 트랜지션gender transition*은 그러한 움직임 중 하나일 뿐이다. 나는 여성으로 지정받은 몸-마음으로 살되, 여자애로, 톰보이tomboy로, 다이크dyke로, 퀴어 여성으로, 부치butch**로 지내며 마음의 평안을 찾았다. 그러나 트랜지션에 대한 나의 욕망을 드러내 보이고 젠더퀴어genderqueer로, FTMFemale To Male 트랜스젠더로, 백인 남자로 사는 일은 내가 그동안 자기 수용과 사랑에 관해 알고 있었던 모든 것을 시험대에 오르게 했다.***

---

*　자신이 정체화한 젠더 정체성에 맞게 젠더 표현이나 성별 특성을 바꾸는 것을 말한다. 지정된 젠더와 정체화한 젠더 간의 불일치에서 오는 디스포리아를 줄이기 위한 실천으로서, 외과수술과 호르몬대체요법 등의 의료적 치료부터 법적 성별 정정, 외모와 복장의 변화까지를 포함하는 다양한 양상으로 나타난다. '성전환', '성별 이행', '성 재지정' 등의 용어로도 번역된다.

**　톰보이, 부치, 다이크는 모두 소위 '남성적'인 여성을 가리키는 범주의 용어들에 속한다. 톰보이는 전형적인 남성 청소년을 연상시키는 '여성'을 가리키는 표현이다. 부치는 이른바 '남성적'이라고 여겨지는 행동, 옷차림, 말투 등을 통해 자신을 나타내는 '여성'을 일컫는 말로, 펨femme과 함께 레즈비언 커뮤니티 내에서의 대표적인 젠더 표현이다. 다이크는 본래 여성의 남성성을 가리키는 속어로서, 동성애 혐오적이고 남성 우월주의적인 사회에서 여성을 모욕하기 위한 욕으로 사용되었으나 이후 성소수자의 정체성 표현으로서 전유되었다.

***　젠더퀴어는 젠더를 남성과 여성으로만 가르는 젠더 이분법과, 지정받은 성별에 주어지는 젠더 규범을 따라야 한다는 시스젠더 규범성에 저항하는 젠더 정체성을 가리킨다. 사회적 여성성을 거부하면서도 여성으로 정체화하던 시기를 지나 스스로를 트랜스남성으로 재정체화하게 된 저자의 여정을 밝히는 대목이다.

나는 가슴이 좀체 커지지 않는 여자아이다. 열네 살이 되도록 엄마가 크리스마스 선물로 사준 스포츠 브라를 입을 필요가 없다. 당혹스럽고 안달이 난다. 라커룸에서 남자친구 이야기를 속닥이며 으스대는 학교 여자애들 이야기는 딴 세상 일 같다. 하지만 가슴이 자라기 시작하면서 몇 달 만에 내 몸-마음의 모양이 바뀌자, 나는 완전히 망연자실한다. 엄마가 나를 신경 쓰는 게 너무 싫다.

지금 이 순간, 이 장소에서 의사들은 장애와 마찬가지로 섹스와 젠더를 명명하고 분류할 권한을 쥐고 있다. 세상을 향해 울음을 터뜨리며 힘찬 첫 숨을 몰아쉬는 바로 그때에 우리는 "남자아이" 아니면 "여자아이"이라고 공표된다. 그 결정이 쉬이 내려지지 않을 때, 아이의 생식기가 전형적인 남성 혹은 여성의 몸-마음이라고 연상되는 것과 맞지 않을 때, 이 탄생은 의학적인 위급 상황이 된다. 그들은 갓난아기를 성 분화 장애dis-orders of sex differentiation에 속하는 여러 가지 상태 중 하나로 진단한다. 그러고는 그들의 기준에서 남자아이나 여자아이에 보다 걸맞은 음경이나 음순을 만들어 내는 생식기수술을 시행한다. 이러한 수술 중 대부분이 의료적으로 필수적인 것은 아니다. 이는 오히려 미용의cosmetic 영역이다. 정상적인 것을 강요하고, 비정상적이라고 규정되는 것을 잘라내 버리는 것이다.[7]

내가 태어나자 간호사는 나를 인큐베이터에 눕히고 정맥 주사용 점적기로 항생제를 투여했다. 적외선등 아래에서 돌려 눕

힐 때를 제외하곤 아무도 나를 만지지 않았다. 그러나 그보다도 먼저 의사들은 나를 여자아이라고 규정했다. 그로부터 2년 반 뒤 나를 정신지체라고 명명했던 것처럼. 몸-마음을 분류하는 자신의 권위를 한 치도 의심하지 않고.

나는 고등학교 2학년과 3학년 사이의 여름을 숲속에서 일하며 보내는 톰보이다. 나와 친구들 스무 명은 청소년 자연보호단Youth Conservation Corps 로고가 수놓인 얇은 파란색 활동복을 입는다. 나는 보통 브래지어는 입지 않고, 티셔츠를 받쳐 입는다. 속옷을 입지 않았다는 것이 빤히 드러나, 우리 팀의 다른 여자애들을 신경 쓰이게 한다. 그들은 여름 내내 나를 괴롭히고 훈수를 둔다. 나는 그들을 무시한다. 팀의 리더들 중 하나인 스물세 살 히피 남자가 내게 왜 브라를 입지 않느냐고 콕 집어 묻기 시작한다. 그의 눈이 내 몸-마음을 훑는다.

수십 년이 지나 나는 내가 납작한 가슴을 원한다는 사실을 깨닫는다. 그 욕망에 다다르고 그것을 받아들이기까지 오랜 시간이 걸렸다. 내 몸-마음 정치는 성형수술, 특히 미용 목적의 성형수술은 나쁜 것이라고 나 자신에게 속삭였다. 성차별적이고 인종차별적인 미의 척도를 강요하고, 몸-마음의 자해와 혐오를 부추기는 가부장제의 도구라고 말이다. 나는 부유한 백인 시스젠더cisgender* 여성들과 코수술, 복부지방제거수술, 가슴확대수술을 생각했다. 키 작은 아들이 키 큰 남자로 자랄 수 있다는 희망으로 합성성장호르몬에 수천 달러를 쏟는 상위 중산층 가족을 생각했다. 가장 기본적인 보건의료도 제공받지 못하는 가난한 사람들을 생각했다. 어머니는 나를 임신한 동안 건강보험도 없었던 데다 산전관리도 거의 받지 못한 바람에, 나를 낳을 때가 다 되어서야 그 옆에서 자라고 있던 난소낭종을 발견했다.

나는 걸친 옷 아래로 가슴이 늘어져 있는 다이크다. 나는 여성 평화 캠프women's peace camp에 살며 성차별과 남성에 대해 분노한다. 우리 중 많은 이들이 윗옷을 벗고 햇살과 바람과 물이 우리의 피부에 닿는 것을 만끽한다.

성형외과 의사들은 자신의 몸-마음의 외양을 바꾸고 싶어하는 사람들로부터 실로 높은 수익을 얻는다. 특히 이중절개 유방절제술, 음경재건술, 안면여성화수술, 목젖제거수술, 난소적출술, 질 성형 등에 특화된 의사들은 섹스화되고 젠더화된 자신을 바꾸려 수술을 감당하는 트랜스와 트랜스섹슈얼 덕분에 백만장자가 된다. 세상을 변화시키고 내 몸-마음은 있는 그대로 드러내는 것이 나의 정치였다.

나는 애인의 가슴을 어루만지는 스톤 부치**다. 손가락으로,

* 사회에서 지정받은 성별과 본인이 인식하는 성별 정체성이 동일하거나 일치한다고 느끼는 사람을 뜻한다.
** 옷차림이나 행동, 말투 등에서 전통적인 마초성을 체화한 부치를 가리키는

혀로, 떨리는 손길로 아낌없이 만진다. 깨물고 꼬집고 빨아서 달아오르게 할 줄 안다. 그러나 애인들이 내 가슴에 손을 뻗을 때, 나는 그 손길을 느낄 수가 없다.

젠더 정체성 장애

정신지체, 뇌성마비, 정신분열, 젠더 정체성 장애와 내가 맺는 관계는 폭넓다. 정신지체는 중간에 빠지긴 했지만 아직까지도 혐오 표현이라는 형태로 나를 따라다닌다. 뇌성마비는 나의 부모가 치유를 탐색하는 동안 나를 찾아냈다. 내가 장애인 접근성을 요청할 때, 의료산업 복합체에서 길을 찾을 때, 혹은 무작위적인 호기심을 맞닥뜨릴 때 사용하는 편리한 속칭이었지만, 삶을 뒤바꾸는 계시가 되지는 않았다. 정신분열로부터는 가까스로 도망쳤다. 목소리를 듣고 환영을 보는 것이 본질적으로 나쁘거나 잘못되었기 때문이라기보다는 그 진단이 동반하는 의학적 치료와 사회적 상황이 때로 끔찍했으므로, 탈출했을 때는 감사한 마음이 들었다. 한편 젠더 정체성 장애의 경우, 나는 능동적으로 그것을 찾아냈다.

나의 젠더퀴어 자아를 위해 진단이 필요했던 것도, 젠더화되

젠더 정체성 표현으로서, 레슬리 파인버그Leslie Feinberg의 소설『스톤 부치 블루스Stone Butch Blues』를 통해 알려졌다. 성행위 중 옷을 벗지 않거나 상대의 접촉을 허용하지 않는 것으로 특징지어진다.

고 섹스화된 몸-마음을 재형성하고 싶은 욕망을 이상disorder으로 여긴 것도 아니었다. 나는 그저 가슴재건수술을 원했다. 의사는 내가 젠더 정체성 장애를 가지고 있으며 수술을 받을 적합한 지원자임을 확인해 주는 치료사의 의견서를 요청했다. 젠더 트랜지션을 위한 의료 기술을 제공하는 2002년의 틀에서 보면 나의 의사는 특별히 진보적인 것도 보수적인 것도 아니었다. 국제젠더디스포리아협회International Gender Dysphoria Association의 해리 벤저민Harry Benjamin이 수립한 2001년 치료 기준에 따르면, 의사는 더 많은 것을 요구할 수도, 훨씬 적은 것을 요구할 수도 있었다.[8] 의견서 없이 수술할 수도 있었지만, 그는 분명히 의견서를 요구했다.

＊

일반적인 진단처럼, 젠더 정체성 장애도 특정한 몸-마음의 상태를 기술하고 치료의 과정을 제시하는 고정된 범주로 생각될 수 있다. 혹은 시간과 공간, 문화와 과학 사이에 내장된 도구로 여겨질 수도 있다. 젠더 정체성 장애는 2002년에는 『DSM』 4판 개정판에 수록되어 있었으며 [그 앞뒤로] 수십 년의 역사를 짚어볼 수 있다.

그 역사 중 한 줄기는 1952년 『DSM』 초판과 함께 시작된다. 트랜스들과 젠더 비순응자gender-nonconforming people들의 몸-마음의 경험은 동성애, 의상도착증transvestism, 소아성애pedophilia, 페티시즘fetishism, 성적 사디즘sexual sadism 등과 더불어 "성적 일탈Sexual De-viations"이라는 대단히 중요한 범주에 포함되었다. 그때부터 1994년 젠더 정체성 장애로 알려지기 전까지, 이 진단은 총 네 번의 개정을 반복하며 계속해서 변해 왔다. 1980년, 레즈비언·게이·바이섹슈얼의 정체성 및 경험은 『DSM』 3판에서는 삭제되었고, "성적 일탈"은 "성도착증Paraphilias"이, "의상도착증"은 "의상도착적 페티시즘Transvestic Fetishism"이 되었다. 트랜스성Transness 또한 성인기와 청소년기의 "성전환증Transsexualism"과 "아동기의 젠더 정체성 장애Gender Identity Disorder of Childhood"라는 두 가지 진단으로 등장했다. 1987년 개정된 『DSM』 3판 개정판에서는 이 복잡한 진단의 더미 위로 "청소년기와 성인기의 젠더 정체성 장애, 비성전환 타입Gender Identity Disorder of Adolescence and Adulthood, non-transsexual type"이 추가된다. 1994년 『DSM』 4판에서는 이러한 진단들 대부분이 성인기의 증상 목록과 유년기의 증상 목록으로 나뉜 "젠더 정체성 장애"로 결합된다. "의상도착적 페티시즘"은 그대로 남아 있다.[9]

이 시점에서 내 머리는 어질어질해진다. 각 진단의 기준은 계속해서 변화한다. 범주들 사이의 선은 흐릿하다. **장애, 성도착, 페티시**라는 말이 미로 속에서 울려 퍼진다. 수치심, 폭력, 혐오가 바짝 따라붙는다. 『DSM』에 관한 한 중립적인 것은 없다.

＊

젠더 정체성 장애에 대한 나의 탐구는 『DSM』 4판 개정판에서 시작되었다. 2002년의 표준치료지침Standards of Care에 따르면, 가장 보편적인 치료는 3개월간 정신과 치료를 받은 뒤 호르몬 대체요법을 받고, 이후 가슴재건수술을 비롯한 여러 수술 중 하나를 받는 것이었다.[10] 수술 전에 호르몬치료를 요구하지 않는다는 의사를 만난 후에는, 같은 철학을 가진 치료사를 찾기 시작했다. 3개월의 [정신과] 치료도 요구하지 않는 사람이어야 했는데, 치료의 일부는 보험 처리가 되지 않았기 때문이다. 지역 트랜스 커뮤니티에서 수소문한 끝에 어떤 사회복지사를 만날 수 있었다. 그녀는 5회기의 치료를 제안했다.

그녀는 많은 질문을 쏟아냈다. 몇몇 질문만이 통찰력 있었고, 대부분이 부적절한 질문이었으며, 몇몇은 대놓고 모욕적이었다. 그녀가 이렇게 물었던 순간을 생생히 기억한다. "아버지가 크로스드레서cross-dresser*였나요? 그에게 성적 페티시나 도착perversion이 있었나요?" 그녀는 어머니에 대해서는 묻지 않았다. 어머니의 행동은 중요치 않은 것이 분명했다. 나는 침묵했다. 아이러니가 나를 휘감았으므로. 내가 알기로 아버지는 크로스드레서가 아니었지만, 나는 크로스드레서였다. 십 대 내내 줄곧 아버지

＊　특정 문화에서 자신과 다른 성별에 속한다고 인식되는 옷을 입는 이들을 가리킨다. '복장전환자' 또는 약어로 CD라고도 불린다.

의 작업복을 입었으니까. 나는 그가 내게 물려준 해진 청바지와 플란넬 셔츠를 몹시 아꼈다. 어머니는 나이 먹고 몸도 성치 않은 crippled 딸이 아버지의 옷을 입는 것을 몹시도 싫어했다. 하지만 아버지는 아동 성범죄자, 『DSM』의 언어로 말하자면 소아성애자이기도 했다. 그러한 현실이 내 유년기 전체를 만들었다. 차라리 아버지가 크로스드레서였다면 훨씬 좋았을 것이다.

아버지에 대한 부적절한 질문들은 『DSM』 4판에서 적절한 것이 되었다. 젠더 정체성 장애는 "성도착증"으로 묶이는 "의상도착적 페티시즘" 및 "소아성애"와 같은 챕터에 실려 있다. 이러한 분류에서 치료사의 질문은 임상적으로 타당했다. 다른 말로 하면, 치료사는 『DSM』의 분류 체계를 토대로 젠더 정체성 장애와 나의 아버지, 그리고 나를 이해한 것이었다.

5회기가 끝나고 나는 필요했던 의견서와 진단을 받았다. 전체 회기 동안 자아에 대한 감각을 잃지 않을 수 있었던 것은 내가 커뮤니티에 속해 있었고, 치료 루틴에 익숙했으며, 어느 정도로 솔직해야 하는지 알고 있었던 덕분이었다.

✳

그러나 아직 미로는 끝나지 않았다. 『DSM』 4판은 『DSM』 5판이 되었고, 젠더 정체성 장애는 이제 젠더 디스포리아gender dysphoria, GD*가 되었다. 트랜스들의 젠더 정체성 자체보다는, 그 정체성이 우리에게 가져다줄 수 있는 고통에 보다 초점을 맞춘 이름이다. 이 새로운 진단은 이제 "성별 및 젠더 정체성 장애"에 묶이는 것이 아니라 별개의 장을 갖는다. 한편 "의상도착적 페티시즘"은 보다 확장된 기준 항목들을 갖춘 "의상도착적 장애Transvestic Disorder"가 되어 "성 기능 장애Sexual Dysfunctions"의 범주에 남아 있다. 젠더 정체성 장애에서 젠더 디스포리아로의 이행은 단순히 일어난 일이 아니라, 트랜스 활동가들이 『DSM』 5판을 작성하는 워킹그룹에 상당한 압력을 행사한 결과였다.[11]

이 미로를 탐험하면서, 나는 시간이 지남에 따라 『DSM』이 얼마나 많이 바뀌어 왔는지를 보며 충격을 받았다. 이러한 변화는 어떻게 진단이 지어지는지를 단적으로 보여준다. 젠더 정체성 장애나 젠더 디스포리아에 관해 불가피하고 자연스럽고 본질적인 것은 하나도 없다. 이것들은 현재 백인 서구 사회의 문화적·과학적 믿음과 관습을 비추는 가공된 범주들이다. 학계는 이러한 견해를 사회적 구성물social construction이라고 부르지만, 나는 **지어낸 것**made up이라는 직설적인 단어가 진단이 범주화하는 몸-마음과 진단의 관계를 더 잘 드러낸다고 생각한다. 요컨대,

---

*　'성별 위화감', '성별 불쾌감'이라고도 한다. 『DSM』 5판 개정판에서는 "개인이 경험하고 표현하는 성별과 지정된 성별 사이의 뚜렷한 불일치에 수반되는 괴로움"으로 정의하고 있다. 반대 성별이 되고 싶은 욕망, 반대 성별로 대우받고 싶은 욕망, 반대 성별의 성적 특징에 대한 욕망 등이 임상적으로 유의미한 불편감이나 사회생활에서의 어려움을 초래하는지를 진단의 기준으로 삼는다. 정체성 자체를 병리화하지는 않으면서도 불편감의 해소를 의료적으로 지원할 근거를 마련하는 개념으로서 고안되었다. 한편, 여전히 사회의 이분법과 고정관념이 가하는 부담을 개인의 감정으로 환원하고 있다는 비판도 있다.

『DSM』은 특정한 세계관으로 경험을 명명하고 조직하고 그로
부터 의미를 만들어 내기 위해 개별적인 몸-마음의 경험들 위
에 투영된 고도의 구축물이다.

＊

많은 트랜스 활동가들이 젠더 정체성 장애나 젠더 디스포리
아에 근본적으로 의문을 제기한다. 우리는 왜 이러한 진단들이
『DSM』에 끼어 있는지 알고 싶어 한다. 우리는 의료산업 복합
체가 우리의 젠더를 이상으로 규정하는 방식에 반대한다. 우리
는 우리에게 강요되는 병리학에 저항한다.

그러나 나는 우리가 더 멀리 갔으면 한다. 『DSM』 자체를 해
체하는 일, **이상**과 **결함**이라는 개념을 폐기하는 일, 백인 서구의
진단 너머에 있는 의료 기술에 접근하는 다른 방법을 모색하는
일을 상상했으면 한다. 그렇다, 나는 반란을 제안하고 있다.

우리를 주장하기

글로리아, 더 나은 삶을 위한 재단의 광고판에서 난독증을 극
복했다는 우피 골드버그를 볼 때면 1959년의 당신을 생각해요.
선생들이 멍청하다며 1학년으로 유급시켰던 여섯 살배기 당신
을요.[12] 당신은 커다란 알파벳 덩어리가 적힌 페이지를 넘겨가

면서, 그것들을 거꾸로 훑어가면서 독학했죠. 선과 굴곡이 마침 내 또렷해졌어요. 당신은 개별화교육계획과 미국장애인법Americans with Disabilities Act*이 도입되기 전까지 고군분투하며 공립학교를 다녔고, 오랜 시간 궁지에 몰렸지요. 그렇게 가까스로 특수교육을 비껴갔어요. 나는 1970년대 중반, 부유한 백인들의 캠퍼스 속에 있는 당신의 모습을 상상해요. 당신이 어린 시절을 보낸 가난한 흑인 동네에서 그다지 멀지 않은 곳이었죠.

우리가 서로를 알고 지냈을 무렵, 당신은 스스로가 어떻게 유년 시절의 지독한 가난으로부터 벗어나 대학교에 들어갈 수 있었는지 이상하게 여겼어요. 당신은 가족 중 졸업장을 받은 최초이자 유일한 사람이었어요. 형제자매들이 약과 술, 계획되지 않은 임신, 무분별한 체포로 고생하는 것을 지켜보았죠. 당신의 탈출이 당신을 괴롭히고 있었어요.

함께 〈우피 골드버그: 브로드웨이 라이브〉를 보았던 게 기억나요. 비디오가 나오자마자 당신의 아파트에서 보았지요. 우리 사이에는 팝콘 한 그릇이 놓여 있었고, 테이프 돌아가는 소리가 났어요.[13] 우피 골드버그는 놀라웠어요. 안네 프랑크의 집에 방문한 흑인 마약중독자부터 불법 낙태 시술을 받는 백인 십 대 서퍼까지, 쭉쭉 펴진 금발의 긴 머리를 원하는 어린 흑인 소녀부터 결혼 계획을 세우는 지체장애인 흑인 여성까지 마법처럼

---

*   1990년에 제정된 포괄적인 장애인차별금지법이다. 취업, 공공시설 이용 등에 있어 장애인 차별을 금지하고 교통, 통신 등의 접근성을 확대하도록 했다. 자세한 내용은 『장애의 역사』 314~315쪽을 살펴볼 수 있다.

오갔죠. 우리는 웃었고, 침묵했고, 생존과 폭력에 대한 이야기를 며칠에 걸쳐 나누었어요. 하지만 당신은 당신의 난독증을 결코 우피 골드버그의 난독증과 연결 짓지 않았어요.

당신은 열심히 살았어요. 난독증을 극복하기 위해서가 아니라 교육을 받으려고, 졸업 후 안정적인 직장을 가지려고, 적대적이고 의뭉스러운 상사 아래에서도 꿋꿋이 일하려고, 일상적인 괴롭힘 속에서도 안전하고 강인하게 지내려고 애썼죠. 수년 동안 쓰고 공부해서 시인이 되었고 공중보건 간호사가 되었어요. 당신 스스로를 입증하고 또 입증했어요. 읽고 쓰는 것이 더뎠지만 장애인 접근성을 요청하는 법이 없었어요. 난독증을 절대 장애로 명명하지 않으려고 한 거죠. 사람들이 자신을 장애인으로 정체화하지 않는 데에는 많은 이유가 있어요. 만약 당신이 유색인 장애여성을 몇 명이라도 알았더라면, 장애인권운동이 덜 백인 중심적이었더라면 당신이 그 말을 받아들일 수 있었을까요?[14]

우리는 이야기를 바탕으로 관계를 쌓았지요. 영화관에서, 피자 가게에서, 시 읽기와 창의적 글쓰기 워크숍에서 만나 몇 시간이고 앉아 우리의 삶에 관해 이야기를 나누고, 치열하게 듣고, 그보다 더 많이 웃었지요. 우리의 관계는 데면데면한 첫 만남과 분명한 감정 사이에서 오락가락했어요. 우리 둘 다 막 레즈비언으로 정체화했을 무렵이었지요. 나는 나대로 또 다른 사람에게 내 몸-마음을 열어 보이기를 두려워하면서도 갈망하고, 그렇게 할 수 없다고 느끼던 중이었어요. 당신은 당신대로 자신의 퀴어성을 침례교 가정과 교회, 당신을 그때까지 살게 한 신과 화해시키려고 분투하고 있었고요.

당신의 시는 반쯤 연애편지 같았어요.

> 우리는 서로를 데려갔지
> 우리들의 다락으로
> 하나로 이어지던 생생한
> 상상…

우리가 처음 만났을 때 나는 당신이 나고 자란 도시에 막 도착한 참이었어요. 오리건의 벽지에서 달아나 새로운 사유와 존재의 방식을 빠르게 소화하던 어린 장애인 퀴어였지요. 우리는 이야기를 나누었어요. 서른 살인 당신과 스무 살인 나, 흑인인 당신과 백인인 나, 도시에서 나고 자란 당신과 시골 출신인 나 사이의 틈에 다리를 놓을 수 있는 것은 오직 이야기뿐이라는 듯이. 당신과 나를, 하나로 이어지던 생생한 상상을, 고마움과 다정함을 담아 기억하고 있어요.

당신은 난독증 이야기를 해주었어요. 혼자 쓰는 법을 깨쳤던 일, 학교에서 겪은 비참함, 근래에는 지도를 읽는 데에 어려움을 겪고 있다는 이야기까지. 당신은 수치심과 상처에 이름을 붙였지만, 그 경험들을 결코 장애와 연결 짓지는 않았어요. 우리의 관계에서 장애가 있는 것은 내 쪽이었죠.

나도 내 이야기를 들려주었어요. 30년이 지난 지금도 수십 번씩 되풀이하고 있는 내 이야기들을요. **지진아**와 **원숭이**라고 불렸던 일, 학교에서 고군분투하며 버티던 일, 이해받지 못했던 느리고 어눌한 내 말, 염치도 없이 빤히 바라보던 낯선 사람들. 그러나 당시엔 그 이야기들을 입 밖으로 내본 적이 한 번도 없었어요. 나는 처음으로 그런 순간들을 세세히 드러내 보였어요. 난독증과 비장애중심주의를 몸소 살아낸 경험을 가진 당신이 내게 귀 기울였기 때문에.

그때 이야기하지 못했고, 사실 지금도 말하기 어려운 장애에 대한 다른 이야기도 있어요. 목소리를 듣고 환영을 본다거나 정신병동에 입원했던 일, 그저 살아 있기 위해서 몇 주 동안 집에서 꼼짝 못 하고 있었던 일 같은 거요. 변태적인 섹스의 표현이나 폭력에 대한 묘사와 행동, 대화가 내 몸-마음을 지난날로 잡아채는 바람에 퀴어 커뮤니티에서 도망쳐야 했던 시간에 대해서도 말하는 것이 꺼려져요. 이런 이야기들은 잘 꺼내지 않아요. 수치심의 진창에 빠져 있는 그 이야기가 사실이 아니기를 바라니까. 내 떨리는 손은 숨기지 못하지만, 그런 경험들은 숨길 수 있으니까. 그런 종류의 장애는 차라리 주장하지 않는 편이 나으니까.

작가이자 퍼포머인 레아 락슈미 피에프즈나-사마라시나Leah Lakshmi Piepzna-Samarasinha는 젠더, 인종, 섹슈얼리티, 장애가 한데 뭉쳐진 상태에 대해 이렇게 말해요. "유색인 퀴어 여성은 … 이미 씨름해야 하는 것들 이상의 정체성을 바라지 않는다. 우리 몸은 거칠고 괴물 같고 사납고 유혹적이며 무능한 것으로 여겨진다.

우리는 (장애의) 이 연약함, 취약성, 상호 의존성을 어떻게 받아들일 수 있을까? 우리의 일을, '가시철조망의 날카로운 _끄트머리_' 위에 있는 우리의 자리를 어떻게 하면 부지할 수 있을까?"[15] 당신은 무엇을 드러내고 무엇을 숨겼나요? 나는 어땠을까요?

글로리아, 질문을 하다 보니 하나로 이어지던 우리의 생생한 상상으로 돌아가고 싶어져요. 함께 춤췄던 때가 기억나요. 몸-마음은 어색해지고 자꾸만 리듬을 놓치곤 했죠. 하지만 우리의 이야기들은 정확히 어떻게 흔들리고 구부러져야 하는지, 어떻게 얼버무리고 절뚝여야 하는지, 무도회장을 가로지르는 들쭉날쭉한 글자들 속으로 어떻게 난입해야 하는지 알고 있었어요. 이번에는 균열을 통과하고 틈새를 가로지르며 이렇게 말해볼 수도 있겠죠. 장애는 강인하면서 취약한 것이라고. 상호 의존적인 일이면서 고된 일이라고. 위험이자 두려움이라고. 백인이자 장애인이자 레즈비언 시인인 로라 허시Laura Hershey는 이렇게 썼어요. "부서지고 휘어졌지만 온전한, 우리의 아름다운 불구의 몸들."[16] 그녀의 말을 빌려 우리 자신은 아침의 커피만큼이나 평범하다고 주장해요.

드랙퀸

트랜지션을 하기 몇 년 전이다. 나는 디트로이트의 한 드랙퀸Drag Queen 쇼에 있다. 퀸들은 도나 서머Donna Summer, 메리 채핀 카펜터Mary Chapin Carpenter, 글로리아 게이너Gloria Gaynor의 노래에 립싱크를 하면서 런웨이를 장악한다. 그들은 우리가 웃고 춤추고 자지러지도록 뽐내며 걷고 노래한다. 나도 차려입었다. 등이 새틴으로 된 조끼, 각을 살려 다린 바지, 바짝 깎은 머리. 다이크 친구들 무리에 끼어 앉는다. 1달러 팁을 퀸들의 스타킹과 뷔스티에 틈새로 찔러 넣는다.

잠시 바람을 쐬고 돌아가다가 제일 좋아하는 퀸을 위해 문을 잡아주게 된다. 바들거리는 내 속의 부치성butchness이 여지없이 드러난다. 그녀는 감사를 표하고, 나는 그녀의 반짝이는 금빛 구두에 대해 칭찬한다. 내 말이 끝난 순간, 그녀는 나를 열여섯 살 소년이 아니라 서른 살의 부치로 다시 인식한다. 그녀는 깜짝 놀라 몸을 살짝 흔든다. 그 짧은 순간, 쇼가 끝난 후 그녀가 가발을 벗고 옷을 갈아입고 집으로 돌아가는 광경이 눈에 보이는 듯하다. 그리고 다시 지금 여기, 우리는 어린 장애인 남자와 화려한 퀸으로 돌아온다. 그것으로 거의 충분하다.

9장
치유의 영향

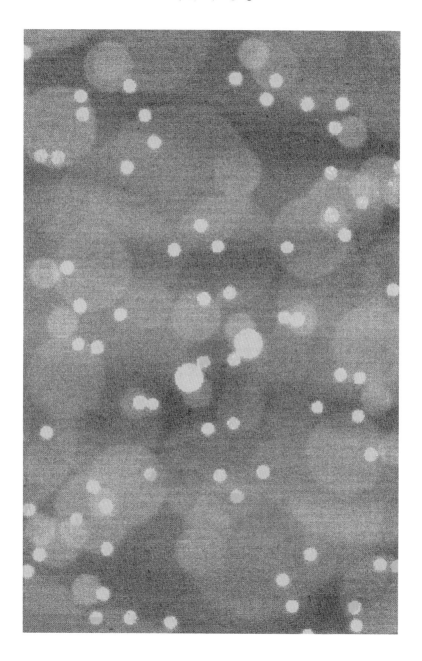

끝없는 질문들

어디가 아프시죠
어디서 왔나요
여자예요, 남자예요

낯선 사람들과 의사들, 연인이 될지도 모르는 이들이 버스정류장, 진료실, 첫 데이트 자리, 식료품점 통로에서 이렇게 질문한다. 그들의 질문에는 걸러지지 않은 호기심이, 넘쳐나는 고정관념이, 진단, 인종, 민족, 젠더의 지도에 우리를 위치 지으려는 욕구가 살아 숨 쉰다.

✳

누군가가 나의 몸-마음의 위치를 정하려 호기심 어린 질문을 던질 때면, 나는 딱 잘라 **뇌성마비**라고 답한다. 우리 육체의 현실을 명명하고 기술하는 진단의 권위를 받아들이는 것이다.

＊

머리카락을 만져봐도 될까요
수술을 받은 적이 있나요
어디가 불편하세요

그 지도에서 우리의 삶은 순전히 랜드마크가 된다. 노골적인
호기심이 예의, 존중, 관계 맺기를 대신한다. 이에 상응하는 질
문이 존재하지 않는다는 사실은 의미심장하다. 미국에서는 누
구도 이렇게 묻지 않는다. "어쩌다 이성애자가 되셨나요?", "자
신이 시스젠더 남성이란 걸 어떻게 아시죠?", "당신의 다리는
어쩌다 그렇게 균형이 잡혀서 당신을 똑바로 서게 만들고 어디
로든 데려다주나요?", "당신은 왜 항상 건강하지요?", "당신은
참 백인처럼, 미국인처럼 생겼네요. 어디서 오셨어요? 금발에
직모인 당신 머리카락을 만져봐도 될까요?" 끝없는 질문들과
진을 빼는 요구들은 오직 비정상적이고 이국적으로 보이는 우
리만을 겨냥한다.

백인, 이성애자, 시스젠더, 남성, 중·상류층, 기독교도인, 영
어를 쓰는, 날씬한, 젠더 순응적인, 비장애인인, 등록된 시민들
은 이 끝없는 질문을 피해 간다. 특권의 논리에 따르면 그들의
위치는 정해질 필요가 없다.

음경을 갖고 있나요

무슨 일이 있었던 거죠

그건 어디 억양인가요

✳

이렇듯 진을 빼는 대화에서, 두 단어로 된 진단명은 내 몸-마음에 대해 거의 아무것도 말해주지 않는다. 뇌성마비가 있는 친구들, 지인들, 시인들, 가수들, 코미디언들, 화가들, 법조인들, 활동가들, 블로거들, 정책가들, 교사들을 생각한다. 우리는 몸을 떨고 발음이 어눌하고 침을 흘린다. 비틀거리고 발을 헛디디고 넘어진다. 우리에게는 섬세한 운동 협응력이 없다. 어떤 이들은 근육이 위축되어 단단히 굽은 손을 가졌고, 또 어떤 이들은 손이 축 늘어져 있다. 우리는 휠체어를 쓰는 전신마비자quads, 목발을 쓰는 절름발이gimps, 다리를 조금씩 떨며 걷는 뚜벅이다. 우리는 의사소통 보조 기술을 이용한다. 우리의 발화는 동요하고 경련한다. 우리의 말은 숨소리가 섞인 속삭임처럼 들린다. 우리의 목소리는 힘이 없고 무르다. 호기심에 찬 사람들은 이 진단명 하나로 나에 대해 정말이지 무엇을 알게 되었다고 생각하는 걸까?

✳

나는 우리가 이 끝없는 질문들을 사납고 정의롭고 잊지 못할

시로, 날카로운 합창으로 바꾸어 내기를 바란다. 그렇게 된다면, 어쩌면 그 질문들은 우리를 소진시키지 못하리라.

애슐리의 아버지

단도직입적으로 말하겠다. 미디어에서 애슐리Ashley X라는 장애 아동의 아버지로만 알려진 그 남자에게 깊은 분노를 느낀다. 그는 애슐리의 정신이 생후 3개월 수준이라고 말한다. 2004년에 그와 애슐리의 어머니는 어느 외과 의사를 찾아가 여섯 살된 그녀의 몸-마음에서 자궁을 적출했다. 다른 의사를 찾아가 유선 조직을 제거했고, 어느 내분비과 의사를 통해 다량의 에스트로겐을 투여했다. 시애틀아동병원Seattle Children's Hospital 윤리위원회는 그의 결정을 지지했다. 이렇게 이어진 조치들은 소녀에서 사춘기를 거쳐 성인 여성이 되는 전형적인 발달 곡선을 멈추게 함으로써, 그들의 딸이 나이가 들어도 여전히 작고 아이 같은 몸-마음을 유지하도록 만들었다. 그는 애슐리를 자신의 "베개 천사"라 부른다.[1]

잠시 나의 분노에서 한발 물러서 보려 해요. 당신에게 사랑에 대해 정말 묻고 싶은 것이 있거든요. 당신은 당신과 당신의 아내가 딸을 사랑했기 때문에 그 모든 의료적 선택을 했다고 주장했지요. 잠깐 당신의 사랑을 믿고, 당신의 관점에서 한번 생각해 볼게요.

그들은 월경을 하고 가슴이 커지는 일이 주는 불편함과 성폭력의 위해harm, 임신의 위험으로부터 애슐리를 지키고 싶어 했다. 그녀를 보다 쉬이 돌볼 수 있도록 딸이 자그마하게 남아주기를 바랐다. 다시 말해서 그들은 딸이 안전하고 행복하기를 바랐다. 동시에 그들에게는 딸과 공유하는 언어나 소통 체계가 없었고, 딸이 영원히 의사 결정을 내릴 수 없을 거라고 믿었다. 그래서 그들은 딸의 인생을 바꾸어 놓는 이러한 의료적 선택을 내렸다. 애슐리의 아버지의 주장에 따르면, 사랑하기 때문이었다.

　　당신의 주장을 곧이곧대로 받아들이는 건 쉽지 않아요. 사랑은 수 세기에 걸쳐 켜켜이 쌓인 폭력을 정당화하는 데에 언제나 동원되어 왔으니까요. 말해보세요. 장애가 있는 딸을 양육하고 보호한다는 명목으로 불임수술을 시켜서 평생 월경도 하지 않고 가슴도 자라지 않게 하는 게 사랑인가요?

　　나는 손가락 하나만 움직일 수 있는 여자들을 알고 있다. 들숨 날숨으로 휠체어를 움직이는 여자들. 화장실에 가고 샤워를 하고 침대에 누울 때에도 타인의 도움을 받아야 하는 여자들. 침대를 떠나지 못하는 여자들. 컴퓨터나 글자판을 이용해 말하거나 그마저도 않는 여자들. 일흔에 말을 못 하게 된 여자들. 평생 말을 해본 적 없는 여자들. 어린 시절에는 의사소통 능력이 없다고 여겨졌던 여자들. 가슴이 크고 피를 흘리는 여자들. 이들은 모두 장애를 가진 이들이자, 안전하고 편안하고 행복한 여자들이다.

　　말해보세요. 장애가 있는 딸이 언제까지나 작고 아이 같도록

그녀의 몸-마음을 뜯어고치는 것이 사랑인가요? 당신의 사랑을 믿기 어려워요.

그는 애슐리가 생후 3개월 수준의 감정, 정신, 영혼, 자아를 갖고 있어서 결코 성인 여성이 될 수 없다고 믿는다. 애슐리의 열여덟 살 생일 전후였던 2015년, 한 인터뷰에서 그는 이렇게 말했다. "(의료적 조치가 없었다면) 아마 애슐리는 신체적으로 성장을 마친 성인 여성이 되었을 것입니다. 하지만 애슐리의 인지 수준은 성인 여성의 인지 수준에 이르지 못했을 거예요. 애슐리의 뇌는 신생아나 다름없어서 지능, 행위주체성agency, 의사 결정 능력을 비롯해 성인 여성의 다른 정신적 측면들을 모두 심각하게, 영구적으로 결여하고 있습니다."[2]

그녀의 상태에는 어눌한 내 혀에는 붙지도 않는 긴 라틴어 이름이 붙어 있다. 최근에는 그녀의 장애 역시 뇌성마비로 알려져 있다는 사실을 알게 되었다. 우리는 태어나면서 같은 위험을 마주했던 것이다. 애슐리의 아버지는, 애슐리가 받은 의료적 치료는 오직 심각한 상태의 장애 아동들만을 위한 것이라고 주장한다. 그는 장애가 덜한 사람들이 공포나 분노를 느낄 일이 아니라고 생각한다. 그는 걷거나 휠체어를 타는 사람, 추상적인 개념에 대해 소통할 수 있는 언어와 말 등의 수단을 가진 사람, 자신의 몸-마음에 대한 결정을 내릴 능력이 있다고 여겨지는 사람들은 위험에 노출되어 있지 않다고 주장한다. 그는 그런 말이 우리를 안심시키리라 생각한다.

말해보세요. 장애인인 딸의 자아를 수치화하고, 제멋대로 성인

여성의 정신을 규정하는 것이 사랑인가요? 병원 침대에 누워 있는 테리 샤이보의 모습을 떠올려요. 그녀를 두고도 더 이상 여자가 아니라고 단언할 건가요?

그는 자신이 하고 싶은 대로 주장할 수 있다. 하지만 나는 애슐리에게서, 그녀의 팽팽하고 빳빳한 팔과 함박웃음에서 나의 몸-마음을 본다. 나는 그녀에게서 불구의 아름다움crip beauty을 본다. 그녀와 나의 차이는 태어날 때 어느 뇌세포가 죽었느냐 하는 사소하고 단순한 차이일 뿐이다. 나는 (애슐리에 대한) 기사와 의학 논문, 기고문을 읽을 수 없었다. 그녀의 이야기가 나와 너무 가까웠기 때문이다. 나는 또 다른 "베개 천사" 애슐리일 수도 있었다.

베개 천사라는 두 단어는 할 말을 완전히 잃게 만들어요. 두 단어의 결합은 장벽이 되죠. 베개는 부드러운 쿠션이고 천사는 무결함으로 가득한 다정하고 영적인 존재예요. 그런데 베개 천사라고요? 나는 애슐리를 당신을 편안하게 하는 쿠션으로, 베개들 사이에 순순히 누워 있는 천사로, 영적인 관념으로 그리게 돼요. 세속적이고 일상적이고 너저분한 딸의 몸-마음을 부인하는 게 사랑인가요? 당신은 딸의 험악하고 고약하고 불경한 면도 사랑하나요?

그는 애슐리뿐만 아니라 그녀와 같은 다른 중증 장애 아동들도 베개 천사라고 부른다. 그는 장애, 백인성, 무결함, 수동성, 축복 사이에 깊이 배어든 연관성을 활용해, 몇몇 인터뷰와 자신의 웹사이트에서 특정 집단 전체를 가리켜 이 두 단어를 쓴다.

당신이야 베개 천사라는 말을 사랑의 표현으로 썼겠지만 내게 그 단어들은 뼈에 사무치는 분리와 배제로, 인간성의 부정으로, 혐오에 가까운 것으로 다가와요. 자신의 몸-마음에 내린 부모의 판단을 이해할 수도 말할 수도 없는 애슐리가 수동적인 존재도, 천사도, 축복도 아닌, 그저 장애를 가진 여자아이일 수는 없었나요?

이러한 모든 사랑을 통해 그는 애슐리의 아버지라는 정체성만을 고집하면서 한사코 익명성을 유지한다. 그의 웹사이트에는 가족들 사진이 많이 올라와 있다. 2006년에 찍은 한 사진에서 그들은 크리스마스트리 옆 난롯가에서 포즈를 취하고 있다. 그의 아내와 애슐리, 또 다른 딸은 빨간색 옷으로 맞춰 입었다. 두 소녀의 옷은 서로 잘 어울린다. 애슐리는 그의 무릎에 앉아 품에 안긴 채 카메라를 보며 웃고 있다. 눈은 갈색이고 몸-마음은 빳빳하며 턱은 살짝 비틀려 있다. 장난기가 가득해 보인다.[3]

당신네들은 정말이지 그림 같은 백인 이성애 가족이군요. 애슐리를 제외한 모두의 눈을 가리고 있는 검정 막대만 빼면 말이에요. 딸이 겪은 의료적 조치들을 설명하고 홍보하면서도, 당신들의 프라이버시는 지켜야겠어서 내린 결정이겠죠. 하지만 애슐리의 프라이버시는요?

이 뒤바뀜이 나를 망연자실하게 한다. 1세기가 넘도록 장애인, 비만인, 인터섹스intersex*, 안면 기형이 있는 사람, 유색인은

---

*   염색체, 생식샘, 성호르몬, 성기 등에서 전형적인 남성이나 여성의 신체로 규

의학 교과서에 실리고 있다. 그들은 빈 배경 앞에서 나체 상태로 혹은 거의 나체인 채로 포즈를 취했다. 그렇게 탄생한 이미지의 캡션에는 여러 의학 용어가 달리고, 검정 막대가 그들의 눈을 가린다. 의료산업 복합체는 이 사진들이 필수적인 교육 도구라고 주장하면서, 검정 막대가 사진 속 등장인물의 익명성을 지켜준다고 말한다. 그러나 나는 활동가 셰릴 체이스Cheryl Chase의 말에 동의한다. 그녀는 "눈을 가리는 그 까만 사각형이 성취하는 것은 오직 하나다. 보는 이로 하여금 등장인물의 시선을 피할 수 있게 하는 것"⁴이라고 잘라 말했다.

얼굴을 가리며 몸-마음의 나머지 부분을 부각하는 데 일조하는 이 음침한 검정 막대는, 크리스마스 사진에서만큼은 장애인이 아니라 비장애인 위에 놓였다. 그러나 이 맥락에서 검정 막대는 애슐리의 몸-마음을 훨씬 더 많이 드러내면서 사실상 애슐리를 주목하게 만든다. 나로서는 그녀의 활짝 웃는 모습을 볼 수 있어서 좋다. 낯익은 구부러진 손목과 뻣뻣한 목이 나를 사로잡는다.

딸을 인터넷과 미디어에 전시하면서 당신들 프라이버시만 지키는 게 사랑인가요? 사랑은 보호하고자 하는 욕망과 엮여 있어요. 당신은 불편함과 폭력적인 돌봄, 혹시 모를 시설화로부터 애슐리를 보호하고자 하는 간절한 바람을 여러 차례 내비쳤지요.

<hr>

정되지 않는 성적 특징을 가진 사람으로, 간성이라고도 불린다. 매년 세계 인구 중 0.05~1.7퍼센트가 인터섹스로 태어나는 것으로 추정된다.

하지만 그녀의 프라이버시를 보호하는 것은 우선순위에 들지 못했나 보군요. 나로서는 당신의 사랑을 의심할 수밖에요.

그는 그들 부부가 행한 의료적 선택을 가로막는 법안을 비난한다. 그는 이렇게 적었다. "취약 계층을 강제단종수술로부터 보호하는 법안을 지지하면서도, 그 법안은 의사 결정을 내릴 수 있는 사람들과 … 애슐리(처럼)… 의사 결정 능력 비슷한 것조차 영영 가질 수 없는 사람들을 구분하기에는 너무 광범위해 보인다."[5]

이것 봐요. 얼마 전까지만 해도 우생학자들은 건강하고 힘 있는 국가를 만든다는 명목으로 당신이 원하든 원하지 않든 애슐리를 백치로 분류하고, 가두고, 단종수술을 시켰을 거예요. 1899년에서 1982년 사이 서른세 개의 주에서는 우생학적 단종법을 통과시켰고, 6만 건의 강제자궁절제술, 난관결찰술, 고환절제술, 정관절제술을 시행했으니까요. 겨우 수십 년이 지난 지금, 보호받고 있는 것은 누구인가요? 사랑은 역사를 지우지 않아요.

＊

어떤 아버지가 장애인인 딸의 몸-마음을 수술과 호르몬으로 완전히 뜯어고치면서 그것을 사랑이라고 부른다. 딸에게 "베개천사"라는 이름을 붙이면서 그것을 사랑이라고 부른다. 딸의 프라이버시가 아니라 자신의 프라이버시를 보호하면서 그것을 사랑이라고 부른다. 성인 여성이 될 수 있다는 사실을 부인하면서 그것을 사랑이라고 부른다. 분노가 나를 집어삼킨다.

사랑이요? 감히 이걸 사랑이라고 부른다고요? 당신의 관점을 받아들일 수 없어요.

*

2015년에 찍은 애슐리의 사진을 보고 있다. 유방절제술, 자궁절제술, 다량의 에스트로겐 투여치료를 받은 지 몇 년이 지났을 즈음이다.[6] 거의 열여덟 살이 된 그녀가 만개한 철쭉 덤불 옆에 앉아 있다. 그녀가 기대고 있는 베개는 밝은 분홍색 꽃들과 잘 어울린다. 그녀의 시선은 카메라 너머를 응시하고 있다. 2006년 크리스마스 사진 이후로 9년이 흐르는 동안 얼굴이 더 넓어지고 성숙해졌다.

슬픔과 분노를 느낀다. 그녀를 둘러싼 생명윤리적 논쟁을 생각한다. 그녀가 받은 의료적 조치들을 받아들여 보려 노력한다. 그녀의 아버지의 말들을 되짚어 본다.

그러나 그 모든 것 아래에는 한 여자아이가 있다. 정원에 나가 누워 있는, 분홍색과 연보라색 옷을 차려입은, 청소년과 성인 여성 사이에 있는 여자아이가. 키가 작고, 가슴이 납작하고, 지적으로 또 신체적으로 장애가 있는, 자신의 의사와 무관하게 단종수술을 받은 여자의 무리에 이제 막 들어선 여자아이가.

나는 그녀를 갈망한다.

지성에 저항하기

지성intelligence은 자격worthiness과 가치, 인격성을 규정하는 데에 반복적으로 쓰인다. **백치, 우둔, 지진아, 느림, 멍청함**이 모욕이나 박멸을 위한 정당한 근거가 되지 않는 세계를 상상해 보자. 식물인간으로 여겨진대도 가장 기초적인 인권이 부정당하지 않는 세계를. IQ 검사는 존재하지 않을 것이다. 지적장애인들은 그들이 오늘날 겪고 있는 괴롭힘, 깔보는 듯한 태도, 열악한 교육, 폭력, 시설화, 배제, 감금을 맞닥뜨리지 않을 것이다. 멍청하다는 꼬리표가 흑인, 선주민, 이민자, 가난한 사람들을 더욱 주변화하는 도구로 쓰이지도 않을 것이다. 흑인과 라틴계 청년들은 특수교육에서 감옥까지 이어지는 길을 걷지 않을 것이다. 애초에 특수교육이란 존재하지 않을 것이다. 그 대신에 우리는 다양한 학습 방식에 진정으로 부응하는 교육에 힘쓸 것이다. 테리 샤이보는 죽지 않았을 것이다. 여섯 살이었던 애슐리가 자궁절제술, 유방절제술, 다량의 에스트로겐 투여를 받을 일도 없었을 것이다.[7]

그러나 오늘날의 세계에서 지적장애인, 인지장애인, 발달장애인으로 여겨지는 것은 위험한 일이다. 지성과 언어적 소통이 인격성의 지표로 단단히 자리 잡고 있기 때문이다. 우리 중 어떤 이들은 정상으로 여겨지는 것과는 다른 방식으로 생각하고, 소통하고, 정보 및 육체의 경험을 처리한다는 이유로 매일 이러한 위험을 안고 산다. 또 어떤 이들은 농인, 만성질환자, 장애인들을 지적으로 열등하다고 특징 짓는 장애차별적 고정관념의 표적이 된다. 주변화된 사람들을 "결함이 있고", "멍청하다"라는 말로 묘사하는 인종차별주의, 성차별주의, 계급차별주의, 동성애 혐오, 외국인 혐오xenophobia는 비장애인들마저도 이러한 위험을 직면하게 한다. 우리의 두뇌가 어떻게 기능하든 간에, 인격성을 지성과 짝짓는 일은 바뀌어야 한다. 하지만 많은 사람들은 멍청하다거나 지능이 낮다는 주장 내지 전제를 맞닥뜨리면, 자신의 높은 지성을 주장하고 지적장애와 거리를 두는 방식으로 반응한다.

가해자 무리가 나를 **지진아**라고 부를 때, 식료품 점원, 의사, 교사, 거리에서 마주친 낯선 이들이 내가 알아듣지 못할 거라고 생각해서 크고 느리게 말할 때, 내가 스스로를 어떻게 보호했었는지를 생각한다. 가장 즉각적인 반응은 내가 영리하다는 것을, 지적장애인이 아니라는 것을 드러내는 것이었다. 나는 내 지성을 오해받는 일에 저항해 왔다. 학교에 입학하던 순간부터 특수교육을 받는 아이들과 가능한 한 거리를 두었다. 내가 그들과 같지 않다는 것을 분명히 하려고 애썼다. 요컨대 나는 지성을 내 가치와 인격성의 지표로 줄곧 사용해 왔다.

나만 그런 것은 아니다. 자폐인인 트레이시 트레셔Tracy Thresher와 래리 비소네트Larry Bissonette가 비장애중심주의적 선입견을 깨기 위해 세계 각지를 돌며 다른 자폐인을 만나는 로드 트립 다큐멘터리 〈래치스 앤 재버러스Wratches and Jabberers〉를 생각한다.[8] 그들 모두 성인이 될 때까지 의사소통 수단을 가지지 못했다. 그들은 지적장애인으로 여겨졌고 래리는 버몬트에 있는 주립브

랜든훈련소Brandon Training School에, 트레이시는 특수교육시설에 각각 수용되어 살았다. 트레이시는 다음과 같이 회고한다. "스물세 살이 됐을 때 타자를 치기 시작했어요. 서서히 내 진짜 지성이 드러났지요." 그는 활동가라는 현재 직업에 대해서 이렇게 썼다. "내 삶의 목적은 나와 같은 사람들이 똑똑하다는 것을 보이는 거예요." 이 영화를 통해 두 사람은 자신이 영리하다는 것을 줄곧 강조한다. 래리는 다음과 같이 썼다. "우리가 세계일주를 한 것은, 무능이 아니라 지성을 보여주며 장애에 대한 사람들의 지식을 긍정적으로 바꾸기 위해서예요." 나는 "지진아"로 보이는 일의 좌절과 모욕을, 그것이 얼마나 위험한 일인지를 잘 안다. 그러나 나는 이들의 곁에서 장애인 대 장애인으로 묻고 싶다. "우리가 [정말로] 영리하지 않다면 무슨 일이 일어날까요? 우리는 우리의 삶을, 가치를, 인격성을 어떻게 지킬 수 있을까요?"[9]

장애인과 비장애인을 포함한 모든 사람들에게 상기시키고 싶다. 지성을 옹호하려 하면 우리는 지적장애인과 단절된다. 생각하고 이해하고 정보를 처리하는 방식에 큰 영향을 주는 몸-마음의 상태를 가지고 살아가는 사람들을 배제하고, 폄하하고, 시설화해도 괜찮다는 메시지를 보내게 된다.

이 함정에서 벗어나는 유일한 방법은 지적장애인들로부터 멀어지는 것이 아니라, 그들 쪽으로 이동하여 능동적인 연대를 실천하는 것이다. **지진아**라는 말을 가볍게 혹은 의도적으로 사용하는 친구들이나 동료들에게 맞서야 한다. 발달장애인과 지적장애인이 운영하는 활동단체에 후원하자.[10] 접근성을 높이자.

우리가 교사나 연구자라면, "우리 없이는 우리에 대한 것도 없다Nothing about us without us"라는 장애 인권 구호를 진지하게 받아들이고, 장애인 학생 및 연구 대상자와 함께하는 모든 작업에 적용하자. 트레이시 트레셔와 래리 비소네트가 여행 중에 만난 어떤 자폐인은 짤막하게 타자를 쳤다. "우리를 진짜 사람으로 대해주세요. 열외로 취급하지 마세요."

지성을 가치와 인격성의 척도로 삼는 것에 저항한다면, 지성은 다시는 무기로 사용될 수 없을 것이다.

망가졌다고 느끼기

여기저기를 들쑤시고, 우리의 피부 아래에서 파문을 일으키고, 망가진 자아를 만들어 내는 망가진 세상에서도 치유는 온전함을 약속한다.

일생 동안 나는 몸-마음이 망가졌다는 끝도 없는 전제에 대항해 왔다. 나는 저항했고, 아우성쳤고, 망가져 있음을 외면했다. 때때로 무너지고 부서지고 산산조각 난 것을 포함하도록 온전함을 다시 규정하려 했다. 그러나 보통은 망가져 있음을, 그리고 그것이 동반하는 나약함, 취약성, 비극의 감각을 죽어라고 거부했다.

복잡한 문양이 그려진

큰 도자기 그릇을 꿈꿔요.

그러나 아무리 거부해도, 그 거부 속에서 중요한 진실이 모습을 드러냈다. 나는 말할 수밖에 없다. 나는 완전히 망가졌다고. 아버지를 포함한 가해자 무리들이 내 몸-마음을 산산이 부수었다고. 그들이 가한 폭력이 나를 관통한다. 여러 말들 중에서 고심하며 스스로가 **손상되었다고**damaged 말할 수도 있을 것이다. 그러나 보다 적나라하고 직설적인 단어인 **망가졌다**broken가 내게 말을 건다. 이 단어는 부서진 조각과 파편에 대해, 돌이킬 수 없는 파열에 대해 말한다. 그들은 고문이라고밖에 표현할 수 없는 성폭력과 신체적 폭력, 정신적 지배로 나를 부러뜨렸다. 나는 테러와 고통의 세부 사항에 대해 쓰거나, 이를 언어로 붙잡으려 하지 않을 것이다. 그러나 그들이 한 짓이 내 몸-마음을 망가뜨렸다는 사실을 믿어주기를. 이는 내 삶의 모든 부분을 형성했다. 과장도, 끊임없는 피해 의식도, 동정을 사려는 책략도 아닌, 분노를 자아내는 진실이다.

손으로 그릇을 돌리자

그 문양에 마음을 빼앗겨요.

20년 전 나는 내 몸-마음과 감정으로부터 유리되어 있었고, 겁이 많았고, 인간적인 손길을 무서워했고, 목소리를 듣고 환영을 봤고, 자살을 생각하면서 살았다. 이런 손상을 처리하지 않으면 죽게 된다는 것이 분명해졌을 때, 내가 원했던 것은 오직 치유되는 것뿐이었다.

치유 이데올로기는 온전함과 망가져 있음이 서로의 **반대말**이며 후자에는 가치가 없다고 믿게끔 만든다.

치료와 신체요법을 받으며 몇 년을 보냈다. 자기 돌봄을 연습했고 지원 네트워크를 구축했다. 공동체를 찾았다. 수치심을 파헤쳤다. 밤길 되찾기 시위Take Back the Night를 조직하는 일을 도왔고, 강간 예방 훈련을 조직했고, 아동 학대에 대한 글을 썼다. 치유에 대한 욕망을 결코 직접 입 밖으로 내지는 않았으나, 나의 망가진 자아를 너무나도 고치고 싶었다. 유년기에서 성년기 초반에 이르기까지, 24년간 경험한 고문과도 같은 것이 더 이상 존재하지 않는 곳이 나타나기를 간절히 바랐다. 잃어버린 시간과 기억, 자아를 되찾는 데에만 거의 10년을 보냈다. 그 전에는 절대 치유되지 못할 줄 알았다.

천천히 천천히 그릇은 자신을 드러내요.
산산조각 났다가 다시 붙여진 모습을요.

나와 폭력의 관계는 이제 달라졌다. 자아의 감각은 한결 덜 부서져 있다. 지금 이 순간에 내 몸-마음에 머무를 수 있는 힘도 더 강해졌다. 그러나 그 여파를 완전히 극복한 것은 전혀 아니다. 얼마 전만 해도 동네 식당의 창문에 매달린 종이 해골이 오래된 고문의 기억을 자극하는 바람에, 일주일 동안 해리성 둔주 상태에 내던져져 있었다. 3년 전 여름에는 나를 혹하게 하고 겁을 주는 목소리들이 머릿속을 꽉 채워서 자살사고에 단단히 사로잡히기도 했다. 한 달간 집 밖으로 나가지 않았다.

균열, 틈, 이음매 사이로
거미줄처럼 엉클어진 문양들.

트리거와 환각이 이전만큼 자주 나를 꽉 붙잡지 않는다는 것에 감사한다. 그럼에도 과거가 내 몸-마음을 또다시 뒤흔들 것임을 안다. 목소리들은 내 머릿속에서 괴성을 지를 것이다. 나를 사로잡고, 자살하라고 명령하고, 자기혐오를 시냅스에 새겨 넣으며. 나는 치유란 없다는 사실을 알게 될 것이다. 이 돌이킬 수 없는 부서짐을 드러내기 위해 망가져 있음을 주장할 것이다.

그 틈새로 쏟아지는 햇빛이 스며 나와요.

아버지가 처음으로 내 몸-마음을 움켜쥔 순간 이전으로 돌아갈 수는 없을 것이다.

치유는 회복력과 생존을, 균열·틈·이음매 사이의 거미줄을 외면한다. 우리 중 망가지고 싶은 사람은 아무도 없다는 바로 그 점에서, 치유의 약속은 힘을 갖는다. 하지만 나는 알고 싶다. 우리가 우리의 망가져 있음을 수용하고 주장하고 포용한다면 무슨 일이 일어날까?

고쳐지기

때때로 우리는 스스로를 위해서, 진실을 명명하기 위해서 망가져 있음을 주장한다. 그러나 보통은 다른 사람들이 우리에게 그 말을 쓴다. 우리가 망가져 있는 것은 의사와 미디어가, 우리의 파트너와 가족이, 동료와 사례 관리자가 그렇게 말하기 때문이다. 그 목소리에 에워싸여 있을 때, 우리 자신의 몸-마음에 귀를 기울이는 것은 거의 불가능하다. 심지어 우리가 느끼는 바를 규명할 약간의 공간을 낼 수 있을 때조차도, **망가지다**와 그 짝패인 **고쳐지다**의 의미는 구부러지고 흔들린다.

＊

망가짐의 가장 간단한 사례를 생각한다. 어떤 비장애인 뚜벅이의 대퇴골에 금이 가서 다리의 기능에 문제가 생기고 엄청난 고통을 느낀다고 상상해 보자. 그녀는 건강보험도 있고 꽤 정중한 1차 진료 의사도 만나지만, 위기상황이었으므로 응급실에 가서 엑스레이 다리 사진을 찍는다. 의사는 골절 부위를 찾아 뼈를 맞춘 후 그녀의 다리를 깁스로 고정하고 집으로 돌려보낸다. 그녀가 진통제를 요청하자 30일분의 바이코딘Vicodin* 처방전을 써준다. 그녀는 백인이자 중산층 전문직 종사자였기 때문에 약을 구하러 다니는 범죄자 취급을 받지 않는다. 회복은 오래 걸린다. 겨드랑이 사이로 목발을 짚고 걷는 것은 생각보다 조금 더 불편하고, 세계의 접근성이 얼마나 부족한지를 맛본다. 하지만 뼈들이 붙기 시작하면서 그녀의 대퇴골은 곧 회복된다. 6개월에서 9개월이 지나자 다리는 사고 이전과 매우 비슷해져서 그녀는 다리에 대해 더는 생각하지 않게 된다. 이 가상의 시나리오에서 **망가짐**과 **고쳐짐**은 간단하고 산뜻하다. 만약 의료산업 복합체가 항상 이런 방식으로 작동한다면 우리는 치유와 씨름할 필요가 없을 것이다.

그러나 많은 장애인의 경우, 다리가 부러지고 고쳐지는 과정에서 간단하거나 산뜻한 것은 하나도 없다. 장애 커뮤니티에서 우리는 스스로 선택한 적 없는 수술들로 가득한 일생에 대해 이야기한다. 우리 중 어떤 이들이 가진 최초의 기억은 땀을 뻘뻘 흘리며 깁스를 한 채 누워 있는 우리를 내려다보는 의사들이다. 굵은 흉터 선, 자국과 이랑, 과민증과 마비로 얼룩진 우리의 몸-마음은 의학적 역사를 전시한다. 의사들은 망가진 듯 보이는 다

---

*   마약성 진통제. 성분 기준으로 미국에서 가장 많이 처방되는 약물 중 하나이며 환각 목적으로도 많이 쓰인다.

리를 늘리고, 곧게 펴고, 뒤틀고, 뒤틀린 것을 풀고, 절단해 왔다. 우리 중 태어날 때부터 혹은 아주 어릴 때부터 신체장애인이었던 이들에게 **고쳐진다**는 것은 수치와 고통을, 지루함과 두려움을 의미한다. 우리는 수많은 병원과 의사와 수술실을 기억한다. 수십 번의 수술을 세어본다.

나는 이러한 장애의 현실을 피해 갔다. 운이 좋았다고 말할 수도 있지만, 사실상 지리와 계급의 작용이었다. 뇌성마비와 관련된 수술을 할 수 있는 정형외과 의사와 충분한 자원을 갖춘 병원은 오리건 벽지에 있는 우리 집에서 차로 7시간 거리에 있었다. 나의 부모는 그곳 대신 1시간 거리에 있는 동네의 소아과 의사를 찾아갔다. 우리가 선택할 수 있는 몇 안 되는 의사들 중 하나였던 그는 무능했다. 수술 이야기는 입에 올리지도 않았다. 우리에게는 건강보험이 있었으나, 노동계급이었던 어머니와 가난한 아버지는 보건의료를 가급적 쓰지 말아야 하는 희소 자원으로 여겼다. 두 사람 모두 일상적으로 병원에 가지는 않았으며, 의사들의 세계에서 어떻게 방향을 잡아야 할지 몰랐다. 그들은 무슨 질문을 해야 할지, 무엇을 요구해야 할지도 알지 못했다. 나를 위해 치유를 찾아 헤매는 동안 그들은 다른 의사의 의견이나 전문의를 찾으려 하지 않았다. 대신 그들은 번갈아 가며 의사를 두려워했고 의사들의 전문성을 의심했다. CCD에서 진단 검사를 받는 동안 한 의사가 내게 아킬레스건의 수술을 권유했다. 나의 부모는 그 가능성을 무시해 버렸다.

시골 노동계급의 이러한 현실이 수술로부터 나를 지켜냈고,

번듯한 아동전문병원의 정형외과 의사의 설득으로부터 부모를 보호했다. 그들이 CCD의 제안을 거절하지 않았더라면 내 불안정하고 덜컹거리는 걸음은 지금쯤 어떤 모습이었을지 궁금하다. **고쳐진다**는 것은 어떤 의미였을까?

아홉 살의 나이에 짧은 왼쪽 다리를 "고치기" 위한 수술을 받은 장애인 작가 질 세이거Jill Sager의 말에 귀 기울인다.

> 나의 부모는 의사를 믿었다. ⋯ (그들은) 내가 5개월간 착용한 그 "장치"가 결국 내 다리에 있는 모든 신경과 근육을 죽이고, 내 무릎과 발과 발가락에 제한된 가동성만을 남겨두게 되리라는 것을 알지 못했다. ⋯ 그들은 내 궁둥 신경이 손상되고 내 왼쪽 발이 오른쪽 발보다 1.5배나 더 작아질지도 모른다는 사실을 깨닫지 못했다. ⋯ 그들은 내가 언제나 절뚝이며 걷게 되리라는 것을, 그것이 척추 만곡을 초래하리라는 것도 몰랐다. 나의 부모는 이것이 실험적 수술이었음을 알지 못했다. 그들은 그저 두 다리를 같은 크기로 만드는 수술에 동의한 것이었다.[11]

세이거의 말은 흔한 이야기를 들려주고 있다. 그녀의 이야기는 무능한 의료인의 극단적인 사례가 아니라, 기초적인 보건의료 이상의 영역에 접근할 수 있는 부모를 둔 신체 장애 아동이 비교적 빈번히 겪는 전형적인 경험이다. 나는 세이거가 자신의 다리를 망가졌다고 느끼는지 온전하다고 느끼는지, 둘 모두인지 혹은 둘 다 아닌지 알지 못한다. 그러나 아마도 그녀의 수술에 관여한 의사들은 자신들이 [그녀의 다리를] 고치고 있다고 여겼을 것이다.

부러진broken 다리는 보통은 **고쳐지지만**, 의료산업 복합체 안에서 다리는 외려 더 **망가지기도**broken 한다. 반대항이라고 여겨지는 것들이 흔들리고 구부러지며 한데 휘감긴다.

수치심과 자긍심

수치심은 우리의 몸-마음 깊은 곳에 있는 혐오의 수렁이자 걷히지 않을 것만 같은 짙은 안개이며 말로 표현할 수 없고 말해지지도 않는, 벗어날 수 없는 손아귀다. 수치심은 종종 우리의 집이 된다.

주변화된 여러 커뮤니티 사람들, 즉 유색인·퀴어·트랜스젠더·농인·장애인·비만인 들은 수치심에 대응하는 저항의 행위로서의 자기애self-love를 주장해 왔다. 우리는 우리의 몸-마음이 망가졌다는 생각을 거부했다. 우리는 1960년대의 블랙파워운동과 "검은 것은 아름답다"라는 슬로건으로부터 교훈을 얻었다. 우리는 자긍심이라는 가치로 모여들었다.

하지만 오해하지는 말자. 수치심은 비단 억압과 고립, 폭력과 함께 사는 사람들의 영역인 것만은 아니다. 나는 백인, 부유한 사람들, 마른 여성들, 시스젠더 이성애자 남성들도 자기혐오의 수렁에서 분투하는 것을 목격했다. 어떤 식으로든 간에 우리 대부분은 수치심을 경험한다.

수치심은 아침이면 우리를 잠에서 깨우고, 밤이면 침대로 데려간다. 섹스를 할 때 우리의 귓가에 속삭이고, 입사 지원서를 기입하는 동안 우리 곁에 앉아 있는다. 외출하기 위해 옷을 갈아입는 동안 비아냥거리고, 식료품 구매권food stamp* 줄을 기다리는 동안에도 옆에 와서 나란히 서 있는다. 진료실에서도, 해변에서도 수치심은 우리를 찾아온다. 수치심은 거울과 카메라 속에 산다. 자존감을 떨어뜨리고 약물중독을 유발한다. 수치심은 우리 중 너무 많은 이들을 데려가 스스로 목숨을 끊게 했다.

이제 나는 이 글을 읽는 당신에게, 독자들에게 의지해야 한다. 수치심이 생존과 안녕의 문제라는 것을, 몹시 사적이면서도 공공연히 정치적인 것임을 알기 때문이다. 이 거칠고 압도적인 진창을 함께 파헤치자고 당신을 초대하고 싶다. 하지만 어디서부터 시작해야 할지 모르겠다. 수치심이라는 순수한 몸-마음의 경험은 언어를 빠져나가는 고립으로 엮여 있기 때문이다.

그저 잠시 멈춰 서서 자기혐오가 가진 힘과 여전히 지속되고 있는 영향력을 인정하고, 자긍심을 향한 궤도를 제시하는 것만으로는 충분치 않다. 경험의 공유나 정치적 행동주의를 통해 사

---

*　미국 정부의 빈곤 계층 식생활 보장과 영양 개선을 위한 식료품 구매 비용 지원 제도로 현재의 공식 명칭은 "보충영양지원프로그램Supplementary Nutrition Assistance Program, SNAP"이다. 1960년대에 본격적으로 도입되었으며, 지역에 따라 형태는 다르지만 모든 주에서 시행되고 있다. 신청서를 제출하고 소득 수준 등에 대한 심사를 통과하면 지원받을 수 있다.

람들이 자기 수용에 도달할 것이라 가정하는 것만으로도, 폭력과 노골적인 호기심, 치유 이데올로기와 미디어 속 이미지들이 어떻게 한데 엮여 수치심이 무럭무럭 자라나는 비옥한 토양이 되는지를 이해하는 것만으로도 충분치 않다.

그래, 나는 우리가 더 위험한 길을 가기를 바란다. 뚫고 들어갈 수 없을 것 같은 그 짙은 안개 속으로, 말로 표현할 수 없고 말해지지도 않는 벗어날 수 없는 손아귀 속으로 우리가 곧장 몸을 기울이기를 바란다.

✳

퀴어이자 장애인 작가로서 나는 수치심에 관해 꽤 많이 이야기해 왔다. 나는 그 감정이 마치 과거의 것인 양, 내가 그것을 이미 통과한 양 말하곤 했다. 하지만 이는 반쯤 거짓말이다. 지금 이 순간 울려 퍼지는 수치심에 관한 또 다른 이야기를 해보자. 얼마 전 나와 내 연인 새뮤얼은 아흔다섯 명의 사람들이 함께 일주일 동안 태평양 연안 북서부를 480킬로미터가량 달리는 자전거 여행 프로그램에 참가했다. 이 이야기는 여행의 다섯째 날에서 시작한다.

목요일이다. 우리는 아침 일찍 뿌연 안개 사이로 출발한다. 지난밤 야영지 위로 우뚝 솟아 있었던 애덤스산은 구름에 가려 사라졌다. 우리는 페달을 밟아 첫 번째 등산을 시작한다. 콜롬비아강 협곡을 내려가기 전까지 30킬로미터 정도 되는 비탈길을 오르고 또 올라야 한다. 나는 누워서 타는 낮은 세발자전거의 느리고 안정적인 리듬에 몸을 맡긴다. 새뮤얼과 나는 나란히 자전거를 타고 있다. 그가 괴로워하는 것을 알 수 있다. 그의 목과 손목, 사타구니와 발은 직립 자전거만이 줄 수 있는 통증으로 고통받는다. 한편 내 세발자전거는 페달과 바퀴가 달린 접이식 의자다. 나는 그의 강하고 섹시한 다리와 심장에 대해 이야기하며, 그것들이 오늘 하루의 여정 동안 그에게 동력이 되어줄 것이라 말해준다.

우리는 관목이 무성한 개벌지와, 전나무와 가문비나무의 짙은 초록색이 우거진 오래된 숲이 번갈아 나타나는 벌목용 포장도로를 오르고 있다. 지원 차량 말고는 그 어떤 차도 지나가지 않는다. 20여 년 전에는 벌목 트럭들이 이곳을 지배했지만, 이제 숲은 사라지고 없다. 내가 탄 세발자전거는 아주아주 느리므로 자전거들이 내 옆을 지나친다. 나는 다리를 밀고 당기며 몸을 푸는 중이다. 나무들과 안개를, 단순한 움직임을 내 안으로 천천히 들이마신다. 이곳은 내 집이다.

나는 바로 이런 벽지에서 자라며 이 길과 똑같은 길을 달렸다. 슈윈Schwinn 10단 자전거를 타고 비탈길을 달려 내려갈 때면 바람으로 인해 티셔츠가 마구 펄럭였다. 안개의 가장자리를 내달리고, 중앙선을 이루며 솟아오른 빛 반사 방지턱 사이를 누비곤 했다. 여름방학이면 아침마다 땀을 흘리며 아르바이트를 하러 오르막길을 올랐다. 답례로 경적 소리가 두 번 울려 퍼지기를 기대하며, 벌목 트럭이 지나갈 때마다 그들에게 손을 흔들었다. 자전거와 사랑에 빠져 있었고, 떨어질 수 없는 관계였다. 하지만 열일곱 살에 도시로 이사하게 되면서 자전거도, 자전거와의 연애도 모두 떠나보내야 했다. 그럭저럭 두 바퀴로 균형은 잡을 수 있었지만 썩 잘 타지는 않았고, 도시의 거리에서는 안전하게 탈 수 없었다.

나는 백미러를 통해 나보다 20미터 뒤처진 새뮤얼을 본다. 어깨가 흔들리는 것을 보니 다리가 풀린 모양이다. 그러나 오늘 아침 나만큼이나 느렸던 새뮤얼 곁을 지나치며 사람들이 그에게 이러한 질문을 퍼부었다는 건 알지 못한다. "일라이는 어디가 잘못된 거죠?", "신경 상태는 어때요?", "다발성 경화증인가요? 아니면 파킨슨이에요?", "그는 정말 용감하군요. 그가 탄 세발자전거 종류가 뭐예요?" 일주일 내내 우리는 이런 허튼 소리를 상대해야 했다. 그들은 새뮤얼이 내 돌봄 제공자나 관리자, 가이드라고 생각하고 내가 아니라 새뮤얼에게 말을 걸었다. 그들이 내게 건네는 말들은 "정말 대단하세요. 저라면 그렇게 못 해요"와 같은 식이다. 마치 우리 모두가 젖 먹던 힘까지 쥐어짜고 있는 건 아니라는 듯이, 이런 대장정에서 으레 필요한 방식으로 자신을 몰아붙이는 건 오직 나뿐이라는 듯이. 새뮤얼과 나는 이런 질문에 대한 대답은 하나여야 한다고 생각한다. "일라이한테 물어보세요." 하지만 그날 아침 나는 사람들이 내 애인과 스무고개를 주고받았다는 사실은 알지 못한다. 아무도 그의 제안을 따르지 않았기 때문이다. 아무도 내게 말을 걸지 않았다.

3년 전 세발자전거를 샀을 때는 오랫동안 자전거를 타지 않은 상태였다. 나는 내가 다시 즐겁게 시골길에서 페달을 밟으리라는 것을 알고 있었고, 이 새로운 기계가 가져다줄 그 어떤 모험에도 준비가 되어 있었다. 하지만 자전거를 떠났던 바로 그 지점에서, 다시 자전거와의 연애를 시작하리라고는 생각지 못했다.

새뮤얼이 나를 따라잡았다. 우리는 다시 나란히 자전거를 탄다. 그는 자신에게 쏟아진 질문 공세에 대해 들려준다. 그는 지친 모습으로 짜증을 내고 불안해한다. 나는 점차 격렬한 분노에 휩싸인다. 나를 위해서가 아니라 그의 얼굴에 떠오른 괴로움 때문에 돌을 던지고 침을 뱉고 욕설을 퍼부어 주고 싶다. 그러나 분노는 금방 사그라든다. 얼마 지나지 않아 수치심이 그 자리를 채운다. 나는 새뮤얼에게 묻는다. "내가 당신에게 주는 것은 오로지 슬픔과 곤란뿐이야?"

150미터는 더 올라가야 하는 해발 460미터 등반길 위에서 우리는 이 일에 대처하려 애쓴다. 그러나 얼마 지나지 않아 나는 산등성이와 나무들을 향해 울부짖고 안개 속에서 흐느낀다. "나한테 무슨 문제가 있는 거야? 왜 저 사람들은 나한테 말을 걸지 않는 거지? 나는 뭐가 잘못된 거야? 난 잘못됐어. 틀렸어." 이곳 역시 내 집이다. 이 고립감, 쓸쓸함, 위로할 길이 없는, 틀렸다는 감각.

*

수치심이 우리들 가운데 많은 이들의 집이 되었다는 사실을 안다. 나만의 일이 아닌 것이다. 이 사실은 내 마음을 아프게 하면서도 한편으로는 위안을 준다.

이 여행을 신청하면서 즐거움과 소진과 도전을 기대했다. 열심히 훈련하고 먼 길을 라이딩했다. 땀과 고통과 희열이 나를 기다리고 있으리라고 생각했다. 이토록 뼈에 사무치는 수치심은 생각지 못했다. 수치심은 갑자기 나를 덮쳐와 내 몸-마음을 혐오하는 일과 수용하는 일이 별개의 것도, 정반대의 힘도 아니라는 사실을 일깨웠다. 대신에 그들은 같은 자리에서 엎치락뒤치락 힘겨루기를 했다. 위로할 길 없이 잘못되었다는 것을 알게 되었을 때, 우리는 이를 어떻게 떨쳐내고 그 이전의 시간으로 돌아갈 수 있을까? 아니면 이 빽빽한 덤불 가운데에는 회귀나 회복, 치유 같은 것은 존재하지 않기에, 수용하고 저항하고 새로운 것을 만들어 내는 수밖에 없는 걸까?

우리는 수치심을 숨기고, 삼키고, 없는 체하는 데에 있어서 전문가다. 하지만 새로운 것을 만들어 내기 위해서는 더는 침묵할 수 없다. 나는 우리가 우리의 수치심을 꺼내서 그리고, 쓰고, 춤추고, 구르고, 노래하고, 더듬거리고, 신호를 보내고, 울고, 웃고, 싸웠으면 좋겠다. 집회를 조직하고, 인도에 분필로 구호를 쓰고, 친구와 애인, 파트너, 가족들과 대화했으면 좋겠다. 우리가 서로의 아름다움과 강함을 회복력을 상기했으면 좋겠다. 우리가 이런 말들을 화장실 거울에 붙여놓고, 설령 믿기지 않는다 해도 매일 큰 소리로 읽었으면 좋겠다.

여행에서 돌아온 이후 수치심은 줄곧 나를 따라다녔다. 자전거를 타고 페달을 밟는 매 순간마다 과거의 괴롭힘이 뒤에서 들려오는 것 같다. "결함, 원숭이, 지진아." 거울 속에서 나는 "못생기고, 멍청하고, 잘못된" 것을 본다. 나는 수치심에게 말한다. "나가. 이제 아무도 너를 반기지 않아." 어떤 때에는 나 자신을 믿고, 어떤 때에는 그러지 못한다. 친구들과 공동체의 도움을 받고, 내 정치와 분노의 도움을 받는다. 나 자신의 분노를 북돋우려 다른 이들의 분노를 사용하기도 한다. 종이 위에 글자들을 눌러쓴다. 천천히. 하나씩. 수치심을 키우던 거짓말들을 풀어놓는다. 끝난 일이라고는 말하지 못하겠다. 이 투쟁에 결정적인 하나의 끝이, 수치심에서 자긍심으로 가는 단일한 환승 통로가 있는지 모르겠다.

그러나 우리의 몸-마음을 집으로 만드는 작업이 충분히 가치 있다는 것을 안다. 덤불들 사이로 수많은 굴이 있으며, 그 끝에는 우리가 자기 자신에게로 미끄러져 들어가게 해주고, 기쁨과 편안함의 자리를 내어주는 열린 터가 있다는 사실을 안다. 몸-마음을 받아들이는 일 또한 아침이면 우리를 깨우고, 밤이면 침대로 데려간다. 외출하려고 옷을 입거나 좋아하는 노래를 따라 부를 때 우리를 찾아온다. 이 순간들은 프라이드 축제* 처럼 크고 요란스럽게 다가오지는 않는다. 오히려 우리가 거리

---

* 성소수자의 권리를 증진하고 자긍심을 고취하고자 열리는 축제다. 1969년 6월 28일 스톤월 항쟁(뉴욕 그리니치빌리지의 술집 스톤월 인에 대한 경찰의 급습 단속에 성소수자들이 저항한 사건)을 기념하여 매년 6월 세계 각국에서 열린다. 한국에서는 2000년 서울퀴어문화축제를 시작으로 서울, 대구, 부산, 제주, 전주, 인천, 광주, 경남, 청주 등의 지역에서 매년 열리고 있다.

에서 구호를 외칠 때, 숲속을 거닐 때, 금요일 밤의 폭풍우와 춤출 때 예기치 못하게 나타난다.

　이런 순간들은 우리로 하여금 **정상**에서 돌아나오게 한다. 수치심이 우리를 치유로 잡아채는 다양한 방식을 가로막는다. 바로 지금 존재하는 우리의 몸-마음을 위한 공간을 만들어 낸다. 우리의 틱, 경련, 더듬거림, 발작, 긴장, 흉터, 고통, 변덕을 있는 그대로 수용하도록 만든다. 우리의 빠진 이를, 월말까지인 식료품 구매권을 연장하는 처세술을, 큰 배와 넓은 엉덩이를, 수어를 하고 의사소통 보조 기기에 타자를 치는 손의 반짝거림을, 어두운 피부와 곱슬머리를 좋아하도록 북돋운다. 우리의 거친 여성성을, 잘생긴 부치성을, 영광스러운 양성성을 끌어안도록 한다. 나는 이러한 순간들이 흔하고 특별할 것 없는 세계에서 살고 싶다.

생존 노트

머릿속에서 목소리들이 울려 퍼지고 지난 기억들이 으르렁대면서 내가 나로부터 떨어져 나오기 시작하면, 잊지 않고 통밀빵에 미소 스프레드를 듬뿍 발라서 먹어. 새벽 3시에는 부엌 바닥에 강아지랑 같이 앉아 있어. 보드카는 개수대에 부어. 내 발소리를 들어. 말 그대로 내 뒤꿈치가 콘크리트 바닥을 두드리고 자갈을 밟는 소리를.

잊지 말고 친구들과 약속해. 배회하지 않기로, 술이나 근이완제를 모으지 않기로, 강아지만 두고 마당을 나서지 않기로 해. 살아 있기로 해.

잊지 말고 정원의 풀을 뽑아. 아침으로는 알감자 한 줌을 캐고 자그마한 비트를 몇 개 뽑아다 기름에 살짝 볶아 먹어. 잘 수 있을 때 자고 꾸역꾸역 출근을 해. 몇 년째 나를 지켜주고 있는 영혼들에게 기도해. 나무들에게 말을 걸고 돌들의 말을 들어. 목소리들이 나를 놓아줄 때까지 견뎌.

그러다 머리가 맑아지면 다시 숲으로 산책을 가고, 별이 가득한 밤하늘을 보고, 친구들과 루바브 파이를 먹을 거야. 약속할게.

10장
치유의 약속

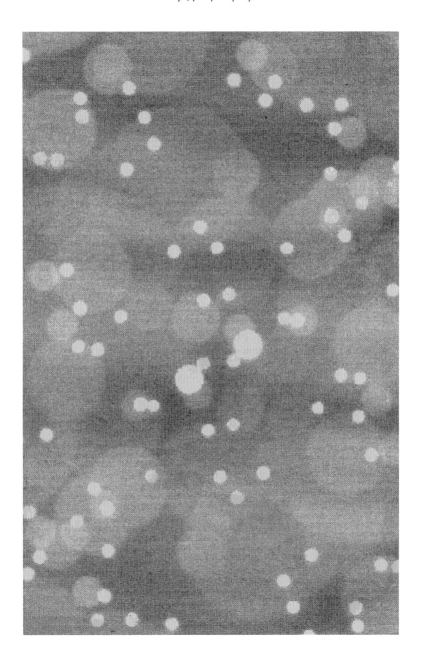

정상적인 것과 자연스러운 것

의료산업 복합체는 **정상적인 것**이 마치 도달하거나 유지해야 할 목표인 양 정상적인 몸무게와 걸음을, 정상적인 사고·감각·소통 방식을 강요한다. 때로 **정상적인 것**은 **자연스러운 것**과 결부된다. 다국적 기업들은 마치 **자연스러운 것**이 판매 상품인 양 자연스러운 아름다움, 자연스러운 힘, 자연스러운 피부를 매일 광고한다.

한편으로 백인 서구 사회의 신념은 인간 동물을 비인간 자연으로부터 분리하고, 자연의 세계를 폄하한다. 이러한 믿음은 자본주의와 결탁하여 석탄과 나무, 물고기와 원유, 물과 땅에 대한 걷잡을 수 없는 탐욕과 소비주의를 부추긴다. 자연스러운 것의 파괴를 이끌고, 옥수수밭이 대초원보다 더 생산적이고 필수적이라고 단언하도록 만든다. 요컨대, 백인 서구 사회는 맥락에 따라 **자연스럽기**를 욕망하기도 하고 **자연스러운 것**을 파괴하기도 한다. 앞뒤가 맞지 않는다.

정상적인 것, 때로는 **자연스러운 것**이라고도 불리는 이 기준들은 평균으로 홍보된다. 평균이란 가장 일반적이고 최상인 상태의 몸-마음으로 제시되며, "우리"라는 집단을 설명하는 말로 쓰인다. 여기서의 **우리**는 물론 백인이고, 남성이고, 중산층·상류층에 속하고, 비장애인이고, 기독교인이고, 이성애자이고, 젠더 순응적이고, 마르고, 시스젠더인 이들이다. 동시에 이러한 기준들, 인류의 특성을 반영한다고 상정되는 그 기준들은 목표 내지는 상품으로서 우리에게 다시 판매된다. 앞뒤가 맞지 않는다.

이러한 터무니없는 관념은 **부자연스럽고 비정상적인 것**의 위협 없이는 존재할 수 없다. 장애를 가진 몸-마음을 치료하는 것이든, 곱슬머리를 곧게 펴는 것이든, 갈색의 피부를 하얗게 밝히는 것이든, 게이·레즈비언·바이를 이성애자로 만드는 것이든, 치유는 우리를 가능한 한 **정상적**이고 **자연스러운** 존재로 만드는 것을 목표로 한다. 그 강도 높은 압력은 비정상적이고 부자연스럽다고 여겨질 때 생겨나는 위험과 결과에 의해 만들어지고 지속된다. 치유의 약속은 이 압력솥 안에서 끊임없이 작동한다.

온전함을 찾기

가슴재건수술을 준비하던 때에는 의구심에 시달렸다. 나는 내 가슴을 혐오하지 않았지만, 그것이 없어지기를 바랐다. 나는 의문과 불안을 안고 있었다. 불과 15년 전만 해도 나는 숨길 수 없는 경련과, 어깨와 팔뚝을 꼼짝 못 하게 만드는 경직을 어떻게든 처치하고 싶어서 떨리는 오른손을 자르고 싶었다. 나가떨어질 때까지 스스로에게 물었다. 가슴을 자르고 싶은 욕망과 오른팔을 자르고 싶은 욕망은 뭐가 다르지?

어머니가 티셔츠를 걸치라고 명령했던 아홉 살에서부터 수술을 위해 돈을 모으던 서른다섯 살 사이에 일직선을 긋고, 나는 결코 가슴을 원하지 않았다고 말할 수도 있다. 그렇지만 그것은 꼬리에 꼬리를 무는 모순적인 역사를 단순하게 만드는 일일 것이다. 그 어떤 단일한 이야기도 진실 전체를 담고 있지 않다.

몸-마음을 혐오하는 것이 어떤 느낌인지 알고 있었다. 절망적인 무감각이 나를 갈기갈기 찢는 것 같은 느낌, 한쪽으로 치우친 내 육신을 어떻게든 없애고 싶은 마음, 꼴사나운 걸음걸이와 추한 경련. 그 암울한 자기혐오로부터 스스로를 놓아주기 위해 무척 애를 썼고, 그 과정에서 팔을 자르고 싶다는 환상을 버렸다. 하지만 납작한 가슴에 대한 갈망이 생겨나자, 나는 이 작업으로 되돌아가서 수치심이라는 이름의 덤불에 더 많은 굴을 뚫었다. 나는 젠더화되고 섹스화된 나의 욕망이 장애 혐오와 거의 아무런 교집합도 가지지 않는다고 믿게 되었다. 그 고요하고도 끈질긴 욕망은 자기혐오가 아니라 자기애에서, 다음과 같이 속삭이는 몸에서 비롯한 것이었다. "**이게**, 이 몸-마음이 바

로 내가 원하는 거야." 수치심과 사랑이 그림자와 빛처럼 파르
르 흔들렸다.

처음에는 나 자신에게, 그다음에는 가족들과 친구들과 지인
들에게 내 몸-마음을 설명하는 데에 이러한 통찰을 썼다. 나는
수치심을 잘못된 것이자 외부로부터 강요된 것으로, 자기애는
몹시 견고하고 완벽하게 내재된 것으로 활용했다. 수치심과 자
기수용을 대비시키는 방식으로 내 욕망을 정당화했다. 마치 내
몸-마음이 무엇을 원하는지는 믿을 만한 것이 못 된다는 듯이.

나는 가능한 한 가슴을 납작하게 만들려고 가슴벽 쪽으로 가
슴을 꽉 동여매는 젠더퀴어다. 이것은 불편하지만 필수적인,
내 몸-마음을 무시하는 동시에 사랑하는 또 다른 방식이다.
나는 바스락거리는 옥스퍼드 셔츠와 얇은 복고풍의 타이를
사기 시작한다. 옷을 입는 것이 더 이상 고통스럽지 않다.

나는 끝없이 이어지는 노골적인 질문에 시달린다. "트랜스젠
더라는 걸 어떻게 알게 됐어요?", "수술은 훼손이 아닌가요?",
"남자예요, 여자예요?" 나는 스스로를 보호하는 데에 나의 통찰
을 사용했다. 그러나 그 과정에서 내 안에 흐르는 갈망을 주장
하기보다는 방어하고 있었다.

나는 동여맸던 가슴을 풀 줄 알게 된 연인이다. 손가락과 혀와
이를 만나자 내 유두는 생기를 찾고, 돌 같던 나는 녹아내린다.

여기서 이 이야기를 끝낼 수도 있다. 수치심과 자기애에 대한 나의 통찰을 해결책으로, 수술 전의 혼란에 대한 답으로 제시하면서 말이다. 하지만 나는 그보다 덜 산뜻하고 덜 해결된 것을 바란다. 손으로 가슴팍을 훑고, 셔츠 핏을 보며 마음에 들어 하고, 내 피부 안에서 한없이 편안함을 느끼면서도 여전히 지난날의 자기의심이 울려 퍼지기 때문이다. 장애가 있는 나를 있는 그대로 사랑하기 위해 지속한 일평생의 투쟁을, 젠더화되고 섹스화된 몸-마음을 재형성하기 위해 이용한 의료 기술과 어떻게 화해시킬 수 있을까? 나는 조금 더 지저분한 이야기를 찾고 있다.

트랜스에이블 이야기로 돌아가 보자. 적극적으로 장애를 선택하는 사람들, 그 과정에서 극도의 혐오와 분노, 불신을 맞닥뜨리는 사람들의 욕망을 완전히 알지는 못하지만, 그 욕망이 실제이며 수그러들 줄 모른다는 사실은 안다. 나는 예의와 존중과 관계 맺음 대신 노골적인 호기심을 보이며 끊임없이 질문을 퍼붓는 사람들 사이에 낄 수도 있을 것이다. 혹은 침묵을 지키며 내가 이해하지 못하는 것과 함께 머물 수도 있을 것이다.[1]

다섯 명의 백인 트랜스에이블 남성을 소개하는 다큐멘터리 〈온전한Whole〉에서 조지는 다음과 같이 이야기한다. "저는 제 다리를 절단해야 한다는 평생의 강박을 … 실행에 옮겼습니다. 매우 체계적으로 산탄총에 의한 부상을 계획했어요. 그리고 (그 일

301

이 있은 후에) 저는 절대적으로 … 변화했다고 느꼈습니다. 저는 온전해졌어요."² 나는 그의 간절함과 만족스러움을 인식하면서도, 장애인이 되고 싶은transabled 그의 욕망은 이해하지 못한 채 그의 말을 마주하고 있다. 그의 이야기가 나를 불편하게 한다. 영화에서 소개하는 또 다른 남성인 케빈은 다리 하나를 절단해 줄 의사를 찾아 나서도록 이끈 자신의 열망에 관해 이렇게 말한다. "이상하다고 생각해요. 사람들을 찾아오는 그건 뭘까요? … 그건 확실히 이상해요. 하지만 그것이 이상하다는 사실을 안다고 해서 … (그것을) 사라지게 해주지는 않아요." 우리 몸-마음의 욕망들에 대해 생각한다. 그 욕망들이 서로 모순적이고 혼란스러우며 설명할 수 없을 때, 무엇을 믿고 따를 것인지를 생각한다. 케빈의 혼란과 조지의 확신에 귀 기울인다. 두 가지 모두 내게 친숙하게 느껴진다. 다큐멘터리의 끝부분에서 조지는 회고한다. "제가 그날 한 일(다리를 쏜 것)은 불가피한 것이었어요. 그게 아니면 자살뿐이었습니다." 트랜스 커뮤니티에서도 젠더 트랜지션에 관해 정확히 똑같은 감정을 들어왔다. 나는 조지와 케빈의 말들을 인식하면서도, 그로부터 불안을 느낀다. 그들의 말은 나에게 필요한 혼란을 자아낸다.

✳

나는 가슴에 칼을 댄 FTM 트랜스젠더다. 의사가 내 유륜을 반원 모양으로 절개하고, 조직을 잘라내고, 신경을 가능한 한 보존한다. 나는 마취된 채, 또다시 의료 기술과의 관계 속에서 누워 있다.

내가 시도한 것들, 즉 욕망을 부인하지 않기, 욕망에 대해서 말하지 않기, 나 자신을 사랑하기 위해 더 이상 애쓰지 않기, 가슴을 동여매지 않기 중 무엇도 납작한 가슴에 대한 내 욕망을 만족시켜 주지 못했다. 그래서 나는 의사를 찾아 나섰고 8,000달러를 모으기 위해 급여를 조금씩 모으기 시작했다.

3일 후, 처음으로 붕대를 제거하고 거울 앞에 선다. 이렇게 납작하고 부드러운 가슴을 오랫동안 본 일이 없다. 의사가 배액 주머니를 제거한 뒤, 플란넬 셔츠의 단추를 꼭 채워 본다. 꼭 맞는다.

내 욕망을 진단으로 바꾸어 젠더 정체성 장애로 명명하고, 나 자신을 남성의 몸-마음을 필요로 하는 남자라고, 수술은 치유라고 선언할 수도 있었다. 그러나 나의 갈망은 그보다 역설적이었다. 내가 가슴의 무게, 크기, 모양, 감각 등을 단 한순간도 그리워하지 않으면서, 나의 몸-마음이 알맞은 상태라고 느끼는 것도 마찬가지다.

한여름이다. 나는 해 질 무렵, 다코타족의 빼앗긴 땅에 위치한 옥수수밭 사이의 흙길을 걷는 백인 남자다. 티셔츠를 벗어 반바지의 허리춤에 밀어 넣는다. 밭은 습한 공기 속에서 무성한 초록으로 흔들리고 있다. 억세고 키 큰 옥수수대가 늘어서 있고, 벌꿀 색깔의 수염이 부드럽게 늘어져 있으며, 통통한 옥수수 알맹이들이 숨어 있다. 갈비뼈과 흉골, 쇄골 위로 황혼이 드리운다. 밭에서 막 따 온 옥수수 껍질을 벗기고 삶아 버터를 발라 먹는 단옥수수가 얼마나 맛있는지 생각한다.

나는 몸-마음이 알맞다body-mind rightness는 관념과 씨름한다. 그것이 내 가슴을 가로지르는 것을 느꼈음에도 불구하고 썩 믿지는 않는다. 그것은 하나의 개념으로서, 세상이 우리에게 가하는 모든 힘으로부터 스스로의 몸-마음을 구분할 수 있다고, 우리의 피부 아래에서 속삭이는 순수하고 개별적인 '알맞음'을 감각할 수 있다고 주장한다. 나는 우리가 억압과 특권, 선입견과 수치심으로부터 우리 자신을 명확하게 구분할 수 있다고 믿지 않는다. 하지만 기술적으로 재형성한 내 육신에서 느껴지는 지속적인 만족감은 '알맞음'이라는 말로밖에 설명하지 못하겠다. 그래서 나는 우리의 몸-마음과 욕망을 설명하기 어렵게 만드는 더 혼란스러운 이야기를 원한다.

하지만 흙길을 따라 조금 더 멀리 걸어 나가며, 아름다움을 오해하기가 얼마나 쉬운지를 떠올린다. 기업식 농업의 옥수수 단일재배가 가져온 것은 토양의 열화와 침식, 넘쳐나는 옥수수로 만든 영양가 없는 가공식품, 대초원의 대규모 파괴뿐이었다. 친구들이 회복시키고 있는 생태계를 생각한다. 다시 한번 **자연스러운 것과 부자연스러운 것, 정상적인 것과 비정상적인 것**을 생각한다. 그러나 주로는 발가벗은 피부를 훑는 황혼을, 그 부드럽고 가벼운 애무를 느낀다. 이 개별적인 몸-마음의 기쁨과 편안함을 자칫 집단의 해방이라고 착각하기 쉽다.

*

이 엄청난 양의 감정과 믿음이 나를 다시금 트랜스에이블에게로 이끈다. 나는 장애에 대한 그들의 단호한 선택을 아직 이해하지 못했다. 그러나 나 또한 나 자신의 육체적 욕망을 전부 이해하지는 못한다. 나에게 더 혼란스러운 이야기가 필요한 이유는, 장애가 있는 나 자신을 있는 그대로 사랑하려는 내 일평생의 투쟁을, 젠더화되고 섹스화된 몸-마음을 재형성하기 위해 의료 기술을 이용한 일과 화해하게 할 방도가 없기 때문이다. 나는 그 모순을 고치려 애쓰거나 그것을 껴안을 수 있을 뿐이다.

자신을 수술해 줄 의사를 찾을 만큼 운이 좋았거나, 장애를 촉발하는 사건을 실행에 옮길 만큼 절박했던 트랜스에이블처럼, 나도 종국에는 멀쩡한 살을 도려냈고, 그 과정에서 온전함을 얻었다. 수치심과 사랑이 여전히 그림자와 빛처럼 파르르 흔들린다.

젠더 트랜지션

부치 다이크에서 백인 남성으로 사는 젠더퀴어로 차츰 이행해 온 과정은, 이상disorder을 치유하거나 망가짐을 고치는 문제가 결코 아니었다. 차라리 욕망이나 편안함의 문제에 더 가까웠다. 트랜지션은 문이었고, 창문이었고, 짙푸른 하늘이었다.

그렇긴 해도 수술이나 호르몬대체요법, 혹은 둘 모두를 통해 트랜지션을 하는 트랜스들은 치유와 다양한 관계를 맺는다. 어떤 이들은 그들의 트랜스성을 선천적인 결함으로, 고쳐져야 할 장애로 명명한다. **결함**이라는 단어는 언제나 내 숨을 멎게 한다. 배를 한 대 얻어맞은 것만 같다. 그들은 다음과 같이 설명한다. "나는 다른 장애인들처럼 수준 높고 정중한 보건의료에 쉽게 접근할 수 있어야 해요. 그저 치료가 필요한 거예요." 이런 식으로 트랜스성을 명명하려는 사람들을 존중하려 애써봐도, 이 논리는 도무지 믿기지가 않는다. 정말로 장애가 어지간한(심지어 좋은 것도 아니다) 보건의료를 보장한다고 믿는 건가? 나는 정반대의 사실을 확인시켜 줄 수천 개의 이야기와 통계 자료를 들이밀수 있고, 의료산업 복합체의 비장애중심주의에 대해 몇 시간이고 불평할 수 있다. 나는 그들이 아무 의심 없이 치유를 받아들이는 것이 정말 싫다.

하지만 잠시 불평을 멈추어야겠다. 트랜스 커뮤니티가 강하고 집단적인 목소리를 갖기 시작한 1990년대 초반까지 젠더 트랜지션을 행하는 의료 제공자들의 분명한 목적은, 다시는 트랜스, 젠더 비순응자, 게이, 레즈비언, 바이로 정체화하지 않을 정상적인 이성애자 남성과 여성을 양산하는 것이었다. 다시 말해, 트랜스성을 결함으로, 교정되어야 할 비정상성으로 보는 시선은 트랜스들로부터 시작된 것이 아니라 의료산업 복합체에서 비롯한 것이다.

또한 젠더 불일치gender dissonance와 몸-마음의 디스포리아는 실제적인 작용을 한다. 이론가 알렉상드르 바릴Alexandre Baril은 다음과 같이 회고한다. "트랜스성을 결함으로 바라보는 것의 문제점은 장애로서의 트랜스성이라는 개념에 있는 것이 아니라, 장애를 병리화하는 개인주의적이고 비장애중심적인 관점에 있다고 생각합니다."[3] 그는 이어서 장애를 가진 트랜스섹슈얼로서의 자신의 경험에 대해 이야기한다. "제 트랜스성은 제 삶의 구성 요소를 쇠약하고 무력하게disabling 만들어 왔고, 지금도 그러합니다. 트랜지션 이전보다는 훨씬 덜하긴 해도, 저의 디스포리아는 여러 가지 형태의 걱정거리를 통해 발현되면서 끊임없이 현존합니다. 개별적으로는 중요하지 않은 것처럼 보일지 모르나 합쳐서 보면 제 몸에 대한 끊임없는 불편함이 드러나죠. 이 디스포리아는 저의 다른 정신장애와 마찬가지로 심리적인 장애입니다disabling."[4] 바릴은 나이브하면서도 고정관념이 배어 있는 결함의 관념에 의지하는 대신, 얽히고설킨 복합체와 씨름하고 있다. 그의 단어들은 때로는 압도적이고 또 때로는 우리를 무력하게 하는 작용으로서의 몸-마음 디스포리아의 현실을 마주하라고 요청한다.

또 다른 트랜스들은 트랜스성을 질병으로, 젠더 비순응을 병리로 명명하기를 거부하면서 젠더 불일치라는 개념을 대대적으로 뒤집는다. 그들의 거부는 디스포리아를 트랜스 개개인이 아닌, 우리의 젠더를 때때로 부인하고 조롱하고 불법으로 만드는 세계에 둔다.

열린 문으로서의 트랜지션, 고쳐져야 할 결함으로서의 트랜스성, 장애로서의 젠더 디스포리아, 병리화되지 않는 몸-마음의 차이로서의 트랜스젠더. 이 모든 종류의 현실은 제각기 치유 및 의료산업 복합체와 고유한 관계를 맺으면서 동시에 존재한다.

＊

나의 트랜지션은 이상을 고치는 문제가 아니었음에도, 치유의 약속은 큰 소리로 나를 부르고, 나의 몸-마음을 파고들며, 내가 원하는 곳으로 이어지는 길을 낸다. 의료산업 복합체는 우리에게 많은 것을 약속하면서 우리의 욕망을 이용한다. 의료산업 복합체는, 치유를 통해 우리가 우리 자신의 몸-마음을 통제하고 재형성할 수 있다고 확언한다. 우리의 몸-마음을 갈망하고 상상했던 상태로, 혹은 이전의 상태로 되돌릴 수 있다고 확언한다. 우리가 느끼는 비참함은 우리 개개인 안에 내재된 것이라고 확언한다. 우리가 개인적인 차원에서는 온전해질 수 있고, 집단적인 차원에서는 장애와 질병, 몸-마음의 차이를 제거할 수 있다고 확언한다. 우리가 바라는 것이 무엇이든(고통이나 우울의 종식이든, 다시 걸을 수 있는 능력이든, 체중 감량이든, 섹스화되고 젠더화된 자신을 재형성하는 것이든) 우리가 욕망하는 것에 맞추어 우리의 몸-마음을 조정할 수 있다는 확언은 몹시도 매혹적이다.

테스토스테론을 투여받기 시작했을 때, 나는 어서 수염이 나고 목소리가 굵어지기를, 엉덩이가 날렵해지고 턱이 각지기를 바랐다. 이렇게 규정된 몸-마음의 변화의 기저에서 나는 **소녀**나 **여성**으로서는 한 번도 가져본 적 없는 안정성을 갈구했다. 나는 그 옅은 노란색 합성호르몬을 내 몸속에 들어오는 꿀이나 빛, 사탕소나무 향으로 여기고 있는 스스로를 발견했다. 은유를 통해 나의 변화를 의료산업 복합체로부터 떼어내려 애쓰고 있었던 것이다.

하지만 실상 트랜지션 기술을 통제하는 사람들, 즉 외과 의사, 치료사, 내분비과 의사, 가정의 모두는 몸-마음의 문제를 밝히고 고치도록 훈련받아 왔으며, 백인 서구 의학 체계에 속해 있다. 젠더 디스포리아 및 최근 폐기된 젠더 정체성 장애라는 형식의 진단은, 호르몬대체요법과 수술이라는 형태의 치료를 누가 받고 누가 받지 않는지를 가르는 중요한 역할을 한다. 다국적 제약회사들은 호르몬을 개발하고 생산하고 유통하며 그로부터 이익을 얻는다. 요컨대, 의료산업 복합체는 수많은 방식으로 젠더 트랜지션을 형성한다. 나는 꿀과 빛이 아니라 화합물을 투여했으며 제약회사 선 파마Sun Pharmaceutical Industries*에 기여

---

* 인도에 본사를 둔 다국적 제약회사로, 세계 4위 규모의 제네릭generic 의약품

했다. 나는 치유의 약속이 열어젖히는 문을 따라 걸어 들어가고 있었다.

*

치유의 약속을 맞닥뜨리는 것은 트랜스들만이 아니다. 트랜스이건 시스젠더이건, 장애인이건 비장애인이건 간에 우리는 우리의 몸-마음을 크고 작은 방식으로 바꾸기 위해 의료 기술에 접근할 때마다 유혹적인 확언을 마주한다. 우리는 아이를 갖기 위해 인공수정 클리닉을 방문하고, 나날이 활개치는 공황 발작을 잠재울 약을 받기 위해 1차 진료 의사를 찾고, 부러진 다리를 고치기 위해 응급실에 간다. 우리는 수많은 필요와 욕망을 가진 의료산업 복합체 속으로 들어가 다양한 방식으로 치유의 약속과 상호 작용을 한다.

그러나 치유는 몸-마음의 갈망만을 따르지 않는다. 치유는 우리를 정상성 쪽으로 밀어붙인다. 물론 트랜지션은 나를 정상적인 남자로 만들지는 않았다. 그러나 이제 어떤 길모퉁이에서는 "부인"이라고 불렸다가 다음 길모퉁이에서 "아저씨"라고 불리는 일은 더 이상 없다. 내 몸-마음은 더 이상 남자와 여자 사

(특허 기간이 만료된 약품을 개발사가 아닌 회사가 동일 성분으로 생산한 것) 업체다. 생산 제품 중 하나로 트랜스 남성이 호르몬 요법에 사용하는 남성호르몬 제제 테스토스테론 시피오네이트testosterone cypionate가 있다. 이 약은 미국 제약사 화이자가 개발한 데포-테스토스테론의 제네릭이다.

이의 공간을 파고드는 지렛대가 아니다. 난생 처음으로 나는 줄곧 단일한 젠더로 읽힌다. 내가 뒤틀리고 구부러지고 불온한, 완고한 퀴어로 남아 있음에도, **정상**과 나의 관계는 완전히 바뀌었다.

＊

나는 치유의 약속이 열어젖힌 문으로 걸어 들어갔다. 욕망의 소리를 들었으며 몸-마음의 평안을 찾았다. 나는 젠더 이분법 안에서 더 편하게 살고 있다. 나는 아직도 지금의 내가 풀밭에서 연을 날리던, 자신이 여자아이도 남자아이도 아니라는 것을 알고 있었던 아홉 살의 나 자신과 비슷하다고 느낀다. 나는 아무것도 치유하지 않았다. 치유할 것이 하나도 없었기 때문이다. 이 모든 힘들이 나를 밀치며 통과해 간다.

괴롭힘당하기

아네트, 우리는 30년 전에 세계 핵 축소를 위한 평화 대행진 Great Peace March for Global Nuclear Disarmament에서 만났지요.[5] 우리는 8개월 반 동안 같은 텐트를 썼고, 아직도 서로를 텐트 메이트라고 불러요. 우리는 사막과 산과 대초원을 가로지르고, 옥수수밭과 도시와 난개발된 산업지대를 지나며 장밋빛의 반구형 텐트에서

311

매일 밤을 보냈어요. 자매도 애인도 아니면서 그토록 친밀했죠. 15년이 지나 우리 관계는 몸-마음의 변화로 인해 무너졌어요.

같은 해에 나는 가슴재건수술을, 당신은 위우회술을 받았죠. 우리 둘 다 서로가 내린 선택을 반기지 않았어요. 당신은 내가 여성으로 남기를, 나는 당신이 살을 빼지 않기를 바랐어요. 자신의 가슴을 사랑했던 당신은 왜 내가 가슴을 없애려 하는지 이해하지 못했지요. 오랜 시간 뚱뚱한 여성들을 좋아해 온 나는 비만 혐오와 수치심뿐만 아니라 비만 그 자체가 당신의 삶에서 문제가 된다는 것을 이해하지 못했고요. 당신의 페미니즘 정치는 젠더 트랜지션을 용인하기 어려워했고, 나의 비만 정치도 똑같이 체중감량수술을 받아들일 수 없었죠. 우리는 각자의 몸-마음을 서로에게 설명하고 해명하는 것으로 끝이 났어요.

아네트, 모하비사막 중간에 있는 파워라인 로드에서 야영하던 어느 저녁이 기억나요. 페미니스트와 무정부주의자, 중도파 민주당원과 사회주의 혁명가, 오랜 평화 활동가와 베트남 참전용사가 한데 섞인 채, 우리는 커뮤니티의 논쟁적인 문제를 해결하기 위해 못 볼 꼴로 화를 내고들 있었죠. 그날 저녁에 당신은 종이쪽지에 적은 연애편지를 슬며시 건네주었어요. 지난해 나는 그때 쓴 일기를 다시 읽다가 그 안에 접어놓았던 당신의 쪽지를 발견했어요.

수술 때문에 싸우던 때 우리가 주고받은 아픈 말들을 반복하고 싶지는 않아요. 비만 활동가 커뮤니티와 협력했던 긴 시간 동안 나는 위우회술을 감행한 사람과 가까이 있어본 적이 없었어요. 당신도 퀴어 커뮤니티에 속해 있던 세월 동안 젠더 트랜지션을 한 사람을 본 적이 없었죠. 당신이 내가 성차별주의, 동성애 혐오, 젠더 이분법과 싸우기를, 부치 여성으로서의 나의 몸-마음을 사랑하기를 바랐듯이, 나 역시 당신이 비만 혐오와 맞서 싸우기를, 당신의 뚱뚱한 몸-마음을 사랑하기를 바랐어요. 나는 당신의 위장관을 재형성할 의사들을 신뢰하지 않았고, 사방에서 광고되는 수익성 높은 비만대사수술이나 산업과 미디어가 주도한 "비만 유행병"의 공포에 당신이 사로잡혀 있는 것은 아닐까 생각했어요.[6] 마찬가지로, 당신은 내게 남성성과 여성 혐오에 굴복했다는 혐의를 두었지요. 우리는 둘 다 "우리의 몸-마음이 아니라 세상을 바꾸라"라는 단일하고 단호한 정치로 답했고, 서로의 욕망을 믿지 않았어요. 한마디로 엉망진창이었죠."

아네트, 로키 플라츠 핵무기시설 Rocky Flats nuclear weapons plant**에서 보낸 어느 오후가 생각나요. 수백 명의 사람들과 함께 산을 등지고 정문에 앉아 무기와 전쟁, 방사능 유출에 대해 항의했죠. 우리는 서로에게 기댄 채 가까이 앉아 있었어요.**

우리는 사랑과 인내, 시간, 경청을 통해 다시 모였어요. 당신은 조금 작아졌지만 여전히 비만인 백인 다이크고, 나는 백인 남성으로 사는 젠더퀴어죠. 우리는 메스와 합성호르몬이 몸-마음의 근본적인 기능을 재배치하도록 했던 우리의 결정이 얼마나 대담한 것이었는지 서로 이야기했어요. 우리는 서로의 변화를 목격했어요. 내 목소리는 굵어졌고 당신은 체중이 줄었지요.

나는 수염이 났고 당신의 식사는 바뀌었어요.

경청과 인내는 이 깊은 투쟁을 지나올 수 있도록 도와주었지만, 우리는 다른 노력도 해야 했어요. 당신은 트랜지션을 포기와 배신으로 받아들이는 것을 넘어서, 젠더 이분법이 부정하는 젠더에 관한 보다 넓은 이해로 나아가야만 했어요. 나는 간단한 해결책을 강요하는 게 아니라 당신의 선택과 내 정치가 서로 엎치락뒤치락하도록 모순을 껴안아야 했고요. 나에게 투쟁만큼이나 연민이 중요해져야 했어요. 결국 우리 둘 다 변화한 거였죠, 전혀 다를 바 없이.

아네트, 이리 호수의 경주로에서 야영하던 밤이 기억나요. 우리 텐트가 바람에 거칠게 펄럭였죠. 우리는 들뜬 채로 많이 웃다가 잠들었어요.

*

당신은 전화로 내게 이렇게 말해요. "뚱뚱하고 싶지 않아서 절박했어." 우리는 절박함에 대해 오래 이야기를 나눠요. 당신은 자신의 수술이 변절은 아닌지 모르겠다는 말을 꺼내요. 나는 비만 혐오에 관해, 매일같은 농담과 비웃음, 등 뒤로 들려오는 속삭임, 길거리의 공공연한 괴롭힘에 관해 물어요. 당신의 이야기를 기억해요. 의사들은 당신더러 "병적인 비만"이라고 부르고, 비행기에서 마주친 낯선 이들은 당신에게 야유를 보냈다고요. 나는 뼛속까지 소진되었을 당신을 느낄 수 있어요. 나는 공공 화장실에서 맞닥뜨린 젠더 이분법과 끝없는 곤경을 생각해요. 카페에서, 주유소에서, 식료품점에서 언제나 반복되었던 말들을 생각해요. "부인, 아니, 죄송합니다, 선생님. 아, 제 말은요, 부인." 차에서 나를 향해 소리를 지르던 철없는 사내아이들을 생각해요. 그 모든 것들이 나를 얼마나 지치게 만들었는지요.

우리는 함께 비만 혐오, 트랜스 혐오, 젠더 이분법을 들먹이며 괴롭히는 이들을 꼽아봐요. 우리의 몸-마음의 정치는 여전히 치열하지만 더 유연해져요. 우리 둘 다 고통스러운 유년 시절을 보냈죠. 당신은 **뚱보, 엄마 매머드**라고 불렸고, 나는 **지진아, 원숭이**라고 불리면서요. 시간을 돌려, 그 모든 비웃음을 삼키며 하루하루 스스로를 더욱 미워했을 열두 살의 당신과 앉아 있고 싶어요. 욕망에 가득 차 절박한 마음으로 수술을 결정한 25년 후의 당신과 앉아 있고 싶어요. 지금 당신과 함께 있고 싶어요.

어렸을 적 우리는 저항하고, 숨고, 도망치고, 우리 자신을 바꾸고, 조롱을 되받아쳤지만, 그 어떤 전략도 가해자 무리가 가하는 타격을 막아주지는 못했어요. 우리는 상처를 삼키고, 그들의 요구에 굴복하고, 눈이 붓도록 울고, 입을 다물었어요. 이제 어른이 되어 우리는 비만 커뮤니티와 장애 커뮤니티, 퀴어와 트랜스 커뮤니티 속에서 살아요. 애인과 친구를 찾았고, 거리에서 시위를 하고, 반억압anti oppression 훈련*을 주도했죠. 그런데도 가

---

* 권력, 특권, 억압적 체제 등에 대한 의식을 고양하고 공동체 내에 다양성을 증진하기 위한 교육과 훈련 프로그램. 시민사회단체나 대학교, 일부 기업 등에서 구성원을 대상으로 진행한다.

끔 우리는 상처를 삼켜요.

당신이 수술을, 내가 트랜지션을 선택할 때 우리를 밀치고 끌어당기는 수많은 외부 작용들이 있었어요. 소진과 수치심과 절망도 분명 우리가 그런 결심을 하게 만들었죠. 하지만 지금, 여기에서 잘 자라는 인사를 하고 전화를 끊을 때, 나는 우리가 서로를 위해 내어준 공간을, 우리의 포개어지고 충돌하는 이야기를, 우리 사이에서 울리는 사랑을 느낄 수 있어요.

모순의 미로

치유와 씨름하는 일은 상충하는 힘과 모순의 미로 속으로 나를 이끌었다. 수익을 내는 일은 삶을 연장하는 일 옆에 나란히 놓인다. 박멸을 주장하는 일은 편안함을 제공하는 일 위에 놓인다. 고통과 통증을 종식하는 일은 비도덕적인 연구를 용인한다. 이 모든 것들이 공적으로는 의료산업 복합체라 불리는 형태 없는 뭉치 속에, 사적으로는 우리의 침실과 부엌, 욕실 속에 산다. 이 미로 안에서 나는 계속해서 막다른 길을 맞닥뜨리고, 계속해서 같은 교차로를 지난다. 같은 자리로 되돌아오는 진부한 길들만 발견한다.

우리 중 많은 이들이 그러하듯 나 역시 의료 기술과, 그 기술의 발견과 발전을 이끈 치유 이데올로기 덕에 살아 있다. 그러나 치유는 비만인 사람이 겪는 "문제"에 위우회술, 체중 감량, 수치심으로 대응하기도 한다. 나는 의료산업 복합체를 통해 몸-마음의 평안과 연결감을 찾았다. 그러나 치유는 눈에 띄는 안면 모반의 "문제"에 레이저수술로 대응하고, 망가진 것처럼 보이는 걸음걸이의 "문제"에 뼈를 부러뜨리고 다시 붙여 늘이는 식으로 대응하기도 한다. 나는 주저 없이 항생제, 이부프로펜, 합성테스토스테론을 사용하며, 그것들이 내 몸에 주는 작용에 감사해한다. 그러나 치유는 목소리와 환영이라는 "문제"에 정신을 무감각하게 만드는 향정신성 약물로 대응하기도 한다. 이 미로는 끝없이 되풀이된다.

나는 모든 모순을 있는 그대로 만날 수 있는 장소를 찾고 싶어서 그 미로 속으로 들어갔다. 하지만 이제 내가 바라는 것은 나가는 것이다. 끊임없이 나타나는 이 모퉁이와 회전 교차로, 막다른 길에서 나가고 싶다. 치유를 모순적인 진창으로 남겨두고 싶다.

✳

만일 비만 혐오, 비장애중심주의, 성차별주의, 인종차별주의, 계급차별주의, 동성애 혐오, 트랜스 혐오, 외국인 혐오가, 다양한 몸-마음 위에 위치하는 모든 딱딱한 제약들이 해체된다면 우리는 무엇을 욕망할까? 이 질문은 나를 압도한다. 불가능한 종류의 상상을 요구한다. 그러니 내가 분명히 아는 것에서부터 시작하고 싶다.

페어뷰도, 린치버그의 수용소도, 아이오니아의 정신병원

도, 로텐버그교육센터도 없을 것이다. 알렉산더 굿럼Alexander Goodrum*이 그의 마지막 날들을 보냈던 라프론테라 정신병원La Frontera Psychiatric Health Facility도, 오타 벵가가 오랑우탄 도홍과 함께 살았던 브롱크스 동물원도 없을 것이다. 인격성을 규정하고, 애슐리가 겪은 성장저해치료를 승인하는 윤리위원회도 없을 것이다. 수 세대에 걸친 제거와 종족 학살도 없을 것이다. 일상적인 괴롭힘, 빤히 쳐다보는 시선, 끝없이 이어지는 노골적인 질문들도 없을 것이다. 극복의 미덕을 홍보하는 더 나은 삶을 위한 재단과, 기금 모금을 위해 연민과 비극을 활용하는 근육병협회도 없을 것이다. 석탄화력발전소도, 기업식 농업의 옥수수밭도, 마실 수 없는 물과 숨 쉴 수 없는 공기도 존재하지 않을 것이다. 나는 거대한 '없는 것'의 구름 속에 있다.

다양한 몸-마음의 차이가 존중받고 그중 어느 것도 박멸되지 않는 세계를 스치듯 본다. 평안과 고통, 안녕, 탄생, 죽음이 모두 존재하는 그런 세계를. 치유는 우리에게 실로 많은 것을 약속하지만, 결코 정의justice를 주지는 않으리라. 이 다시 설정된 세계에서, 치유는 존재하지 않거나 존재한대도 많은 도구들 중 하나에 불과할 것이다. 이 세계에서 우리 몸-마음의 욕망은, 한여름의 톨그래스 대초원처럼 활기차고 다채로이 우리 사이로 퍼져나가리라.

---

*   이 책의 4장 마지막 부분에 등장하는 편지의 수신자인 베어의 이름이다.

엄마, 무엇을 맹세하겠어요?

어머니는 신장 한쪽과 난소 한쪽을 가진 여자다. 종종 숨을 잘 못 쉬는 데다 30여 년간의 흡연으로 인해 더 악화된 폐 두 쪽을 가진 여자다. 야외에서 자라는 것들 중 절반에 알레르기 반응을 일으키는 여자다. 하루 종일 잠만 자는 끝없는 우울을 가진 여자다. 그녀는 나를 **장애자**handicapped라고 불렀는데, 나는 오랫동안 그 말이 그녀가 나를 설명하기 위해 지어낸 말이라고 생각했다.

그녀는 스스로에게 결코 그 말을 쓰지 않았다. 숨이 막혀 몇 시간이고 헐떡이고는 했던 어린 시절의 긴긴밤을 기억하고 있었음에도. 그녀의 어머니는 그녀를 일으켜 거실로 데려가 함께 앉아 있었다. 벽으로는 그림자가 드리우고, 폐는 요동치고, 횡격막은 팽팽해졌다.

배틀 록 해변에서 엄마와 나는 유리 부낭浮囊을 줍는다. 어부들이 그물을 띄우는 데 쓰는 청록색의 텅 빈 유리공이다. 겨울 폭풍이 잠시 가라앉은 무렵이다. 우리는 부낭들이 바다를 가로질러 던져지고 터지고 날려서 부서진 채 햇빛에 반짝이는 것을 본다. 바닷가에 떠밀려 온 것들 중 어떤 것들은 여전히 그물에 싸여 있다.

자동차 수리공의 딸로, 도시에서 자라 고등학교를 졸업한 첫 세대인 어머니는 물보다도 **빽빽한**thicker 공기를 어떻게 들이 마셔야 하는지 일찍이 배웠다. 흡입기를 살 수 있을 만큼의 돈이 없었고, 극심한 발작을 일으켰을 때 응급실에 갈 돈은 더욱이 없었다. **엄마, 그 절망적인 밤, 쭈그러진 폐에 숨통을 열어줄 아드레날린 주사 한 방을 맞을 수 있었다면 무엇을 내놓았을 건가요?** 그녀는 산소와 공황의 끄트머리에 사는 여자아이, 들이쉴 수 있는 다음 번의 숨이 있다는 것을 결코 믿지 못하는 여자아이로 자라났다.

그녀는 자신의 몸-마음의 차이를 결코 내 몸-마음의 차이와 연결 짓지 않는 어머니가 되었다. 우리 사이에서 나를 치유하고 싶어 하는 어머니의 욕망은 명백해졌다. 그녀는 자신의 어머니가 요양원에서 홀로 생을 마감하기 전 뇌졸중으로 두 차례 쓰러지고 눈이 머는 모습을 보았다. 어머니는 가족 중에서 뇌와 심장의 혈전으로 죽은 여자들을 꼽아보았다. 언니, 고모, 어머니, 할머니, 증조할머니. 그녀는 절대 그렇게는 죽지 않겠다고 맹세했다.

일본 어부의 그물과 함께 볼링핀처럼 생긴 흰색과 주황색 플라스틱 부낭이 물 위로 떠오른다. 전문 어부를 제외하고는 누구도 모으지 않는 부낭이다. 내게는 폭풍이 지나간 바닷가를 걷다가 주운 유리 부낭이 하나 있다. 크기가 농구공만 하고 얽은 자국이 있는, 한때는 흔했으나 이제는 희귀해진 물건이다.

공적으로는 폴몰Pall Mall을, 사적으로는 옥수수 속대 파이프를 피워온 세월로 인해 폐 상태가 나빠지면서, 어머니는 심폐소생술 거부Do Not Resuscitate, DNR 서약서를 냉장고에 써 붙여두었고, 오리건주의 의사조력자살법physician-assisted suicide law을 지지했다. 그녀는 폐기종과 함께 살지 않겠다고 맹세했다.

그러나 혈전은 누가 욕망을 맹세하건 아랑곳하지 않고 어머니의 뇌로 들이닥쳤다. 혈전은 그녀를 살아 있되 움직일 수 없는 상태로 만들었고, 그녀의 언어를 속절없이 저세상으로 보냈다. 그녀는 몇 개월 동안 재활치료를 받으며, 힘없는 한쪽 팔만으로 휠체어를 움직이는 기술을 배웠다. 언어치료는 그녀의 입이라는 따뜻한 동굴에 충분하지는 않지만 약간의 말들을 되돌려 주었다.

어머니는 오래된 아이슬란드 민요를 공부하고, 셰익스피어와 밀튼을 가르치고, 아서왕과 베어울프 이야기를 다시 들려주며 말들을 통해 세상을 향한 길을 낸 사람이었다. 그녀는『킹 제임스 성경』을 읽으며 컸고, 읽고 쓸 줄 아는 것과 가치 있음이 결부되어 있다고 믿었다.

엄마, 달라진 뇌에서 물보다도 걸쭉한thicker 말들이 나와 숨을 틀어막을 때, 무엇을 맹세하겠어요? 응고되기 쉬운 피를 뿜어내는 심장을 가진 엄마. 엄마의 구부러진 몸–마음에 무엇을 바라나요? 이런 나는 결코 바라지 않았던 당신이잖아요.

발로 휠체어를 질질 끌며 도착한 식료품점과 우체국, 영화관에서 10년 전에 같이 일했던 동료를 맞닥뜨렸을 때, 무엇을 하고 싶었나요? 그가 당신의 머리를 쓰다듬고 뺨에 입맞추는 순간에, 쓸데없는 진부한 이야기를 속삭이고는 당신의 혀가 더듬거리며 한마디 내뱉기도 전에 떠나버릴 때, 그의 여린 발가락 위를 바퀴로 구르고 싶지는 않았나요? 정강이를 걷어차거나 힘이 남아 있는 왼쪽 손으로 그를 뿌리치고 싶지는 않았나요? 혹은 그저 도망치고 싶었나요?

나를 보며 울고 기도하던 낯선 사람들을 이해하려 애썼던 열다섯 살 무렵, 어머니는 내게 퍼부어지는 모든 연민과 자선을, 선심을 쓰는 일들을 받아들여야 한다고 했었다. **이제 비밀을 하나 알려드릴게요. 당신은 그 개자식들을 발로 차버린 다음, 우습고도 분노를 자아내는 그 모든 세부적인 이야기를 낱낱이 들려줄 수도 있어요.**

이 부낭이 부서진다면, 바다에 잠긴 유리를 손바닥으로 감쌌던 몸-마음의 기억만 남을 것이다. 더 이상 유리 직공이 만들어 낸 모양이 아닌 모습으로, 그물에서 떨어져 먼 해변의 파도를 타고 반짝이는 모습으로 발견된 청록색 공들. 하지만 기억에 균열이 간다면, 날카롭고 단단한 유리 조각들은 어떻게 될까?

∗

여기로 와서 우리와 함께해요. 미치고, 아프고, 장애가 있고,

귀가 먹은 이 수많은 사람들과요. 우리는 입구에서 엄마가 수치심과 상실을 되새기게 하지 않을 거예요. 우리는 지나친 낙관주의자나 포스터에 나오는 아이가, 영감이나 비극이 아니에요. 우리는 고집 센 괴짜들이라 아름다움도 추함도, 벌도 상도 분명히 정의하지 않죠. 우리는 삶을 욕망하자고 말하지 않을 테지만, 우리와 함께 있으면 엄마는 그 심폐소생술 거부 서약서를 어디다 치워버리게 될지도 몰라요.

엄마, 무엇을 맹세하겠어요?

다시, 초원 산책

이른 가을, 나는 다코타족의 빼앗긴 땅이자 12만 제곱미터 규모로 복원된 톨그래스 초원으로 되돌아간다. 관념이 아니라 존재에 대해 생각하며 걷는다. 풀들이 휙휙 소리를 내며 나를 스친다. 제비꼬리나비 몇 마리가 아직 허공을 맴돈다. 흰목참새가 노래한다. 길 옆에서 우는 코요테를 본다. 바스락거리는 소리가 들린다. 나는 총총거리며 달려가는 흰발붉은쥐와 덤벼드는 붉은여우를 상상한다. 하늘에서는 독수리들이 더운 상승기류를 타고 맴돌고 있다. 붉은꼬리말똥가리가 그리 멀지 않은 곳에서 운다.

이 순간, 초원은 수백만 가지의 존재들로 이루어져 있다. 그러나 언덕 너머에는 또 다른 기업식 농업의 옥수수밭이 갈색으로 변해 말라비틀어지고 있다. 언덕 너머에는 가시철조망 울타리와 2차로 흙길이 있고, 들소들은 이제 없다. 언덕 너머에는 **자연스러운 것과 부자연스러운 것, 정상적인 것과 비정상적인 것**의 모순이 있다. 언덕 너머에서 우리는 상실과 욕망, 약속과 불의를 두고 씨름한다. 언덕 너머에는 돌멩이를 던지고 주먹질을 해대는 가해자 무리가 있고, **원숭이, 결함, 지진아**라는 말이 있다. 언덕 너머에서 우리는 단일재배와 생물의 다양성 사이에서, 박멸과 걷잡을 수 없는 번성 사이에서 선택해야 한다.

이 조그맣게 복원된 초원 지역은 과거로의 회귀도 미래에의 약속도 아니다. 두 가지 모두가 희미하게 어른거릴지라도 말이다. 차라리 옥수수밭에서 키 큰 풀로, 여름에서 겨울로 이행하는 생태계에 가깝다. 나는 발 아래의 오래된 옥수수 고랑을, 내 위에서 흔들리는 커다란 나도기름새풀을, 눈부시고 불완전한 나 자신의 심장박동을 느낀다. 나는 걷는다. 경련을 일으키고 어눌하게 말하는 인간으로. 다소 균형이 흔들리는 채로. 많은 존재들 중 하나인 채로. 모든 게 이토록 복잡하고 단순할 수 있을까?

자전거 타기

우리는 자전거 친구다. 당신은 팔로 움직이는 자전거를, 나는 누워서 타는 세발자전거를 탄다. 두 자전거 모두 바퀴가 세 개 달렸고, 안장이 땅에서 25센티미터쯤 떨어져 있다. 우리는 서로에게 좋은 상대다. 당신은 나보다 훨씬 빠른 속도로 비탈길을 내달린다. 내리막길 첫 번째 모퉁이에 접어들어 곧 사라질 당신을 보는 게 참 좋다. 어쩌면 오르막에서는 내가 빠를 것이다. 아닐지도 모르지만.

우리는 뉴햄프셔 화이트산맥에서 사흘 동안 160킬로미터를 라이딩하기 위해 매사추세츠주 서부에 있는 산길 코스에 가서 훈련을 한다. 욕을 하고 낑낑대며 톰산을 올랐다가 미끄러져 내려온다. 평지에서는 수다를 떨고 장난을 친다. 나란히 탈 공간이 없을 때면 당신의 뒤를 따라 달린다. 울퉁불퉁한 아스팔트 위를 달리는 당신의 바퀴를 보며 나의 길을 계획하고, 페달을 돌릴 때마다 움직이는 당신의 어깨에 감탄한다. 가파른 오르막에서는 당신이 내 뒤에 붙어 내 뒷바퀴를 바라보며 바퀴를 굴린다.

화이트산맥에서 칸카마구스산을 오를 때는 당

신이 내 뒤를 따라 함께 탈 것이다. 당신의 자전거가 삐걱대는 소리와 우리 주위로 몰아치는 바람 소리만 빼면 고요하리라. 칸카마구스는 마지막 6킬로미터 구간 동안 해발 420미터나 높아진다. 우리가 그 6킬로미터를 가려면 1시간은 족히 더 걸릴 것이다. 연민도, 비극도, 기립 박수도, 지역 신문에 실리는 호들갑스러운 미담 기사도 없을 것이다. 오직 우리 둘만, 중력을 거슬러 느릿느릿 부단히 움직이는 우리 둘만 있을 것이다.

감사의 말

다음의 글들은 여러 선집, 학술지, 간행물의 다른 형태로, 더 이른 버전으로 실린 바 있다.

"공항과 옥수수밭" "모반" "몸-마음을 갈망하기" "교훈적인 이야기" "원숭이로 살기" "정상적인 것과 자연스러운 것" "건강의 회복" "초원 산책" "다시, 초원 산책" "치유를 바라기" "당신이 덜 아프기를 바라" "개구리 연못을 그리워하기"(『물질적 생태비평Material Ecocriticism』), "애슐리의 아버지"(《티쿤Tikkun》) "뇌성마비"(『벽 허물기: LGBTQ 목소리의 융합Writing the Walls Down: A Convergence of LGBTQ Voices』), "캐리 벅 I: 갈망" "캐리 벅 II: 역사의 급류" "캐리 벅 III: 정신박약"(《문예장애연구저널Journal of Literary and Cultural Disability Studies》), "젠더 트랜지션"(『트랜스젠더 스터디 리더2The Transgender Studies Reader 2』), "수치심과 자긍심"(《시애틀 사회정의 저널Seattle Journal for Social Justice》).

∗

이 책을 쓰면서 너무 많은 도움을 받아서 어디부터 시작해야 할지 모르겠다. 걸출한 편집자이자 지난 25년 동안 내 첫 독자가 되어준 조 카디Joe Kadi는 이 기획을 시작한 이래로 줄곧 경청하고 격려해 주었으며 몇 번이나 글을 고쳐주었고 또 나를 다잡아 주었다. 수전 버치Susan Burch와는 두 해가 넘도록 매달 두 번씩 만나며 서로의 글을 읽고 응원을 주고받았다. 관대하면서도 탁월한 그녀는 끝없이 의견을 주고 다그치고 구슬리고 내 판단을 지지해 주는 한편, 단단하고 분명하게 사유할 수 있도록 끌어주었다. 이 책의 중심 생각들을 발전시키는 데에는 서배스천 마거릿의 무한한 응원과 격려가 큰 힘이 되었다. 멜 첸Mel Chen과 앨리슨 케이퍼Alison Kafer가 결정적인 순간에 초고를 함께 읽어준 덕에 책이 완성되면 어떠할지를 미리 가늠해 볼 수 있었다. 내 사랑 새뮤얼 루리는 11년이 넘게 이 작업을 붙들고 있는 나를 견디며 길게 대화를 나누어 주고 간식을 챙겨주고 보듬어 주었다.

앨리슨 케이퍼, 가브리엘 아켈스Gabriel Arkels, 제이드 브룩스Jade Brooks, 조 카디, 멜 첸, 미셸 자먼Michelle Jarman, 리베카 위덤Rebecca Widom, 새뮤얼 루리, 서배스천 마거릿, 수전 버치, 수전 래포Susan Raffo가 여러 번에 걸쳐 아직 엉망인 초고를 꼼꼼히 읽어준 덕분에 이 책을 마칠 수 있었다. 또한 이 기획 전체가 여러 면에서 많은 사람에게 기대고 있다. 어떤 이들은 내가 사유를 구체화하고 초점을 잡는 데 도움을 주었고, 또 어떤 이들은 새로운 방향을 제시해 주었다. 꼭 알맞은 때에 필요한 자극을 준 이들도 있다. 그중에서도 알렉산더 존 굿럼, 앤절라 카터Angela Carter, 아네트 마커스Annette Marcus, 아우라 글레이저Aura Glaser, 아우로라 레빈스 모랄레스Aurora Levins Morales, 크리스 벨Chris Bell, 코벳 오'툴Corbett

O'Toole, 코리 실버버그Cory Silverberg, 다이애너 쿠번트Diana Courvant, 엘런 새뮤얼스Ellen Samuels, 김은정Eunjung Kim, 글로리아 토머스Gloria Thomas, 캐런 컨스Karen Kerns, 킴 닐슨Kim Nielsen, 로라 허시, 로리 에릭슨, 퍼트리샤 폰테인Patricia Fontaine, 패티 번Patty Berne, 로빈 스티븐스Robin Stephens, 수 스바이크Sue Schweik, 수나우라 테일러에게 특히 감사한다.

이 책은 퀴어, 트랜스, 장애 커뮤니티에서 생활하고, 다인종적인 퀴어·트랜스·유색인이 이끄는 활동 공간에서 일하며 쓴 것이다. 수많은 만남, 식사, 발걸음 및 바퀴 굴림, 대화, 아이디어, 깨달음을 준 에런 앰브로즈Aaron Ambrose, 앨리슨 셰퍼드Alice Shepard, 앰버 홀리보Amber Hollibaugh, 커티스 워커Curtis Walker, 딘 스페이드Dean Spade, 데니스 로이Denise Roy, 에미 코야마Emi Koyama, 에릭 패브리스Erick Fabris, 이선 영Ethan Young, 헤더 매컬리스터Heather MacAllister, 이비 그레이Ibby Grace, 제이크 파인Jake Pyne, 제이 세닛Jay Sennett, 훌리오 오르타Julio Orta, 로라 라우셔Laura Rauscher, 레아 돌마지Leah Dolmage, 레아 락슈미 피에프즈나-사마라시나, 레이 올린Lenny Olin, 르로이 무어Leroy Moore, 레즐리 파이어Lezlie Frye, 리사 와이너-마푸즈Lisa Weiner-Mahfuz, 마거릿 프라이스Margaret Price, 미라 밍거스Mia Mingus, 니르말라 에레벨레스Nirmala Erevelles, 오언 대니얼 매카터Owen Daniel-McCarter, 리바 레러Riva Lehrer, 수전 스팅슨Susan Stinson, 시러스 웨어Syrus Ware, 토비 맥넛Toby MacNutt, 트리샬라 뎁Trishala Deb에게 크나큰 고마움을 전한다. 이 글을 쓰는 동안 활동의 근거지가 되어준 장애 정의 콜렉티브Disability Justice Collective와

루츠 콜렉티브ROOTS Collective도 여러 면에서 나를 성장시켜 주었다. 두 단체의 모든 이들에게 깊은 감사를 전한다.

크나큰 사랑과 우정, 격려 덕에 글을 쓸 수 있었다. 곁을 지켜 준 에이드리언 네프Adrianne Neff, 앨리슨 케이퍼, 아네트 마커스, 디어드리 켈리Deirdre Kelly, 가브리엘 아켈스, 헤바 니머Heba Nimr, 조 카디, 로리 에릭슨, 린 휘트니Lynne Whitney, 멜 첸, 메리 로즈Merri Rose, 퍼트리샤 폰테인, 리베카 위덤, 새뮤얼 루리, 세라 페이지Sarah Paige, 서배스천 마거릿, 수전 버치, 수전 코울링Susan Cowling, 수전 래포, 태미 존슨Tammie Jhonson에게 감사를 표한다.

마지막으로, 애디론댁산맥에 위치한 블루마운틴센터와 버몬트의 버튼베이주립공원, 리커폰드주립공원에서 얻은 시간과 공간이 없었다면 이 책은 쓰이지 못했을 것이다. 나무와 바위, 물과 하늘에 무한한 감사를 전한다.

불완전함과 고통의 정치성에 대하여

김은정

(시러큐스대학교 여성·젠더학과 및 장애학 프로그램 부교수,
『치유라는 이름의 폭력』 저자)

　『눈부시게 불완전한』은 인간이 불완전하며 그 자체로 자연
스럽고 아름답다는 당위적인 메시지가 아니라, "우리 모두"로
일컬어지는 정상 및 일반 주류의 사회가 결함이 있다고 판단한
사람을 제거해 온 미국 사회의 불의와 폭력의 기록이다. 결함은
선택적인 제거를 목표로 그 대상을 지목하는 데 사용되는 매우
정치적인 규정이며, 정상적인 것이 자연스럽고 바르다는 도덕
적인 판단 및 병적인 상태를 규정하는 의학적인 진단과 공모한
다. 이 선택적인 제거는 치유라고 불린다. 클레어는 비정상이라
고 규정된 타자에 대한 억압이 어떻게 치유의 담론을 정당화하
고, 그로 인해 어떤 파괴적인 결과가 초래됐는지에 대해 서술한
다. 나아가 이렇게 제거된 존재들의 상실을 목도하고 애도하며,
이러한 존재들이 사회에서 생존하기 위해 분투하고 저항했음
을, 또 지금도 저항하고 있음을 드러낸다. 눈부심brilliance은 불완
전한 존재들의 지워버릴 수 없는 과거와 현재이며, 몸-마음들

이 축적해 온 생존 전략, 지식의 창의성, 힘, 그리고 나약함을 동시에 의미한다.

지식과 이론은 그것이 만들어진 시간과 역사, 그 안의 장소와 존재들의 경험, 그 존재들이 연결된 공동체 및 사회의 구조와 떼어놓고 생각할 수 없다. 클레어가 밝히듯 미국은 선주민과 그들이 지켜온 숲과 동물 들의 학살, 노예제도에 기반해 세워졌다. 이는 과거의 비극일 뿐만 아니라 현재에도 계속해서 이어지고 있는 폭력이다. 백인의 권력 유지와 자원 추출을 위해 법과 제도가 끊임없이 정비된다. 선주민, 유색인, 퀴어, 트랜스, 장애인 들은 차별과 혐오와 격리를 겪고, 공권력과 민간에 의해 살해되거나 수감된다.

클레어는 "범주 만들기"*라는 글에서, 전쟁을 찍어내는 기계이자 인종주의, 자본주의, 여성 혐오, 비장애중심주의로 점철된 미국의 권력 구조에 작가이자 활동가로서 저항해 왔음에도, 지식을 체계화하는 국립 도서관 시스템에서 자신의 작업이 미국에 관한 책으로 분류되는 모순을 지적한다. "우리가 어떻게 이야기, 지식, 책, 몸마음**, 사람, 공동체를 범주화하는지는 중요

---

*   Eli Clare, "Creating Categories." *Narrative Art and the Politics of Health*, edited by Neil Brooks & Sarah Blanchette, 2021, Anthem Press.

**   이 책에서 클레어는 백인 서구 중심 사상에서 기원한 신체와 정신의 이분법적 구분을 비판하며, 그 대안으로 "몸-마음"을 택했다. 서문에 밝힌 대로 "몸/마음"으로 쓰거나 "몸마음"으로 붙여 쓸 수도 있지만, 이 둘 사이의 연결을 강조하고 싶어 했다. 두 단어의 거리가 더 가까운 대신 그 사이를 가르는 "/"보다, 거리를 두고 잇는 "-"으로 표현한 것이다. 선으로 이어지는 거리는 분리될 수 없이 서로 엮여 있는 몸-마음이 한 사람에게 어떻게 다르게 경험될 수

하다"라고 쓰며, 우리가 범주를 바꾸어야 하고 바꿀 수 있다는 점을 상기시킨다. 클레어가 책 전반에서 미국의 지명을 사용하지 않고 선주민의 영토명을 쓰는 것도 그러한 작업의 일환이라고 할 수 있다. 그와 동시에 클레어는 미국의 본질을 직시해야 한다고 지적한다. 그의 작업은 백인 서구 문화와 사상 내에서 작동하고 있는 지배 이데올로기의 축들로 자본주의, 비장애중심주의, 정착민 식민주의, 백인우월주의, 인종주의, 이성애·시스젠더중심주의를 지목한다. 또 이것들이 어떻게 법, 의료산업 복합체, 군대, 시설, 단일재배농법 등을 통해 서로 단단히 얽혀 미국을 떠받드는 시스템이 되었는지에 대해 설명한다.

따라서 사회정책을 고안하는 데 미국을 선진적인 지향점으로 삼고 참조해 온 한국에서, 클레어의 작업을 소수자와 관련한 하나의 보편적인 이론으로 삼아 복지와 인권에 적용하고 한국에서 작동하는 소수자 억압을 이론화하는 방식으로 읽기보다는, 한국과 미국의 소수자들이 국제 권력의 역학 속에서 어떻게 연결돼 있고, 어떤 전략들을 나누고, 어떤 방식으로 성찰하며 변화를 위해 서로 연대할 것인지 고민하는 것이 필요하다. 다시 말해, 『눈부시게 불완전한』은 소수자 경험의 초국가적 공통성에 대해 안내하는 책이나 소수자만을 위한 책이 아니라, 미국의 권력 구조와 존재 기반에 저항하고, 그를 통한 완전한 사회변화

있는지 또한 나타내고 있는 듯하다. 하지만 이후에 출판된 글에서는 보다 일반적으로 쓰이고 있는 "몸마음"을 사용했다.

를 기획하는 책이라는 사실을 기억해야 한다.

■ 치유의 굴곡과 저항

치유는 미국 장애학과 장애인권운동 진영에서 오랫동안 터부시돼 온 말이다. 장애인에게 치유되고 싶은지를 묻는 것은 장애를 갖고 사는 삶은 불행하고 열등하다는 사고방식을 드러내기 때문이다. 치유, 회복, 재활, 극복이라는 단어들은 온전해야 할 (혹은 온전했던) 신체와 정신에 상처와 손상이 일어났고, 이러한 상태는 지속되어서는 안 되며, 반드시 개선돼야 한다는 믿음을 전제로 한다. 사회가 제도, 문화, 가치 체계를 통해 장애인에게 끊임없이 치유될 것을 요구하고, 완치될 수 없다면 재활을 통해 좀 더 나은 기능을 가지라고 요구해 왔기 때문에 치유는 억압적인 이데올로기로 작동한다. 따라서 장애에 대한 긍정적인 인식을 주장하는 사람들은 치유 이데올로기에 반대하고 저항해 왔다. 강제적 치유에 대한 장애계의 비판의 예로, 클레어는 『망명과 자긍심』에서 치유되어야 하는 것은 "우리의 몸이 아니라 비장애 중심의 사회"라고 적었다.

『눈부시게 불완전한』은 치유와 회복에 대한 더욱 복잡하고 모순적인 욕망과 양가감정에 대해 들여다보고 있다. 클레어는 "그 어떤 단일한 이야기도 진실 전체를 담고 있지 않다"(299쪽)라고 주장하며, 풀 수 없는 매듭처럼 얽혀 있는 모순과 진흙탕과 같은 복잡한 사안들에 대해 결론을 내리는 대신 질문을 던진다. 자신의 생명을 끝낸 흑인, 퀴어, 트랜스, 노동계급, 장애인인 동료 베어에 대해 이야기하면서 정신장애의 치유가 베어의 삶을 가능케 했을지도 모른다고 생각한다. 그는 베어에게 "신이 난 당신의 미소와 반짝이는 눈빛이 아직도 눈에 선해요"라고 쓰며, 사회가 변하지 않고는 치유될 수 없는 수치와 고립 끝에 찾아온 그의 죽음을 애도하고, 함께 있어달라고 청한다(119쪽). 장애를 가진 존재의 눈부심은 생존하지 못한 존재들과의 연대와 그들에 대한 기억만큼이나, 그들이 더 이상 존재하지 않는다는 상실 자체에도 담겨 있다. 치유에 반대하는 사람들, 치유의 이름으로 파괴되거나 제거된 사람들, 치유가 필요한 사람들, 치유를 바라는 사람들의 열망과 자신이 바라는 치유가 가진 모순 등에 대해 솔직히 드러내는 클레어는 치유가 장애·퀴어·트랜스 정체성과 공존하고 있고, 공존할 수 있음을 지적한다.

모순은 치유 이데올로기에서도 드러난다. 치유를 개발하기 위해 막대한 노력을 쏟는 자본과 의료계는 여전히 "지금 여기"에 살고 있는 장애인의 현재를 나아지게 할 여러 방법들을 외면하면서 이윤을 내지 않는 치료법의 보급을 중단하기도 한다. 건강과 정상성을 강제하는 치유 이데올로기가 자본주의 내에서 작동하고 있음을 잘 보여준다. 클레어는 신자유주의적 자본주의를 토대로 성장한 주류 자선단체들이 장애와 질환을 가진 사람들을 위한 막연한 치유와 도움을 내세워 모금을 하는 행위도 비판하며, 특정 장애와 질환에 대한 동정심과 연민에 호소하는 문제를 지적한다. 이렇게 치유를 둘러싼 정치·경제적인 권력 관계를 드러내는 과정에서 클레어는 "미래에 초점을 맞추는 연구의 약속들이 현재를 사는 이들을 평가 절하하는 방식을 못 본 체해서는 안 된다"(154쪽)라고 주장한다. 장애와 질병을 가진 사람들의 현재의 삶을 위해 반드시 예산을 책정하고 지출해야 하며, 구조를 변화시켜야 한다는 것이다. 그러한 변화를 이끌어 내기 위한 사회운동의 저항과 생존, 승리의 역사도 존재하며 수 많은 저항운동이 연대하고 있다.

■ 경험에서 역사로, 역사에서 정치로

1999년에 출간된 『망명과 자긍심』에서 클레어는 장애가 있고 퀴어이며 노동계급 출신이자 백인인 자신의 개인사가 어떻게 미국의 역사 속에서 만들어졌는지를 추적한다. 『눈부시게 불완전한』은 이를 더욱 심도 있게 다루며, 성폭력, 정신장애, 폐쇄병동의 경험, 트랜스젠더 정체성과 그것들이 어떻게 장애와 교차되고 또 분리되는지까지 다룬다. 클레어는 "뇌성마비", "정신지체", "원숭이", "정신분열", "젠더 정체성 장애"라는 명명들로 굴곡진 개인의 역사를 트라우마와 고통으로 기술하는 데 그치지 않고, 하나하나의 범주와 관련된 역사적인 사건을 끄집어낸다. 또 이러한 낙인과 불의를 경험했던 과거의 인물과 동식물, 동료 들의 삶에 손을 뻗으며, 이들의 고통과 열망을 느끼고자

한다. 제각기 분리된 것처럼 보였던 개인의 트라우마를 연결함으로써, 국가와 자본의 폭력을 만들어 내는 억압적인 시스템과 그 이데올로기를 읽어낸다.

클레어는 '정신지체'라고 진단받았던 경험에서 출발해 시설에 수용되어 우생학적 강제단종수술을 당했던 캐리 벅의 경험에 이르고, 그녀의 고통에 몰입한다. 치밀한 자료 조사를 통해 시설에서 사망해야 했던 캐리 벅의 어머니 에마 벅과, 마찬가지로 단종수술을 당한 캐리 벅의 동생 도리스의 역사에 대해 밝힌다. 이는 캐리 벅에 대한 기존의 우생학 비판 연구들에서 간과해 온 것들이다. 그는 캐리의 목소리를 상상하며 미 대법원 판사들에게 항의한다. 나아가 캐리 벅이 백인이었다는 사실이 어떻게 특권으로 작용했는지 질문하면서, 흑인 전용 시설에서 기록조차 없이 사라져 갔던 수많은 유색인들을 애도하고 기억한다. 이는 인종에 대한 교차적 분석의 중요성을 보여준다. '뇌성마비'라는 진단명을 통해 같은 진단을 받고 성장저해치료를 받아야 했던 애슐리와 연대하며, 애슐리를 둘러싼 수많은 생명윤리적 분석에서 언급되지 않는 사람, 이 수술법을 결정하고 홍보했으면서도 자신은 익명으로 남아 있는 애슐리의 아버지에게 직접 항의한다. 클레어의 분명하고 강한 비난과 항의는 폭력의 책임이 어디에 있는지를 드러내며 이에 직접적으로 맞선다. 또한 원숭이라고 놀림받은 경험은, 미국의 세계박람회에 전시되었던 중앙아프리카인 오타 벵가와 그와 함께 전시된 도홍이라는 오랑우탄과 교차된다. 인간과 비인간의 구분에 도전하는 클레어는 포획되어 운반되고 감금된 채 전시된 두 존재의 분노와 고통을 상상하며 그들에게 말을 건넨다.

나아가 클레어는 "침묵을 지키며 내가 이해하지 못하는 것과 함께 머물 수도 있을 것이다"(301쪽)라고 쓰며, 다른 정체성을 가진 사람들에게 자신의 생각을 투사하지 않기 위해 노력한다. 난독증이 있지만 자신을 장애인이라고 생각하지 않았던 흑인 레즈비언 글로리아를 이해하기 위해, 공동체의 지지 없이 유색인 퀴어가 이미 가지고 있는 낙인에 더해 장애를 주장하는 것은 어려운 일이라고 말하는 레아 락슈미 피에프즈나-사마라시나의 통찰을 불러들인다. 그리고 "장애는 강인하면서 취약한 것이라고. 상호 의존적인 일이면서 고된 일이라고. 위험이자 두려움"(257쪽)이라고 적는다. 장애를 부정적인 것으로 만드는 사회에 자긍심으로 대항하는 일은 다른 특권에 기반한 일일 수 있다는 사실을 보여준다. 이는 2023년 한국에서 서울 퀴어 퍼레이드가 있었던 날, 법의 가장자리에 선 퀴어들이 다른 공간에서 "노프라이드"라는 슬로건으로 프라이드라는 또 다른 도그마에 저항했던 것과 맞닿아 있다. 자긍심을 드러내고 대항하기에는 위험성이 큰 존재들이, 수치심과 자기부정을 안고 사는 존재들이 있음을, 그들이 서로 연결돼 있고 이 또한 사회운동의 핵심임을 보여준다.

클레어는 백인인 자신이 어떻게 이러한 역사 속에 위치되어 있고 어떤 모순을 체화하고 있는지 냉엄하게 인식한다. 자기 정체성의 특권을 인식한다는 것은 한국의 독자들에게 던져진 숙제다. 영화 〈기생충〉에 등장하는 인디언 놀이를 하는 부잣집 아이는 한국의 특권층이 어떻게 백인의 정착민 식민주의를 내면화하여 미 대륙의 선주민을 하나의 이미지로 소비하고 있는지를 드러낸다. 독자들은 클레어의 가르침을 통해 선주민의 역사와 삶을 직시할 수 있다. 개척과 개발의 이름으로 학살되고, 조상의 무덤이 파헤쳐지고, 삶의 터전이 오염되는 현실을 살아가면서도 그 훼손된 땅을 지키고 되찾기 위해 투쟁하는 사람들로 말이다. 또한 개발로 인해 땅과 바다, 삶의 터전이 파괴되어 강제 이주를 당해 죽거나 빈민화되는 한국 주민들의 현실과 선주민들의 경험이 어떻게 맞닿아 있는지 직면할 수 있다. 이는 국적과 민족의 다수성에 기반해 비백인·비국적 이민자와 소수민족을 제국주의적 태도로 비하하고 착취하는 억압이, 한국의 장애운동과 성소수자운동, 이주민과 난민 인권운동, 여성운동 안으로 어떻게 들어올 수 있는지에 대한 질문으로 이어진다.

■ 불완전함과 그 형식에 대해

『망명과 자긍심』에서 환경에 대한 클레어의 고민은 장애/퀴어에 대한 내용과 형식상 구분되어 있다. 벌목과 서식지 파괴, 환경 파괴, 원주민에 대한 폭력 등에 대한 분석은 1장(〈장소〉)에, 기형인(프릭)과 퀴어에 대한 역사적인 분석은 2장(〈몸〉)에 다루었다. 『눈부신 불완전함』에서는 치유와 회복이라는 개념을 중심으로 환경을 다시 고민하고, 환경과 여러 겹으로 중첩된 몸-마음에 대해 다룬다. 몸의 결함을 만들어 내는 환경 파괴와 그 원인인 군사화 및 자본주의를 함께 논의한다. 여러 파편들이 모여 만들어진 모자이크지만 평면적이지 않고, 마치 나선형처럼 입체적인 구조를 띤다. 어떤 주제가 한 번 다루어지고 사라지는 것이 아니라, 반복적으로 언급된다. 그때마다 새로운 층위들과 모순들이 더욱 선명해진다. 예컨대, 단일재배로 인한 토양 손실과 오염의 해악에 문제를 제기하고, 장애를 거부하고자 하는 노력들을 "인간 차원의 단일재배"(236쪽)로 연결하여 확장한다. 비장애중심주의 인종차별, 성차별, 동성애 혐오, 트랜스 혐오, 계급차별, 자본주의, 정착민 식민주의의 철폐를 요구하는 그는 환경 정의와 재생산 정의를 주장하고, 장애 정치, 인종차별 반대운동, 퀴어·트랜스젠더운동, 비만 해방운동에 참여한다. 이 많은 의제들은 서로 맞닿아 있고, 억압과 폭력에 맞선 투쟁으로 수렴되기 때문이다.

각 장 사이에 배치된 산문(〈스트로브잣나무〉, 〈경련과 떨림〉, 〈돌〉, 〈소라껍데기〉, 〈구르기〉, 〈배롱나무〉, 〈드랙퀸〉, 〈생존 노트〉, 〈자전거 타기〉)들은 장들을 연결하면서도, 장마다 개진되는 그의 주장과 논증에 포섭되지 않는 순간과 느낌에 주의를 기울인다. 이 노래들은 자연의 아름다움과 그에 대한 기억을 순진하게 찬양하거나 낭만화하지 않는다. 자연과 땅과 생명에 고스란히 새겨진 폭력과 약탈의 역사를 있는 그대로 끌어안고, 우리가 어떻게 연결되어 서로 의존하고 영향을 주고받는지를 담아낸다. 감각을 열고 함께 느끼기를 권하는, 독자들을 향한 그의 초대이기도 하다.

■ 불완전함에 머무르기

"우리는 장애와 죽음이 우리 삶에 들어오는 방식과 시기, 그리고 그 여부를 통제하고 싶어한다"(226쪽)라고 지적한 클레어는, 신체 및 정신 기능의 상실과 의존에 대한 막연한 두려움은 "진실이 아니라 상상력의 한계"(240쪽) 때문에 생겨난다고 말한다. 이는 최근 한국에서 검토되고 있는 의사 조력 사망과 관련해 장애와 의존이 어떤 두려움을 불러일으키는지, 이 두려움이 어떻게 존엄사나 안락사라는 말로 포장되는지 생각하게 한다. 의존이 존엄성의 상실을 불러오는 것이 아님에도, 존엄의 이름으로 의존을 제거하려는 욕망은 손쉬운 해결책으로 죽음을 내세운다. 결함으로 규정된 존재들의 제거가 치유의 이름으로 이루어졌다면, 의존을 제거하는 것은 고통을 끝내는 조력이라는 이름으로 정당화된다. 클레어가 말하는 "항의로서의, 저항으로서의, 매일의 진실로서의 몸-마음"의 상호 의존과 불완전함은, 장애와 질병을 가지고 살거나 빈곤한 사람들의 돌봄을 차단하며 죽음을 앞당기는 미래에 대항해 싸우는 무기가 되어야 하며, 의존과 삶에 대한 전혀 다른 상상을 요구한다.

일라이 클레어는 잘못된 시스템과 정책에 항의하며, 기록과 공백을 통해 역사적 진실을 알아내고 해석한다. 또한 불의를 목격하고 증언하며, 제거된 존재들의 흔적을 찾아다닌다. 다양한 감각과 느낌, 고통과 기쁨을 노래하고, 상실을 애도하는 시를 쓴다. 그는 그렇게 돌보고 돌봄을 받는 당신의 동료가 된다. 아베나키족의 영토에서 군사적 목적으로 베어졌던 크고 오래된 나무들을 기억하고, 지금도 자라고 있는, 결코 영국 왕의 소유가 될 수 없는 스트로브잣나무들 곁에, 그리고 이름 붙일 수 없는 조각들이 모래가 되어가는 조개더미 곁에 머문다. 이러한 클레어와 함께 새만금 갯벌에서 막혀버린 바닷물을 기다리는, 아직 사라지지 않은 조개와 농게를 마주해 보자. 그들의 존재에 녹아 있는 한국 법원의 판단과 자본, 그리고 갯벌에 드리운 한국과 미국의 군사주의적 욕망까지 직면하면서 말이다. 비인간 생물과 환경 그리고 소수자의 몸-마음을 떨리는 손으로 감싸 안는 클레어의 여정을 따라 불완전함을 결함으로 여기고 제거하려는 욕망과 시스템을, 이를 떠받드는 이데올로기를 직시하며 불완전한 존재와 그 급진성을 느껴야 할 때다.

도망자와 자장가

댓바람부터 짐을 싸느라 분주했던 아침들을 생각한다. 강남 세브란스병원에 가야 하는 아침이었다. 생후 22개월 무렵부터 그 병원의 환자였던 우는 1년에 한 번씩 호흡재활의학과 병동에 입원했다. 전동휠체어와 백팩에 짐을 주렁주렁 매단 우와 나는 흡사 피난 가는 사람들 같았다. 아무리 단출하게 꾸리려 해도 짐은 급히 도망하는 사람의 보통이처럼 크고 울퉁불퉁해졌다. 드라이 샴푸와 전동휠체어 충전기, 전용 가방에 넣은 인공호흡기, 너무 길어서 둘둘 감아 노란 테이프로 둘러놓은 호흡기 호스, 아침이면 우의 이마와 뺨에 선명한 자국을 남기곤 했던 호흡기 마스크가 서로의 틈새를 비집고 나와 모처럼의 햇빛을 쬐었다.

일단 입원 수속을 밟고 나면 우의 일정은 퇴원을 할 때까지 내내 빼곡했다. 그는 정형외과와 호흡기내과, 심장내과, 재활의학과 의사들이 협진하는 복잡한 환자였다. 한정된 시간 안에 1년치의 진료와 검사를 마쳐야 했다. 우는 정맥주사와 동맥주사를 차례로 맞거나 여러 사람의 도움으로 엑스레이를 찍거나 심전도를 측정하는 홀터 심전계를 부착하거나 여러 분과의 진료실을 오가는 등의 일로 분주했다. 한편 우의 부모도 보호자도 아니었던 나는 줄곧 우의 전동휠체어 뒤를 졸졸 따라다니면서 우의 진료가 끝나기를 기다리거나 때로 그를 보조하며 시간을 보냈다. 연인이란 병원에서는 별 쓸모가 없는 낭만의 다른 이름이었다.

검사와 진료 사이사이로 우리는 종종 병원 산책을 했다. 세브란스병원의 본관과 별관을 잇는 복도에는 EBS 다큐멘터리 〈명의〉에 나온 의사들의 액자가 줄줄이 전시되어 있었다. 우를 30년 넘게 보아온 호흡재활의학과 의사의 사진도 거기 걸려 있었다. 나는 그곳을 지날 때마다 멈춰 서서 그의 사진을 유심히 바라보았다. 인자한 미소와 함께 파이는 주름에, 그의 옆에 써 있는 "다시, 숨쉬다"라는 슬로건에 오래 시선이 머물렀다. 나는 항상 그에게 묻고 싶은 것이 정말 많았다. 그러면서도 우의 진료실에 따라 들어가 그를 실제로 만난 적은 한 번도 없었다. 그가 주는 말들 중 그 무엇도 그다지 달가울 것 같지 않았다. 굳이 찾아가 묻지 않아도 자신의 점괘를 이미 아는 사람들처럼.

수면 중 호흡의 양상을 관찰하는 것은 입원의 가장 큰 목적 중 하나였기 때문에 밤이 오면 우는 일찌감치 호흡기의 마스크를 끼고 침대에 누웠다. 호흡기를 하고 나면 더 이상 대화할 수 없었으므로 나도 잠자코 담요와 보조침대를 꺼내 잠을 청했다. 그 병실이 숙면에 적합한 장소가 아니라는 사실은 거기 머무는 누구나 금방 알 수 있었다. 제각기 다른 박자의 호흡기 소리, 가래 끓는 소리, 실수로 벗겨진 호흡기에서 나는 경고음 소리가 모든 침대에서 우렁차게 울려 퍼졌기 때문이다.

밤중에도 대낮처럼 소란한 병동의 소음을 들으며 우와 나는 오래 뒤척였다. 이러다가 피로하고 부스스한 몰골로 다음 날을 맞게 되리란 것을 잘 알면서도 그랬다. 요란한 불협화음으로 이루어진 자장가를 따라 각자의 어둠 속에서 눈을 깜작였다.

✳

어느 날 아침 나는 이 모든 일로부터 돌연히 도망하기로 결심한다. 크고 울퉁불퉁한 짐을 바리바리 싸서 우와 내가 살았던 조그만 방을 빠져나와 새사람이 된다. 빠르게 지난 시공간과 단절하고 내가 속속들이 알았던 것들을 야멸차게 떨쳐내며 자유롭고 자율적인 지금의 내가 된다. 강남세브란스병원이며 호흡재활의학과 병동도 지금의 나와는 무관한 공간이 된 지 이미 오래다.

그런데도 이 책을 번역하는 동안 어째서인지 나는 줄곧 그 병원의 복도에 서 있었다.

책을 옮기는 동안 나는 내심 무언가를 깨닫게 되기를 바랐던 것 같다. 내가 알아낸 것을 가지고 우가 마스크를 쓴 채 누워 있는 병동으로 돌아갈 수 있기를 바랐던 것 같다. 그것들로 호흡기들이 저마다 큰 소리로 울어대는 그 병실에 찾아갈 수 있는 길을 내고, 우에게 내가 그 길에서 무엇을 찾았는지 들려주고는,

일정하고 기계적인 그의 호흡기 소리를 들으며 보조침대에 쪼그리고 누워 까무룩 잠들고 싶었던 것 같다. 그럴 수 있다고 정말로 믿지는 않으면서도… 어쩌면 그런 꿈을 꾸었던 것 같다.

그러나 내가 새로이 알게 된 것들은 그다지 많지 않다. 여전히 나가는 길을 모른다는 사실만을, 일라이 클레어가 찾아내지 못했듯 나 또한 찾아내지 못했다는 사실만을 아주 잘 알게 되었을 뿐이다. 나는 어느새 그 통로에 서 있었다. 빙그레 미소 짓는 의사의 사진이 끝없이 걸린 바로 그 복도였다. 가진 것이라고는 도망해 온 사람이 쥔 커다란 보퉁이뿐이었다. 나는 어둠 속을 어정거리며 배회하고 자꾸만 똑같은 길을 맞닥뜨렸다. 나는 내가 옮기는 일라이 클레어의 문장들에 기대어 더듬더듬 걸어갔다. 복도의 어둠이 너무 짙어서 문장들이 드리우는 불빛들은 대개 얼룩처럼 발치에 아른거렸다.

그 희끄무레한 빛 속에서도 나는 종종 드문 광경을 보았다. 기쁨과 절망이 짓무른 피부를 맞대는 모습을. 긍지와 비애가 무너진 품을 벌려 포옹하는 풍경을. 그런 순간에는 친밀한 슬픔이 찾아와 오래 쓴 이불처럼 나를 덮어왔다. 그런 밤에는 조금 더 믿을 수 있었던 것 같다. 아직 도착하지 못했더라도 분명 이 복도 어딘가에는 우가 자고 있는 병실이 있다는 것을, 그곳에서는 침대의 머리맡을 불 밝히는 호흡기들이 끝나지 않는 자장가를 부르며 아직 오지 않은 이를 기다리고 있다는 것을.

나는 도망자의 보퉁이를 끌러서 떠나온 세계의 사물들을 끌어안고 잠이 들었다.

✳

경험이 적은 나를 믿고 번역을 맡겨주신 조연주 편집자님께 깊이 감사드린다. 이 책의 모든 부분은 편집자님과 나눈 숱한 대화와 메모 속에서 비로소 알맞은 부피와 입체감을 갖추었다. 내가 만든 거칠고 모호한 문장들은 편집자님의 크고 작은 수선을 거쳐 또렷하고 말쑥해졌다. 더하여, 편집자님의 제안 덕택에 보태진 옮긴이의 주석이 여럿 있다. 보다 수월한 독서가 되도록, 책을 만든 이들이 독자에게 내미는 손으로 생각해 준다면 기쁠 것이다.

작업을 하는 동안 여러 친구들이 나를 돌보아 주었다. 무엇보다도 이 책과 나의 연은 하미나가 이어주었다. 결정적인 순간 머뭇거리는 내 모습에 미나는 다정히 손 내밀어 가차 없이 등을 떠밀었다. 한편 안담은 지루하고 혹독한 쓰기의 시간을 줄곧 함께한 마감 동료다. 각자의 책상에 붙어 앉아 줌을 켜놓고 매일 쓰고 자고 울다가 한 명은 지은이가 되고 한 명은 옮긴이가 되었다. 그 외에도 각자의 자리에서 고투하며 버팀목이 되어준 퇴고 동료 이슬아와 이휜, 작업 동료 우지안과 현호정, 글방 동료 리타와 한유리가 있다. 우정과 지지와 연대의 마음을 전한다.

이 책의 가장 못생긴 얼굴을 본 것은 박종주다. 그는 숙련된 눈으로 가장 조악한 원고를 살피고 가장 좋은 제안들을 돌려주었다. 그가 아니었더라면 내가 줄줄 흘리고 온 반짝이는 조각들은 영영 구멍으로만 남았을 것이다. 그 외에도 그가 책을 만드는 데 필요한 여러 경험과 조언을 아낌없이 나누어 주지 않았더라면 이 작업을 끝까지 해낼 수 없었을 것이다. 그에게서 내가 취한 덕은 좋게 말해봐야 돌봄이나 도움이지 실상은 약탈이나 착취에 가까웠다. 이 은혜는 두고두고 갚겠다.

가장 마지막 문장들은 우를 위해 적는다. 이 책을 번역할 수 있다고 막연히 자신했던 것은 지난날 우로부터 얻은 배움이 있었기 때문이다. 우와 함께했던 시간 동안 그는 내게 눈부시게 불완전한 것이 무엇인지 알려주었다. 나는 우를 떠났음에도 우가 내게 가르쳐 준 것들은 내 곁을 떠나지 않고 남아 지금의 나를 만들었다. 그토록 연약하고 아름다운 것을 그에게서 배워 이 책을 옮기는 데 썼다.

주

읽기 전에

1. 이 책의 트리거 워닝을 고민하게 해준 앤절라 카터, 조 카디, 수전 버치에게 많은 감사를 전한다. 트라우마, 사례 노트, 트리거 워닝과 관련한 더 많은 내용은 Carter, "Teaching with Trauma"; Kafer, "Un/Safe Disclosures"를 보라.

1장 치유라는 이데올로기

1. 광고판의 이미지는 Foundation for a Better Life, "Overcaem Dyslexia," Values.com, accessed July 8, 2009, http://www.values.com/inspirational-sayings-billboards/20-hard-work에서 볼 수 있다. 더 나은 삶을 위한 재단에 대한 앨리슨 케이퍼의 비평은 *Feminist, Queer, Crip*, 86~102를 보라.
2. *Christopher Reeve: Hope in Motion* (dir. Matthew Reeve, 2007). 리브와 그의 의사에 관한 모든 인용은 이 영화에서 가져왔다.
3. 생태계 회복에 대한 개괄은 Jordan, *The Sunflower Forest*를 보라.

2장 치유라는 폭력

1. 백인 여성의 참정권, 노예제, 이민, LGB 정체성에 대한 비장애중심주의의 영향에 관한 더 많은 내용은 다음을 참고하라. Nielsen, *A Disability History of the United States; Boster, African American Slavery and Disability*; Barclay, "Mothering the 'Useless'"; Baynton, "Disability and the Justification of Inequality in American History"; Kafer, "Compulsory Bodies."
2. Cartwright, "Report on the Diseases and Physical Peculiarities of the Negro Race," 693.
3. Cartwright, "Report on the Diseases and Physical Peculiarities of the Negro Race," 712.
4. Bromberg and Simon, "The 'Protest' Psychosis," 155.
5. Bromberg and Simon, "The 'Protest' Psychosis," 155.

6. 대런 윌슨의 말은 모두 다음 자료에서 인용했다. "State of Missouri v. Darren Wilson," Grand Jury Volume V, September 16, 2014, 212~28, https://www.washingtonpost.com/apps/g/page/national/read-darren-wilsons-full-grand-jury-testimony/1472/.

7. 대런 윌슨의 증언에 대한 나의 분석은 Bouie, "Michael Brown Wasn't a Superhuman Demon"에 기반한다.

8. Johnson, *Too Late to Die Young*, 207~8.

9. Natoli et al., "Prenatal Diagnosis of Down Syndrome." 임신중절과 장애의 역사에 관한 더 자세한 내용은 Reagan, *Dangerous Pregnancies*를 참고하라.

10. "Conjoined Twins Separated in Florida," video, ABC News, May 12, 2015, http://abcnews.go.com/Health/conjoined-twins-separated-florida/story?id=30981266.

11. Quoted in Dreger, *One of Us*, 103.

12. 샤이보와 생명윤리 논쟁에 관한 더 많은 내용은 다음을 참고하라. Asch, "Recognizing Death While Affirming Life"; Johnson, "Terri Schiavo and the Disability Rights Movement."

3장 치유와 공모하는

1. Ferguson et al., "Away from the Public Gaze," 1.

2. Black, *War against the Weak*, 78를 보라. 또한, Larson, *Sex, Race, and Science*를 보라.

3. Kaelber, "Eugenics"를 보라. 또한, Largent, "'The Greatest Curse of the Race'"를 보라.

4. Laughlin, *Eugenical Sterilization in the United States*, 33.

5. *Where's Molly: A True Story of Those Lost and Found* (dir. Jeff Daley, 2007).

6. *In Our Care* (1959), Vimeo, posted 2008, http://vimeo.com/365508.

7. 이러한 입장은 단일한 이야기들에 대한 치마만다 응고지 아디치에Chimamanda Ngozi Adichie의 사유에 큰 영향을 받은 것이다. Adichie, "The Danger of a Single Story"를 보라.

8. *Where's Molly: A True Story of Those Lost and Found* (dir. Jeff Daley, 2007).

9. *In Our Care* (1959), Vimeo, posted 2008, http://vimeo.com/365508.

10. 추방, 시설화, 진단에 관한 나의 생각이 형성된 데에는 캔턴인디언정신병원Canton

Asylum for Insane Indians이 선주민 가족, 공동체, 민족에 미친 영향에 관한 연구가 크게 작용했다. Yellow Bird, "Wild Indians"를 보라. 추방에 관한 더 자세한 내용은 Child, *Boarding School Seasons*; Green and Perdue, *The Cherokee Nation and the Trail of Tears*; Jacobs, *A Generation Removed*를 참고하라.

11. 페어뷰 거주인의 말은 모두 *Voices from Fairview* (2004), Vimeo, posted January 26, 2010, https://vimeo.com/8996996에서 인용.

12. Gonnerman, "The School of Shock," 38.

13. Gonnerman, "The School of Shock," 38.

14. 진단, 비장애중심주의, 장애, 종족 학살의 관계에 관한 자세한 내용은 Teuton, "Disability in Indigenous North America"; Burch, "'Dislocated Histories'"; Erevelles and Minear, "Unspeakable Offenses"; Poore, "Disability in Nazi Culture"; Mostert, "Useless Eaters"를 참고하라.

4장 치유의 뉘앙스

1. "Corpus Christi Yard Sign," Sierra Club advertisement, accessed May 20, 2016, http://content.sierraclub.org/creative-archive/sites/content.sierraclub.org.crea-tive-archive/files/pdfs/100_92_CorpusChristiEPA_YardSign_01_low.pdf.

2. "Mercury Ad," Sierra Club advertisement, accessed May 20, 2016, https://content.sierraclub.org/creative-archive/sites/content.sierraclub.org.creative-archive/files/pdfs/100_22_DC_MercuryAd_21x22_10_low.pdf.

3. 시에라클럽은 연대를 요청하는 데 있어서 인종화되고 계급화된 현실을, 환경적 손상 속에서 노동하고 삶을 영위하는 빈곤층·노동자·유색인을 더 직접적으로 호명할 필요가 있다. 이 캠페인의 다른 광고들은 인종과 계급의 영향을 의식하고 있다. 한 광고는 이렇게 말한다. "불운하게도, 석탄화력발전소로 인한 오염은 저임금 집단과 유색인들에게 불균등한 영향을 미친다".("All Families Deserve to Be Together in a Just, Healthy and Clean Environment," Sierra Club advertisement, accessed November 8, 2015, http://content.sierraclub.org/creative-archive/sites/content.sierraclub.org.creative-archive/files/pdfs/0568-NACCP-8x11Ad_BW_04_low.pdf).

4. 환경 정치와 장애에 관한 보다 자세한 내용은 Ray, The Eco-logical Other; Kafer, Feminist, *Queer, Crip*, 129~48을 참고하라.

5. Mairs, Waist-High in the World, 121~22.

6. 아베나키족과 진행 중인 생존과 저항에 관한 더 자세한 내용은 Wiseman, *The Voice of the Dawn*을 참고하라.

7. 회복과 시간 간의 관계에 관한 나의 생각은 앨리슨 케이퍼, 엘렌 새뮤얼스, 이비 그레이스의 시간에 관한, 특히 불구의 시간에 관한 사유에서 많은 부분 영향을 받았다.

8. Clare, *Exile and Pride*, 122-23.

9. Munson, "The Invisible Panelist."

10. Wendell, "Unhealthy Disabled," 18.

11. 알렉산더 존 "베어" 굿럼Alexander John "Bear" Goodrum(1960~2022)은 좋은 지인이자 작가, 활동가였으며 티지넷 애리조나TGNet Arizona의 설립자였다. 그는 2002년 9월 마흔 둘의 나이로 세상을 떠났다.

12. 나는 트랜스섹슈얼, 트랜스젠더, 젠더퀴어, 논바이너리, 젠더 비순응자들을 포괄하여 명명하는 포용적인 상위개념umbrella으로서 트랜스라는 단어를 사용한다.

13. Rudacille, *The Riddle of Gender*, 276에서 인용.

5장 치유의 구조

1. 훌륭한 시각적 재현을 포함해, 의료산업 복합체에 대한 보다 자세한 내용은 Mingus, "Medical Industrial Complex Visual"을 참고하라.

2. Johnson, *Too Late to Die Young*, 1-2.

3. Stein, "From Activist to 'Passivist,'" 169.

4. Nestle, "When Tiredness Gives Way to Tiredness," 41.

5. Showalter, *Hystories*를 보라.

6. Cohen and Cosgrove, *Normal at Any Cost*, 279-81, 351.

7. 한 가지 강력한 예외는 (부affluence와 독감influenza을 더해 만든 말인) 애플루엔자affluenza다. 이는 2013년 음주운전 사고로 네 명의 사람들을 살해한 부유한 백인 십 대 소년 이선 쿠치Ethan Couch를 옹호하기 위해 법정에서 쓰인 용어다. 《가디언》은 이 맥락에서의 애플루엔자를 "[코치의] 행동의 문제들은 부유한 가족의 훈육, 즉 특권으로 인해 행위의 결과를 제대로 파악할 수 없는 문제적인 훈육으로 인해 영향을 받았음을 설명하는" 말로 기술한다(Dart, "Texas Teenager Suffering 'Affluenza' Avoids Jail for Time"). 의료산업 복합체에 의해 공식적으로 인정되지 않은 이 "질환disorder"은 여기서 부나 계급적 특권을 몸-마음의 문제로 규정하기 위해서가 아니라 부유한 백인 십 대 소년을 보호하기 위해 쓰이고 있다. 애플루엔자 이야기를 제공하고 이

에 대해 생각할 수 있게끔 도와준 앨리슨 케이퍼에게 감사를 전한다.

8. Cohen and Cosgrove, *Normal at Any Cost*, 65.

9. FDA 청문회에 대한 보다 자세한 내용은 Cohen and Cosgrove, *Normal at Any Cost*, 269~305를 보라.

10. 비만, 다이어트, 체중감량수술에 관한 보다 자세한 내용은 Rothblum and Solovay, *The Fat Studies Reader*를 보라.

11. Mire, "Skin-Bleaching," 15.

12. Hunter, "The Persistent Problem of Colorism," 248.

13. Mire, "Skin-Bleaching," 15에서 인용.

14. **불구**Crip는 퀴어와 마찬가지로 일부 장애인 공동체에서 재전유된reclaimed 용어다. 이 말은 고통스러운 말인 **병신**crippled를 축약하고 유머와 공동체적 자긍심을 불어넣는다.

6장 치유가 작동하는 법

1. "In Her Dreams PSA," Muscular Dystrophy Association advertisement, accessed February 8, 2004, http://mda.org/media/psas. 텔레톤telethon을 통한 기금 모금, 특히 근육병협회의 노동절 텔레톤에 대한 비평은 Johnson, *Too Late to Die Young*, 47~75를 보라.

2. "Can't Walk PSA," Muscular Dystrophy Association advertisement, accessed January 2, 2012, http://mda.org/media/psas

3. 장애와 자선에 대한 역사적 연구에 관해서는 Longmore, *Telethons*를 보라.

4. Billy Mann and Alfonso Cuarón, "I Am Autism," 2009, YouTube, posted December 11, 2013, https://www.youtube.com/watch?v=8mycxSJ3-_Q.

5. Canadian Cystic Fibrosis Foundation, "Drowning on the Inside," YouTube, posted May 2, 2008, https://www.youtube.com/watch?v=YQajfUGWcIo.

6. "About Zoe's Race," Zoe's Race, accessed December 12, 2015, http:// zoesrace. com/about-zoes-race.

7. 일부 문화적 농인들은, 감각과 자아 정체성이 청각장애인인 것과 긴밀히 결부되어 있으며 농 문화에 활발히 참여하는 이들, 즉 문화적 농인을 가리켜 대문자 농(Deaf)을 쓴다. 한편 소리가 들리지 않거나 난청이 있는 이들 모두를 가리키는 경우에는 소문자 d를 쓴다(deaf). 문화적 농 경험과 정체성은 종종 집단적이고 공동

체적인데, 이는 수어의 사용과 강한 공동체 감각으로 형성된 것이다. Humphries and Padden, *Inside Deaf Culture*; Ladd and Lane, "Deaf Ethnicity, Deafhood, and Their Relationship"을 보라. 다른 문화적 농인들은 농보다는 **문화적 농**이라는 용어를 쓴다. 나는 **농**을 택했다.

8. "My Child Was Born Deaf," Cochlear, accessed February 4, 2014, http://www.cochlear.com/wps/wcm/connect/au/home/understand/my-child-was-born-deaf.

9. Mitchiner and Sass-Lehrer, "My Child Can Have More Choices," 72.

10. Paludneviciene and Harris, "Impact of Cochlear Implants on the Deaf Community," 6.

11. 농 획득에 관한 보다 자세한 내용은 Bauman and Murray, *Deaf Gain*을 보라.

12. Mitchiner and Sass-Lehrer, "My Child Can Have More Choices," 73.

13. Mitchiner and Sass-Lehrer, "My Child Can Have More Choices," 89에서 인용.

14. 여담으로 이 별명은, 질병과 장애의 치유를 기적으로 여기는 기독교적 신성과 성경의 전통을 치유와 연결한다.

15. 수익 창출과 의료산업 복합체에 관한 보다 자세한 내용은 Shah, *The Body Hunters*를 참고하라.

16. Bristol-Myers Squibb Company, "Beauty About-Face," six-page supplement, Cosmopolitan, January 2001.

구르기

1. **뚜벅이**는 구르지 않고 걷는 사람을 가리키기 위해 쓰이는 장애 커뮤니티의 용어다. 이 단어의 의도는 걷는 것과 구르는 것 사이의 엄격한 이분법을 만들어 내기 위함이 아니라, 비장애중심주의적 세계에서 당연하게 여겨지고 특권을 누리는 이동의 한 방식을 명명하기 위함이다.

7장 치유의 한가운데

1. A. H. Estabrook, "Carrie and Emma Buck at the Virginia Colony for Epileptics and Feebleminded," photograph, 1924 (University of Albany, suny, Estabrook, spe,xms 80.9, box 1, folder 1-41), Eugenics Archive, no. 1287, accessed April 1, 2016,

http://www.eugenicsarchive.org /eugenics/view_image.pl?id=1287.

2. 캐리의 목소리에 대한 상상은 가능한 한 벅 가족(캐리, 어머니 에마, 딸 비비안, 여동생 도리스, 남동생 로이, 첫 남편 윌리엄 이글)에 관해 알려진 바에 의지했다. 1981년 웬디 블레어Wendy Blair가 캐리, 도리스, 도리스의 남편 매튜 피긴스Matthew Figgins를 미국공영라디오방송 NPR에서 인터뷰한 내용이 이 글을 쓰는 데에 특히 중요했다(Blair, "To Raise the Intelligence of the State"). 녹취록의 많은 구멍들을 메우기 위해, 실제 사건에 기반한 허구적 세부사항과, 캐리의 일상의 모습에 대한 큰 상상을 보탰다. 이 글의 나머지 내용은 모두 우생학, 단종, 다른 인종 간 출산 금지에 관해 알려진 것들을 반영한다.

3. "Carrie Buck's photograph of her wedding to Mr. Eagle," photograph, 1933 (Cold Spring Harbor Laboratory Archives), Eugenics Archive, no. 2283, accessed April 1, 2016, http://www.eugenicsarchive.org/eugenics /view_image.pl?id=2283.

4. "Carrie Buck, from 'The Progress of Eugenical Sterilization,' by Paul Popenoe, *Journal of Heredity* (vol. 25:1)," photograph, 1934 (Cold Spring Harbor Laboratory Archives), Eugenics Archive, no. 2299, accessed April 1, 2016, http://www.eugenicsarchive.org/eugenics/view_image .pl?id=2299.

5. Laughlin, *Eugenical Sterilization in the United States*.

6. Lombardo, *Three Generations, No Imbeciles*, 5에서 인용.

7. Buck v. Bell, 274 U.S. 200 (1927).

8. Buck v. Bell, 274 U.S. 200 (1927).

9. 주립중앙병원과 아프리카계 미국인들의 역사, 정신건강 체계와 관련한 보다 자세한 내용은 Jackson, "In Our Own Voice"; Jackson,"Separate and Unequal"을 참고하라.

10. Black, *War against the Weak*, 169에서 인용.

11. Blair, "To Raise the Intelligence of the State."

12. 도리스와 캐리의 대화는 허구적인 것이나, 1924년 버지니아주 단종법에 의해 단종당한 사람들을 대표하여 미국시민자유연맹American Civil Liberties Union이 1980년에 진행한 집단 소송에 기반하고 있다. 도리스 벅은 고소인 중 한 명이었다. 보다 자세한 내용은 Lombardo, *Three Generations, No Imbeciles*, 251~54를 보라.

13. Black, *War against the Weak*, 173~74에서 인용.

14. Lombardo, *Three Generations, No Imbeciles*, 250에서 인용.

15. Lombardo, *Three Generations, No Imbeciles*, 215에서 인용.

16. Lombardo, *Three Generations, No Imbeciles*, 190.

17. Ordover, *American Eugenics*; Larson, *Sex, Race, and Science*를 보라.

18. "Emma Buck's Grave," photograph, 2009 (source: Buck v Bell Documents, Paper 61, http://readingroom.law.gsu.edu/buckvbell/61), accessed April 1, 2016, http://buckvbell. com/gallery.html을 보라. 숫자가 매겨진 에마 벅의 무덤에 관한 내용은 Black, *War against the Weak*, 122를 참고하라.

19. "Last Photograph of Carrie Buck," photograph, 1982 (Cold Spring Harbor Laboratory Archives), Eugenics Archive, no. 2284, accessed April 1, 2016, http://www.eugen-icsarchive.org/eugenics/view_image.pl?id=2284.

20. Franklin, "Authorized Sterilization Leads to Long Search."

21. 이를 비롯한 뒤의 모든 인용은 제프 달리의 다큐멘터리 *Where's Molly: A True Story of Those Lost and Found* (2007)에서 가져왔다.

22. *Voices from Fairview* (2004), Vimeo, posted January 26, 2010, https://vimeo. com/8996996.

23. Bromberg and Simon, "The 'Protest' Psychosis."

24. 케이스 파일의 모든 구절은 Metzl, *The Protest Psychosis*, 148~50에서 인용.

25. Metzl, *The Protest Psychosis*, 164. 여성보다 남성이 훨씬 더 많이 아이오니아주립병원에 수감되었으며, 그곳에 있던 여성 중 유색인은 거의 없었다.

26. Metzl, *The Protest Psychosis*, 67.

27. "Signor Farini (William Leonard Hunt) with Krao," 1883, albumen silver print, Wikimedia Commons, posted February 21, 2011, https://commons.wikimedia.org/wiki/File:Signor_Farini_%28William_Leonard_Hunt%29_with_Krao._1883.jpg.

28. Cuvier, *The Animal Kingdom Arranged in Conformity with Its Organization*, 97.

29. Vogt, *Lectures on Man*, 195, 198.

30. Bradford and Blume, *Ota Benga*, 255에서 인용.

31. 오타 벵가에 대한 보다 자세한 내용은 Newkirk, *Spectacle*을 참고하라.

32. Verner, *Pioneering in Central Africa*, 276.

33. Verner, *Pioneering in Central Africa*, 276.

34. Bradford and Blume, *Ota Benga*, 181.

35. New York Zoological Society, "African Pygmy. Ota Benga and Chimpanzee," photograph, 1906, Encyclopedia Virginia, accessed April 1, 2016, http://www.encyclo-pediavirginia.org/slide_player?mets_filename=sld1207mets.xml.

36. "Polly and Dohong; Chimpanzee and Orang Utan New York Zoological Park—Front," postcard, Digital Culture of Metropolitan New York, accessed October 2,

2014, http://dcmny.org/islandora/object/bronxpark%3A2911.

37. 언급된 인간과 침팬지 사진들은 Spiegel, *The Dreaded Comparison*, 62~63을 보라.

38. 매독 연구에 관한 보다 자세한 내용은 Reverby, *Examining Tuskegee*; Reverby, *Tuskegee's Truths*를 보라. 윌로브룩에 관한 보다 자세한 내용은 Rothman and Rothman, *The Willowbrook Wars*; Goode et al., *History and Sociology of the Willowbrook State School*을 보라. 홈스버그 피부임상실험에 관해서는 Washington, *Medical Apartheid*, 244~52; Hornblum, *Acres of Skin*을 보라.

39. Taylor, "Beasts of Burden," 194~95.

40. Haldol advertisement, *Archives of General Psychiatry* 31, no. 5 (1974):732~33; reprinted in Metzl, *The Protest Psychosis*, fig. 1, xiv.

8장 치유를 누비기

1. "Drive Stupid and Score Some Kickin' New Wheels," Don't Drive Stupid advertisement, accessed April 4, 2016, http://2.bp.blogspot.com/_iw4mpIACIU4/S3axc-naXowI/AAAAAAAAACk/BjJhuz4DSmA/s1600-h/dontdrivestupid-001.jpg.

2. 트랜스에이블에 관한 보다 자세한 내용은 Stevens, "Interrogating Transability"; *Whole* (dir. Melody Gilbert, 2003)을 참고하라.

3. 인간과 비인간의 세계 모두를 해치는 환경적 불의 및 장기간의 프로세스에 관한 보다 자세한 내용은 Nixon, *Slow Violence and the Environmentalism of the Poor*를 참고하라.

4. "Bison Skull Pile," photograph, circa 1870 (Burton Historical Collection, Detroit Public Library), Wikimedia Commons, accessed April 4, 2016, https://commons.wi7.kimedia.org/wiki/File:Bison_skull_pile-restored.jpg.

5. Erdoes and Lame Deer, *Lame Deer, Seeker of Visions*, 269.

6. Smits, "The Frontier Army and the Destruction of the Buffalo," 328. 들소와 선주민에 관한 내용은 Jawort, "Genocide by Other Means"를 보라.

7. 인터섹스 정치와 인터섹스들의 의료적 치료에 관한 보다 자세한 내용은 Intersex Initiative, accessed December 22, 2015, http://www.intersexinitiative.org; Emi Koyama, "Zines by Intersex Initiative," Eminism.org, accessed December 22, 2015, http://eminism.org/store/zine-intersex.html을 참고하라.

8. 보다 자세한 내용은 WPATH, "The Standards of Care—Historical Compilation of

Versions 1~6"을 참고하라.

9. 보다 자세한 내용은 Lev, "Gender Dysphoria"를 참고하라.

10. 보다 자세한 내용은 WPATH, "The Standards of Care—Historical Compilation of Versions 1~6"을 참고하라.

11. Lev, "Gender Dysphoria."

12. 작가 글로리아 토머스Gloria Thomas(실명은 아니다)는 내가 스무 살부터 스물한 살까지 가까웠던 친구다. 더 나은 삶을 위한 재단의 광고는 "Overcaem Dyslexia" Values. com, accessed July 8, 2009, http://www.values.com/inspirational-sayings-bill-boards/20-hard-work를 보라.

13. *Whoopi Goldberg: Live on Broadway* (dir. Thomas Schlamme, 1985).

14. 장애인권운동의 백인성과 장애인으로 정체화한 유색인들에 관한 보다 자세한 내용은 Morales et al., "Sweet Dark Places"; Morales, *Kindling*; Schalk, "Coming to Claim Crip"; Thompson, "#DisabilityTooWhite"를 보라.

15. Morales et al., "Sweet Dark Places," 94~95.

16. Hershey, "Translating the Crip."

9장 치유의 영향

1. *Ashley's Blog*, accessed January 4, 2016, http://www.pillowangel.org.

2. "Our Interview for an In-Progress Documentary," *Ashley's Blog*, May 2015, http://www.pillowangel.org/Docu%20Interview.htm.

3. "Ashley's Family's Christmas Photo in 2006," accessed April 10, 2009, https://picasaweb.google.com/107733536573540118330/AshleyAlongTheYears?auth-key=Gv1sRgCIyG7KeZ05mmCQ#5596758666952263378.

4. Preves, *Intersex and Identity*, 69에서 인용.

5. "Updates on Ashley's Story," *Ashley's Blog*, May 8, 2007, http://www.pillowangel.org/updates.htm.

6. *Ashley's Blog*, accessed January 4, 2016, http://www.pillowangel.org.

7. For more about intellectual disability and personhood, see Carey, *On the Margins of Citizenship*; Carlson, *The Faces of Intellectual Disability*; Noll, *Feeble-Minded in Our Midst*; Trent, *Inventing the Feeble Mind*.

8. *Wretches and Jabberers* (dir. Gerardine Wurzburg, 2007). 이어지는 자폐인들의 말은

모두 이 영화에서 인용.

9. 인격성과 소통에 관한 보다 자세한 내용은 Sequenzia and Grace, *Typed Words, Loud Hands*를 참고하라.

10. 자폐인 자조 네트워크Autistic Self Advocacy Network(http://autisticadvocacy.org) 및 미국과 세계 곳곳의 자조 모임·피플 퍼스트People First 그룹 네트워크(http://selfadvocacy.net)를 확인하라.

11. Sager, "Just Stories," 196.

10장 치유의 약속

1. 나는 커뮤니티에서 트랜스에이블을 만나본 적 없는 상태로 이 글을 썼다. 잡지, 다큐멘터리, 학술 논문, 인터넷을 기반으로 한 포럼에서 그들의 이야기를 듣고 읽었다. 내가 안 것들이 커뮤니티 기반의 관계를 통한 것이었다면 그들의 경험과 욕망에 대한 나의 이해는 달랐을 것이며 보다 섬세했으리라 생각한다.

2. 이어지는 트랜스에이블 남성들의 말은 모두 *Whole* (dir. Melody Gilbert, 2003)에서 인용.

3. Baril, "Transness as Debility," 66.

4. Baril, "Transness as Debility," 71.

5. 아네트 마커스는, 우리가 평화 대행진의 비폭력 훈련에 함께했던 1986년 3월 이후로 줄곧 나의 좋은 친구이자 공모자다.

6. 비만 유행병에 대한 비평은 Rothblum and Solovay, *The Fat Studies Reader*; Campos et al., "The Epidemiology of Overweight and Obesity"를 보라.

참고문헌

Adichie, Chimamanda Ngozi. "The Danger of a Single Story." ted, July 2009. http://www.ted.com/talks/chimamanda_adichie_the_danger_of_a_single_story?language=en.

Alexander, Michelle. *The New Jim Crow: Mass Incarceration in the Era of Colorblindness.* New York: New Press, 2012.

American Psychiatric Association. *Diagnostic and Statistical Manual of Mental Disorders, Third Edition (DSM-III).* Washington, DC: American Psychiatric Association, 1987.

———. *Diagnostic and Statistical Manual of Mental Disorders, Fourth Edition, Text Revision*

(DSM-IV-TR). Washington, DC: American Psychiatric Association, 1994.

———. *Diagnostic and Statistical Manual of Mental Disorders, Fifth Edition (DSM-5).*

Arlington, VA: American Psychiatric Association, 2013.

Asch, Adrienne. "Recognizing Death While Affirming Life: Can End of Life Reform Uphold a Disabled

Person's Interest in Continued Life?" *Hastings Center Report* 35, no. 6 (November-December 2005): s31-s36.

Barclay, Jennifer. "Mothering the 'Useless': Black Motherhood, Disability, and Slavery." *Women, Gender, and Families of Color* 2, no. 2 (2014): 115-40.

Baril, Alexandre. "Transness as Debility: Rethinking Intersections between Trans and Disabled Embodiments." *Feminist Review,* no. 111 (2015): 59-74.

Bauman, H-Dirksen L., and Joseph J. Murray. *Deaf Gain: Raising the Stakes for Human Diversity.* Minneapolis: University of Minnesota Press, 2014.

Baynton, Douglas C. "Disability and the Justification of Inequality in American History." *In The New Disability History: American Perspectives*, edited by Paul K. Longmore and Lauri Umansky, 33-57. New York: New York University Press, 2001.

Ben-Moshe, Liat, Chris Chapman, and Allison C. Carey, eds. *Disability Incarcerated.* New York: Palgrave Macmillan, 2014.

Black, Edwin. *War against the Weak: Eugenics and America's Campaign to Create a Master Race.* New York: Four Walls Eight Windows, 2003.

Blair, Wendy. "To Raise the Intelligence of the State." Radio broadcast. Aired 1981. Washington, DC: National Public Radio, 1981.

Boster, Dea. *African American Slavery and Disability: Bodies, Property, and Power in the Antebellum South, 1800–1860.* New York: Routledge, 2013.

Bouie, Jamelle. "Michael Brown Wasn't a Superhuman Demon." *Slate,* November 24, 2014. http://www.slate.com/articles/news_and_politics/politics/2014/11/darren_wilson_s_racial_portrayal_of_michael_brown_as_a_superhuman_demon.html.

Bradford, Phillips Verner, and Harvey Blume. *Ota Benga: The Pygmy in the Zoo.* New York: St. Martin's, 1992.

Bromberg, Walter, and Frank Simon. "The 'Protest' Psychosis: A Special Type of Reactive Psychosis." *Archives of General Psychiatry* 19, no. 2 (1968): 155–60.

Burch, Susan. " 'Dislocated Histories': The Canton Asylum for Insane Indians." *Women, Gender, and Families of Color* 2, no. 2 (2014): 141–62.

Cameron, Catherine M., Paul Kelton, and Alan C. Swedlund, eds. *Beyond Germs: Native Depopulation in North America.* Tucson: University of Arizona Press, 2015.

Campos, Paul, Abigail Saguy, Paul Ernsberger, Eric Oliver, and Glen Gaesser. "The Epidemiology of Overweight and Obesity: Public Health Crisis or Moral Panic?" *International Journal of Epidemiology* 35, no. 1 (2006): 55–60.

Carey, Allison C. *On the Margins of Citizenship: Intellectual Disability and Civil Rights in Twentieth-Century America.* Philadelphia: Temple University Press, 2009.

Carlson, Licia. *The Faces of Intellectual Disability: Philosophical Reflections.* Bloomington: Indiana University Press, 2010.

Carter, Angela M. "Teaching with Trauma: Disability Pedagogy, Feminism, and the Trigger Warnings Debate." *Disability Studies Quarterly* 35, no. 2 (2015). http://dsq-sds.org/article/view/4652.

Cartwright, Samuel A. "Report on the Diseases and Physical Peculiarities of the Negro Race." *New Orleans Medical and Surgical Journal* (May 1851): 691–715.

Chen, Mel Y. *Animacies: Biopolitics, Racial Mattering, and Queer Affect.* Durham, NC: Duke University Press, 2012.

Child, Brenda. Boarding School Seasons: *American Indian Families*, 1900-1945. Lincoln: University of Nebraska Press, 1998.

Clare, Eli. *Exile and Pride: Disability, Queerness, and Liberation*. Durham, NC: Duke University Press, 2015.

Cohen, Susan, and Christine Cosgrove. *Normal at Any Cost: Tall Girls, Short Boys, and the Medical Industry's Quest to Manipulate Height*. New York: Tarcher/Penguin, 2009.

Cuvier, Georges. *The Animal Kingdom Arranged in Conformity with Its Organization*. London: G. B. Whittaker, 1827.

Daly, Jeff, dir. *Where's Molly: A True Story of Those Lost and Found*. DVD. San Francisco: SFO Productions, 2007.

Dart, Tom. "Texas Teenager Suffering 'Affluenza' Avoids Jail for Second Time." *Guardian*, February 5, 2014. www.theguardian.com/world/2014/feb/06/texas-teenager-affluenza-escapes-jail-second-time.

Deloria, Vine, Jr. *Custer Died for Your Sins: An Indian Manifesto*. 1969. Norman: University of Oklahoma Press, 1988.

Dreger, Alice Domurat. *One of Us: Conjoined Twins and the Future of Normal*. Cambridge, MA: Harvard University Press, 2004.

Erdoes, Richard, and John (Fire) Lame Deer. *Lame Deer, Seeker of Visions*. New York: Simon and Schuster, 1994.

Erevelles, Nirmala, and Andrea Minear. "Unspeakable Offenses: Untangling Race and Disability in Discourses of Intersectionality." *Journal of Literary and Cultural Disability Studies* 4, no. 2 (2010): 127-45.

Ferguson, Philip M., Dianne L. Ferguson, and Meredith M. Brodsky. *"Away from the Public Gaze": A History of the Fairview Training Center and the Institutionalization of People with Developmental Disabilities in Oregon*. Monmouth: The Teaching Research Institute, 2008. http://mn.gov/mnddc/parallels2/pdf/00s/08/08-Fairview_Report.pdf.

Franklin, Ben A. "Authorized Sterilization Leads to Long Search." *Sarasota Herald Tribune*, March 30, 1980.

Gallagher, Hugh Gregory. *FDR's Splendid Deception*. St. Petersburg, FL: Vandamere, 1999.

Gilbert, Melody, dir. *Whole*. DVD. Saint Paul: Frozen Feet Films, 2003.

Gonnerman, Jennifer. "The School of Shock." *Mother Jones* 32, no. 5 (2007): 36–90.

Goode, David, Darryl B. Hill, Jean Reiss, and William Bronston. *History and Sociology of the Willowbrook State School.* Washington, DC: American Association on Intellectual and Developmental Disabilities, 2013.

Green, Michael, and Theda Perdue. *The Cherokee Nation and the Trail of Tears.* New York: Penguin, 2008.

Hershey, Laura. "Translating the Crip." *The Violence of Stairs* (blog), March 6, 2012. http://theviolenceofstairs.tumblr.com/post/18862318185/translating-the-crip.

Hornblum, Allen M. *Acres of Skin: Human Experiments at Holmesburg Prison.* New York: Routledge, 1998. Humphries, Tom, and Carol Padden. Inside Deaf Culture. Cambridge, MA: Harvard University Press, 2005.

Hunter, Margaret. "The Persistent Problem of Colorism: Skin Tone, Status, and Inequality." *Sociology Compass* 1, no. 1 (2007): 237–54.

Icarus Project. *Navigating the Space between Brilliance and Madness: A Reader and Roadmap of Bipolar Worlds.* Icarus Project, 2007. Accessed March 2013, http://www.theicarusproject.net/navigating-space-reader-printer-version-available-online.

Jackson, Vanessa. "In Our Own Voice: African-American Stories of Oppression, Survival and Recovery in Mental Health Systems." Power2U.org. Accessed January 13, 2016, https://www.power2u.org/downloads/InOurOwnVoiceVanessaJackson.pdf.

———. "Separate and Unequal: The Legacy of Racially Segregated Psychiatric Hospitals." pda. Accessed January 13, 2016, https://www.patdeegan.com/sites/default/files/files/separate_and_unequal.pdf.

Jacobs, Margaret D. A Generation Removed: *The Fostering and Adoption of Indigenous Children in the Postwar World.* Lincoln: University of Nebraska Press, 2014.

Jawort, Adrian. "Genocide by Other Means: U.S. Army Slaughtered Buffalo in Plains Indian Wars." Indian Country Today, May 9, 2011. http://indiancountrytodaymedianetwork.com/2011/05/09/genocide-other-means-us-army-slaughtered-buffalo-plains-indian-wars-30798.

Johnson, Harriet McBryde. *Too Late to Die Young: Nearly True Tales from a Life.* New York: Picador, 2005.

Johnson, Mary. "Terri Schiavo and the Disability Rights Movement: Activists Pro, Con on Involvement in Schiavo Case." *Ragged Edge*, November 16, 2003. http://www.raggededgemagazine.com/extra/schiavodisrights.html.

Jordan, William R. *The Sunflower Forest: Ecological Restoration and the New Communion with Nature.* Berkeley: University of California Press, 2003.

Kaelber, Lutz. "Eugenics: Compulsory Sterilization in 50 American States." University of Vermont. Updated spring 2011. https://www.uvm.edu/~lkaelber/eugenics/.

Kafer, Alison. "Compulsory Bodies: Reflections on Heterosexuality and Able-Bodiedness." *Journal of Women's History* 15, no. 3 (2003): 77–89.

———. *Feminist, Queer, Crip.* Bloomington: Indiana University Press, 2013.

———. "Un/Safe Disclosures: Scenes of Disability and Trauma." *Journal of Literary and Cultural Disability Studies* 10, no. 1 (2016). doi:10.3828/jlcds.2016.1

Ladd, Paddy, and Harlan Lane. "Deaf Ethnicity, Deafhood, and Their Relationship." *Sign Language Studies* 13, no. 4 (2013): 565–79.

Largent, Mark A. "'The Greatest Curse of the Race': Eugenic Sterilization in Oregon, 1909–1983." *Oregon Historical Quarterly* 103, no. 2 (2002): 188–209.

Larson, Edward. *Sex, Race, and Science: Eugenics in the Deep South.* Baltimore: Johns Hopkins University Press, 1995.

Laughlin, Harry H. Eugenical Sterilization in the United States. Chicago: Psychopathic Laboratory of the Municipal Court of Chicago, 1922.

Lev, Arlene Istar. "Gender Dysphoria: Two Steps Forward, One Step Back." Clinical Social Work Journal 41, no. 3 (2013): 288–96.

Lombardo, Paul A. *Three Generations, No Imbeciles: Eugenics, the Supreme Court, and* Buck v. Bell. Baltimore: Johns Hopkins University Press, 2008.

Longmore, Paul K. *Telethons: Spectacle, Disability, and the Business of Charity.* Oxford: Oxford University Press, 2016.

Lunbeck, Elizabeth. *The Psychiatric Persuasion: Knowledge, Gender, and Power in Modern America.* Princeton, NJ: Princeton University Press, 1993.

Mairs, Nancy. Waist-High in the World: *A Life among the Nondisabled.* Boston: Beacon, 1997.

Metzl, Jonathan. *The Protest Psychosis: How Schizophrenia Became a Black Disease.* Boston: Beacon, 2009.

Mingus, Mia. "Medical Industrial Complex Visual." *Leaving Evidence* (blog), February 6, 2015. https://leavingevidence.wordpress.com/2015/02/06 /medical-industrial-complex-visual/.

Mire, Amina. "Skin-Bleaching: Poison, Beauty, Power, and the Politics of the Colour Line." *Resources for Feminist Research* 28, nos. 3~4 (2001): 13~38.

Mitchiner, Julie Cantrell, and Marilyn Sass-Lehrer."My Child Can Have More Choices: Reflections of Deaf Mothers on Cochlear Implants for Their Children." In *Cochlear Implants: Evolving Perspectives*, edited by Raylene Paludneviciene and Irene W. Leigh, 71~95. Washington, DC: Gallaudet University Press, 2011.

Morales, Aurora Levins. *Kindling: Writings on the Body.* Cambridge: Palabrera, 2013.

Morales, Aurora Levins, Qwo-Li Driskill, and Leah Lakshmi Piepzna-Samarasinha. "Sweet Dark Places: Letters to Gloria Anzaldua on Disability, Creativity, and the Coatlicue State." In *El Mundo Zurdo 2: Selected Works for the Meeting of the Society for the Study of Gloria Anzaldua*, edited by Sonia Saldivar-Hull, Norma Alarcon, and Rita Urquijo-Ruiz, 77~97. San Francisco: Aunt Lute Books, 2012.

Mostert, Mark P. "Useless Eaters: Disability as Genocidal Marker in Nazi Germany." *Journal of Special Education* 36, no. 3 (2002): 157~70.

Mundy, Liza. "A World of Their Own." In *The Best American Science Writing* 2003, edited by Oliver Sacks, 68~87. New York: HarperCollins, 2003.

Munson, Peggy. "The Invisible Panelist." Paper presented at Queer DisabilityConference, San Francisco State University, June 2~3, 2002. http://www.disabilityhistory.org/dwa/queer/paper_munson.html.

Natoli, Jaime L., Deborah L. Ackerman, Suzanne McDermott, and Janice G. Edwards. "Prenatal Diagnosis of Down Syndrome: A Systematic Review of Termination Rates (1995~2011)." *Prenatal Diagnosis* 32, no. 2 (2012): 142~53.

Nestle, Joan. "When Tiredness Gives Way to Tiredness." In *Stricken: Voices from the Hidden Epidemic of Chronic Fatigue Syndrome*, edited by Peggy Munson, 39~42. Binghamton, NY: Haworth, 2000.

Newkirk, Pamela. Spectacle: *The Astonishing Life of Ota Benga.* New York: Amistad, 2015.

Nielsen, Kim E. *A Disability History of the United States.* Boston: Beacon, 2012.

Nixon, Rob. *Slow Violence and the Environmentalism of the Poor.* Cambridge, MA:

Harvard University Press, 2013.

Nocella, Anthony J., III, Priya Parmar, and David Stovall, eds. *From Education to Incarceration: Dismantling the School-to-Prison Pipeline.* New York: Peter Lang, 2014.

Noll, Steven. *Feeble-Minded in Our Midst: Institutions for the Mentally Retarded in the South, 1900~1940.* Chapel Hill: University of North Carolina Press, 1995.

Ordover, Nancy. *American Eugenics: Race, Queer Anatomy, and the Science of Nationalism.* Minneapolis: University of Minnesota Press, 2003.

Paludneviciene, Raylene, and Raychelle L. Harris. "Impact of Cochlea Implants on the Deaf Community." In *Cochlear Implants: Evolving Perspectives*, edited by Raylene Paludneviciene and Irene W. Leigh, 3~19. Washington, DC: Gallaudet University Press, 2011.

Pascoe, Peggy. "Miscegenation Law, Court Cases, and Ideologies of 'Race' inTwentieth Century America." *Journal of American History* (June 1996): 44~69.

Poore, Carol. "Disability in Nazi Culture." In *Disability in Twentieth-Century German Culture*, 67~139. Ann Arbor: University of Michigan Press, 2007.

Preves, Sharon E. *Intersex and Identity: The Contested Self.* New Brunswick, NJ: Rutgers University Press, 2003.

Price, Margaret. "The Bodymind Problem and the Possibilities of Pain." *Hypatia* 30, no. 1 (2015): 268~84.

———. *Mad at School: Rhetorics of Mental Disability and Academic Life.* Ann Arbor: University of Michigan Press, 2011.

Ray, Sarah Jaquette. *The Ecological Other: Environmental Exclusion in American Culture.* Tucson: University of Arizona Press, 2013.

Reagan, Leslie. *Dangerous Pregnancies: Mothers, Disabilities, and Abortion in Modern America.* Berkeley: University of California Press, 2010.

Reeve, Matthew, dir. *Christopher Reeve: Hope in Motion.* DVD. New York: Virgil Films, 2007.

Rembis, Michael A. *Defining Deviance: Sex, Science, and Delinquent Girls, 1890-1960.* Champaign: University of Illinois Press, 2012.

Reverby, Susan M. *Examining Tuskegee: The Infamous Syphilis Study and Its Legacy.* Chapel Hill: University of North Carolina Press, 2013.

———, ed. *Tuskegee's Truths: Rethinking the Tuskegee Syphilis Study.* Chapel Hill: University of North Carolina Press, 2012.

Roberts, Dorothy. *Fatal Invention: How Science, Politics, and Big Business Re-create Race in the Twenty-First Century.* New York: New Press, 2012.

———. *Killing the Black Body: Reproduction and the Meaning of Reproductive Liberty.* New York: Vintage, 1998.

Rothblum, Esther, and Sondra Solovay, eds. *The Fat Studies Reader.* New York: New York University Press, 2009.

Rothman, Sheila M., and David J. Rothman. *The Willowbrook Wars: Bringing the Mentally Disabled into the Community.* New Brunswick, NJ: Aldine Transaction, 2005.

Rudacille, Deborah. *The Riddle of Gender: Science, Activism, and Transgender Rights.* New York: Anchor Books, 2005.

Sager, Jill. "Just Stories." In *With the Power of Each Breath: A Disabled Women's Anthology,* edited by Debra Connors and Susan Browne, 191–98. San Francisco: Cleis, 1985.

Samuels, Ellen. "Examining Millie and Christine McKoy: Where Enslavement and Enfreakment Meet." *Signs: Journal of Women in Culture and Society* 37, no. 1 (2011): 53–81.

Savage, Candace. *Prairie: A Natural History. Vancouver: Greystone Books*, 2011.

Schalk, Sami. "Coming to Claim Crip: Disidentification with/in Disability Studies." *Disability Studies Quarterly* 33, no. 2 (2013). doi:http://dx.doi.org/10.18061/dsq.v33i2.3705.

Schlamme, Thomas, dir. *Whoopi Goldberg: Live on Broadway.* VHS. Stamford, CT: Vestron Video, 1985.

Sequenzia, Amy, and Elizabeth J. Grace, eds. *Typed Words, Loud Hands.* Fort Worth, TX: Autonomous Press, 2015.

Shah, Sonia. *The Body Hunters: Testing New Drugs on the World's Poorest Patients.* New York: New Press, 2006.

Showalter, Elaine. *Hystories: Hysterical Epidemics and Modern Media.* New York: Columbia University Press, 1997.

Shreve, Susan. *Warm Springs: Traces of a Childhood at FDR's Polio Haven.* New York: Houghton Mifflin, 2007.

Smits, David D. "The Frontier Army and the Destruction of the Buffalo: 1865–1883."

Western Historical Quarterly 25, no. 3 (1994): 312~38.

Spiegel, Marjorie. *The Dreaded Comparison: Human and Animal Slavery*. London: Mirror Books, 1988.

Stein, June. "From Activist to 'Passivist': Where Is the Mass Movement." In *Stricken: Voices from the Hidden Epidemic of Chronic Fatigu Syndrome*, edited by Peggy Munson, 163~72. Binghamton, NY: Haworth, 2000.

Stevens, Bethany. "Interrogating Transability: A Catalyst to View Disability as Body Art." *Disability Studies Quarterly* 31, no. 4 (2011). http://dsq-sds.org/article/view/1705/1755.

Swanner, Grace. *Saratoga Queen of Spas: A History of the Saratoga Spa and the Mineral Springs of the Saratoga and Ballston Areas*. Utica, NY: North Country Books, 1988.

Taylor, Sunaura. "Beasts of Burden: Disability Studies and Animal Rights." *Qui Parle: Critical Humanities and Social Sciences* 19, no. 2 (2011): 191~222.

Teuton, Sean Kicummah. "Disability in Indigenous North America: In Memory of William Sherman Fox." In *The World of the Indigenous Americas*, edited by Robert Warrior, 569~93. New York: Routledge, 2015.

Thompson, Vilissa. "#DisabilityTooWhite: Making the 'Good Trouble' in Advocacy." *Ramp Your Voice!* (blog), May 26, 2016 http://rampyourvoice.com/2016/05/26/disabilitytoowhite-making-good-trouble-advocacy/.

Trent, James. *Inventing the Feeble Mind: A History of Mental Retardation in the United States*. Berkeley: University of California Press, 1994.

Verner, Samuel Phillips. *Pioneering in Central Africa*. Richmond: Presbyterian Committee of Publication, 1903.

Vogt, Carl. Lectures on Man: *His Place in Creation, and in the History of the Earth*. London: Longman, Green, Longman and Roberts, 1864.

Washington, Harriet A. *Deadly Monopolies: The Shocking Corporate Takeover of Life Itself — And the Consequences for Your Health and Our Medical Future*. New York: Doubleday, 2011.

―――. *Medical Apartheid: The Dark History of Medical Experimentation on Black Americans*. New York: Doubleday, 2006.

Wendell, Susan. "Unhealthy Disabled: Treating Chronic Illnesses as Disabilities." *Hypatia* 16, no. 4 (2001): 17~33.

Wiseman, Frederick Matthew. *The Voice of the Dawn: An Autohistory of the Abenaki.* Lebanon, NH: University Press of New England, 2011.

WPATH: World Professional Association for Transgender Health. "The Standards of Care — Historical Compilation of Versions 1~6." Accessed November 26, 2015, http://www.wpath.org/site_store_product.cfm?store_product=38&display_category=0.

Wurzburg, Gerardine, dir. *Wretches and Jabberers.* DVD. Washington, DC: State of the Art, Inc., 2007.

Yellow Bird, Pemina. "Wild Indians: Native Perspectives on the Hiawatha Asylum for Insane Indians." Power2U.org. Accessed March 20, 2014, http://www.power2u.org/downloads/NativePerspectivesPeminaYellowBird.pdf.

찾아보기

눈부시게 불완전한

극복과 치유 너머의 장애 정치

초판 1쇄 펴낸날   2023년 8월 28일
초판 1쇄 펴낸날   2023년 9월 5일

지은이   일라이 클레어
옮긴이   하은빈
펴낸이   한성봉
편집   최창문·이종석·조연주·오시경·이동현·김선형·전유경
콘텐츠제작   안상준
디자인   권선우·최세정
마케팅   박신용·오주형·강은혜·박민지·이예지
경영지원   국지연·송인경
펴낸곳   도서출판 동아시아
등록   1998년 3월 5일 제1998-000243호
주소   서울시 중구 퇴계로 30길 15-8 [필동1가 26] 무석빌딩 2층
페이스북   www.facebook.com/dongasiabooks
전자우편   dongasiabook@naver.com
블로그   blog.naver.com/dongasiabook
인스타그램   www.instagram.com/dongasiabook
전화   02) 757-9724, 5
팩스   02) 757-9726

ISBN 978-89-6262-575-2 03330

만든 사람들
책임편집   조연주
디자인   Hye.
크로스교열   안상준